# 幸福职教　梦想起航

王文举　王家青◎主　编
李瑞双　吴　迪◎副主编

人民交通出版社股份有限公司
China Communications Press Co.,Ltd.

## 内 容 提 要

本教材是为了巩固首批国家示范校建设成果，充分发挥示范引领作用，推进学校改革发展的国家中等职业教育示范学校创新教材之一。本教材结合中等职业学校教学及学生学习实际，以“立德、树人”为内容主线，以全面提高学校职业教育质量，增强教职员工学习、工作和生活的幸福感，培养学生职业信心，增强学生生活希望为目标，通过构建幸福职教体系，辅以生动的案例及详细的知识，使学生体验、感悟学校建设发展历程，促进学生人文素养的提升。

本教材可作为中等职业学校学生读本使用。

**图书在版编目(CIP)数据**

幸福职教 梦想起航 / 王文举，王家青主编. —北京：人民交通出版社股份有限公司，2018.1
ISBN 978-7-114-14581-0

Ⅰ. ①幸… Ⅱ. ①王… ②王… Ⅲ. ①职业教育—中等专业学校—教材 Ⅳ. ①G718.3

中国版本图书馆 CIP 数据核字(2018)第 049948 号

Xingfu Zhijiao Mengxiang Qihang

**书　　名**：**幸福职教 梦想起航**
**著 作 者**：王文举 王家青
**责任编辑**：姚 旭
**责任校对**：孙国靖
**责任印制**：张 凯
**出版发行**：人民交通出版社股份有限公司
**地　　址**：(100011)北京市朝阳区安定门外外馆斜街 3 号
**网　　址**：http://www.ccpress.com.cn
**销售电话**：(010)59757973
**总 经 销**：人民交通出版社股份有限公司发行部
**经　　销**：各地新华书店
**印　　刷**：北京鑫正大印刷有限公司
**开　　本**：787 × 1092 1/16
**印　　张**：14.25
**字　　数**：286 千
**版　　次**：2018 年 1 月 第 1 版
**印　　次**：2018 年 1 月 第 1 次印刷
**书　　号**：ISBN 978-7-114-14581-0
**定　　价**：40.00 元
(有印刷、装订质量问题的图书由本公司负责调换)

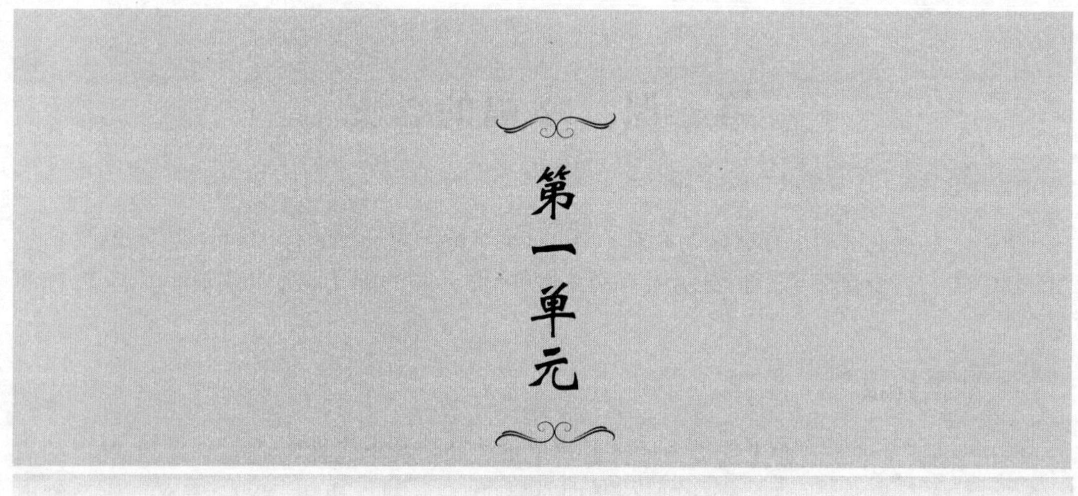


# 幸福职教

# 第一课　幸福的含义

幸福是人所追求的生存状态与存在方式，职业教育作为一种特殊的教育类别，既要使生活于其中的人感受到幸福，也要使人获得一种活得更好的能力，所以幸福是职业教育的追求。

## 一、所谓幸福

所谓幸福，是指人们在无忧无虑地体验自己理想的精神生活和物质生活时，所获得的满足的心理感受。幸福从浅到深可以划分为四个维度——满足、快乐、投入、意义。每个维度的幸福对主体都有一定的积极意义，但是将浅层次的快乐转化为深远的满足感和持久的幸福感对自身才更有益处。

相关链接

### 幸福词源

幸：吉而免凶也。——东汉·许慎《说文》

非分而得谓之幸。——《小尔雅》

福：佑也。——东汉·许慎《说文》

古称富贵寿考等齐备为福，与“祸害”相对。

古文中二字连用，谓祈望得福。如：清魏源《默觚下·治篇》：“不幸福，斯无祸；不患得，斯无失。”

## 二、幸福的组成要素

既然幸福是一种主观感受，对于幸福，不同的人就有不同的理解。那么该如何判断自己是否幸福呢？我们可以通过幸福的8个组成要素来逐一评定。

(1)富裕感。这是人们对自身生活状态是否满足的一种主观感受，一般而言，收入较高，幸福感也相对较强。

(2)愉悦感。这是指人们对生活总体上是否感到乐观，这种感觉与教育、经历、健康状况乃至遗传基因都存在着潜在关系。

(3)期望感。这表达了人们对美好愿望的憧憬以及能否实现的信心，如果收获能够达到预期目标，就能得到很大的幸福感。

(4)安定感。这反映了现有的生活是否让人感到安适平稳，而是否喜欢与他人或过去进行比较，会在很大程度上影响一个人的安定感。

(5)归属感。这是一个人对于自身所处环境及地位的认同程度，漂泊异乡时，很可能会缺乏归属感。

(6)自由感。这是一种无所拘束的心理感受,做自己想做的事情。当然,自由对任何人来说都是相对的,并不能完全脱离道德法规的限制。

(7)情谊感。这是人类沟通、交往的天性,爱情的甜蜜、亲情的温馨和友情的托付,对幸福感都是不可或缺的。

(8)向心感。这是对社会发展现状的一种认同和自豪感,而不是处处看不惯,觉得自己找不到知己。

幸福没有一个绝对的标准,因为每个人的心态存在着很大的个体差异,如果上面的8个要素基本符合,那么请你好好享受和珍惜你的幸福;如果觉得相差甚远,请从调整自身心态出发,看看自己到底哪些方面太苛求、太计较。同学们,通过对幸福这个概念本身以及其组成要素的理解,我们知道幸福其实是一种深层次的心理需求,你越热爱你的生活,你就会感觉越幸福。

名人名言

人类的一切努力的目的在于获得幸福。

——欧文

## 三、幸福观的演变

幸福作为一种主观感受,是随着客观世界的发展而不断发生变化的。因此,随着社会经济、文化的不断发展,中国人的幸福观也在日益走向现代和进步。那么,中国人幸福观的演变过程是怎样的?

在中国古代,最早对什么是幸福做出较系统论述的是春秋中叶以前的《尚书·洪范》,其中提到“五福:一曰寿,二曰富,三曰康宁,四曰攸好德,五曰考终命。”在那个时候,长寿、富足、健康平安、爱好美德、善终正寝这五方面内容构成了幸福的要件。这一思想直接影响了中国古代传统幸福观的发展。到了先秦时期的儒家,对《尚书·洪范》的幸福观又有了新的理解。他们把寿命、富贵等幸福的要素看成是外在的,是由上天或命运决定的,唯有“攸好德”是人自身可以把握的,能够通过人的努力而获得。与儒家幸福观不同,道家主张合于自然的幸福,认为万物的本然状态是最好的状态,一个人是否享有真正的幸福,不是看一个人是否拥有财富、地位和知识,也不在于一个人是否具有他人所尊崇的德行,而在于其是否合于道或自然,如果顺应自然之性,合乎道,就能得到最大的幸福,正所谓“与天和者,谓之天乐。”由于儒家文化在中国古代思想中占有主导地位,所以,尽管出现了像道家这样的与儒家不同的幸福观流派,但是,儒家所倡导的幸福观在中国传统伦理文化中仍然占有统治地位,对中国人追求幸福生活的影响最为深远。

1.儒家幸福观的特征

传统的儒家幸福观有两个本质的特征:一是主张德福一致。儒家强调美德对于幸福的重要性,认为一个人如果没有美德,就不可能获得幸福,人生的幸福体现在个人的善行之中,人们不断提升个人美德的过程就是追求幸福的过程。而为了修炼美德,就不能执着于物质生活的享乐之中,即便“一箪食,一瓢饮”,只要能够修得高尚的品德,这样的苦行精神也是值

图 1-1 儒家幸福观

得赞颂的。也就是说，在儒家看来，幸福只是道德的伴随物或附属物，并不具有完全独立的意义，一个人有了美德，幸福也就随之产生。二是主张仁爱幸福。这一观点与德福一致存在着内在的联系，因为美德要求人们不能只注重个人的幸福，而应当将个人的幸福融于社会的整体利益之中。仁爱是儒家伦理思想中的核心概念，仁就是恩及四海，就是博爱，它要求人不能只顾自己的利益，要对他人施与善心，尽可能多地帮助他人。仁爱幸福体现的是“自我独乐不如与民同乐”的幸福境界，实行仁爱的方法是“能近取譬”，推己及人，将心比心，“老吾老以及人之老，幼吾幼以及人之幼”，最终实现普天下人的共同幸福。

2. 我国近现代历史不同时期的幸福观

回顾我国革命、建设和改革的历史，人民群众在创造历史的过程中，发挥了主体作用，人民群众作为力量的源泉贯穿始终，幸福观的演变也随着不同的历史阶段发生着改变。

新民主主义革命时期，人民对幸福的理解是：自由、平等。以奋不顾身的抗争精神，汇成排山倒海的革命洪流，筑成了铜墙铁壁，最终推翻了压在中国人民头上的帝国主义、封建主义、官僚资本主义三座大山，实现了民族独立、人民解放、国家统一、社会稳定。

社会主义革命和社会主义建设时期，人民对幸福的理解是：人们生活在和平年代，有尊严，有安全感。全国各族人民翻身做主人，意味着近代以来饱经磨难的中华民族站起来了。在社会主义建设过程中，焕发出冲天的干劲，在短时间内实现了社会制度的伟大跨越，在一穷二白的基础上用心血和汗水为经济社会发展打下坚实的基础，进行社会主义改造，推进社会主义建设，人民生活得到改善，实现社会稳定，人民站起来，站得稳，国家独立，民族解放。

农村需要我们 我们热爱农村

图 1-2 具有时代感的宣传画

改革开放历史新时期，人民对幸福的理解是：人民物质生活富裕和文化生活的丰富。党和国家把工作中心转移到经济建设上来，对内搞活、对外开放，坚决排除一切阻碍发展的思想和体制障碍，增强发展活力和社会活力，把主要精力集中在经济建设，解决人民的温饱问题，逐步实现小康社会，让人民尽快富起来。

改革开放给我国社会带来了诸多方面的变化。在经济生活领域，由于实行市场经济体制，国家的经济实力得到了空前的提升，个人的独立性和自主性不断增强；在政治生活领域，人们的民主意识普遍得到提高；在法律生活领域，各种法律法规的制定和实施，使得个人的基本权利能够得到有效的保障。这些为人们理解幸福、感受幸福、实现幸福提供了有利条件，中国人的幸福观发生了根本性的转变。

图1-3　人民幸福感提升

中国特色社会主义新时代，人民对幸福的理解是：人们追求富强、民主、文明、和谐、美丽的美好生活。中国特色社会主义进入了新时代，决胜全面建成小康社会，全国各族人民团结奋斗、不断创造美好生活、逐步实现全体人民共同富裕，奋力实现中华民族伟大复兴中国梦，我国日益走进世界舞台中央、不断为人类做出重大贡献。

党的十八大以来，党和国家事业发生了历史性变革，我们站在了新的历史起点上，中国特色社会主义进入了新时代，我国社会主要矛盾发生了变化，已经转化为人民日益增长的美好生活需要和不平衡不充分的发展之间的矛盾。

回顾中国近现代历史，随着我国经济社会建设的不断发展，人民的生活总体上达到小康水平，为追求自身的幸福提供了坚实的物质基础。当代中国人幸福观的这一转变，源于我国经济社会生活的重大变革，市场经济体制的引入和发展，给个人追求物质生活幸福创造了有利的社会环境。

个人通过合法的劳动能够得到相应的物质回报并不断改善自身的生活水平，个人的幸福感不仅仅是享受物质生活自身，更重要的是对未来的幸福充满信心和期待，注重个人感受的幸福。改革开放以来，我国社会核心价值观发生的最大变化之一是对个体权利的尊重，人们选择行为拥有了自主和自由。一个社会的所有人不可能有统一的幸福观，幸福更多的是取决于个人的感受，取决于对幸福价值的理解。在一个政治昌明、经济兴盛的社会环境中，不同的人对幸福的体验存在着巨大的差异，而这正体现了幸福在不同人身上所呈现的差异性本质。有人享受物质生活改善带来的快乐，有人享受精神境界提升带来的愉悦，有人享受家庭团聚带来的天伦之乐……不同的人拥有着不同的幸福感受，这便触及了幸福的真谛，幸福是每个人通过自己选择的行为方式体验不同生活价值的快乐感受。

图1-4　改革开放以来的巨大变化

中国人的幸福观在日益走向现代和进步，那么，传统的幸福观我们要如何对待呢？其实传统幸福观中有一些合理的思想是需要我们予以重视和传承的。比如传统的幸福观非常关注道德与幸福的关系，儒家对德福一致的讨论在今天依然具有重要的现实意义。虽然现代社会人们的幸福感日益增强，人们对幸福的追求也呈现出多样化的趋势，但是，无论追求怎样的幸福，都必须认识到道德对于幸福的引导作用。一些人为了追求自己的个人幸福，忽视甚至侵害了他人和社会的利益，这种建立在不道德基础上的幸福不是真正的幸福。个人道德品性的提高是对幸福观精神内涵的增进，而当社会成员的道德水平普遍得到提升时，就能塑造一个秩序优良、风气正派的和谐社会环境，而这样的和谐社会环境既是个人实现更大幸福的保障，也是生活在这个环境中的人们能够感受、愿意感受的一种幸福体验。

## 名人名言

遵照道德准则生活就是幸福的生活。

——亚里士多德

## 拓展训练

1. 有人说幸福只是因人而异的主观感受，有人说幸福只在于不倦追求的过程之中；有人说幸福必须有金钱做基础，有人说幸福一定要以爱为前提；有人以奉献为幸福，有人以索取为幸福；有人以享乐为幸福，有人以奋斗为幸福；有人羡慕着别人的幸福，有人创造着自己的幸福……幸福实在是一个古老而又常新的话题。

那么，你认为什么是幸福呢？最近使你感受到幸福的一件事是什么呢？

______________________________

______________________________

______________________________

2. 莫扎特曾经说：“有许多人是用青春的幸福做成功的代价。”你怎样理解这句话？

______________________________

______________________________

______________________________

3. 每个年轻人都充满美丽的幻想，在头脑中编制美丽的故事，当你得到父母和老师的赞许和微笑，那是多么难忘的瞬间！当你遇到困难想要放弃时，父母和老师给了你真诚的鼓励和帮助，这样美好的一瞬间你怎样理解？

______________________________

______________________________

______________________________

# 第二课　什么是职业教育

职业教育主要着眼于培养大家未来工作岗位所需的动手能力，强调理论与实践并重，教育与训练相结合，因此将技能训练放在极其重要的位置，讲究边教边干，边干边学。这样带来的直接效果是，大家在毕业后所从事的工作与自己所接受的职业技术教育的专业是对口的，学生会有较好的岗位心理准备和技术准备，因而能迅速地适应各种各样的工作要求，从而实现自己的人生目标。

**名人名言**

一个人要么掌握很好的专业技能，要么掌握在生活中无孔不入的本领。这两者都是生财之道。

——亚·索尔仁尼琴

## 一、所谓职业教育

职业教育，是指对受教育者接受可从事某种职业或生产劳动所需要的职业知识、技能和职业道德的教育。职业教育的目的是培养应用人才和具有一定文化水平和专业知识技能的劳动者，与普通教育和成人教育相比较，职业教育侧重于实践技能和实际工作能力的培养。

**相关链接**

我国的职业教育体系　表 1-1

| 教育层次 | 办学主体 | 学制 | 招生对象 | 教学内容 | 培养目标 |
|---|---|---|---|---|---|
| 初等职业教育 | 职业初中 | 3～4年制 | 小学毕业生或相当于小学文化程度的人员 | 初中文化课、生产劳动和职业技术课程 | 有一技之长的劳动者 |
| 中等职业教育 | 中等专业学校、技工学校、职业高级中学、成人中等专业学校 | 3年制为主 | 初中毕业生和具有初中同等学力的人员 | 高中文化知识教育、职业知识教育和职业技能训练 | 中、初级技术人员，管理人员，小学教师等 |
| 高等职业教育 | 高等专科学校、职业大学和成人高校 | 2～3年制 | 普通高中和中等职业学校毕业生 | 大学文化知识、专业文化知识和专业技能 | 应用型、工艺型等高技能人才 |
| 职业培训 | 成人技术培训学校、职业学校和就业训练中心 | 时间灵活 | 对象不限 | 内容多样 | 提高劳动者的技术业务知识和职业技能水平 |

职业教育是人类文明发展的产物，是社会发展的产物，是人自身发展的产物，而且是发展到某个特殊时期的产物。职业教育的目的是满足个人的就业需求和工作岗位的客观需要，进而推动社会生产力的发展，加快国家产业结构的调整与转型。因此，职业教育受益于社会，社会亦受益于职业教育，促进社会发展是职业教育的应有之义和神圣职责。

## 二、职业教育发展现状

图 1-5　职业教育硕果累累

自“十一五”规划纲要实施以来，我国职业教育体系不断完善，办学模式不断创新，招生规模和毕业生就业率再上新台阶，驶上了发展“快车道”，中等职业教育与普通高中教育招生规模已大体相当。“工学结合、校企合作、顶岗实习”的模式，成了我国职业学校，尤其是中职学校毕业生高就业率的秘诀。

2017 年 10 月 18 日，习近平总书记在十九大报告中指出：“优先发展教育事业。完善职业教育和培训体系，深化产教融合、校企合作。”职业教育迎来发展的春天。扶持建设紧贴产业需求、校企深度融合的专业，建设既有基础理论知识和教学能力，又有实践经验和技能的师资队伍。中国正在实施世界上规模最大的职业教育。

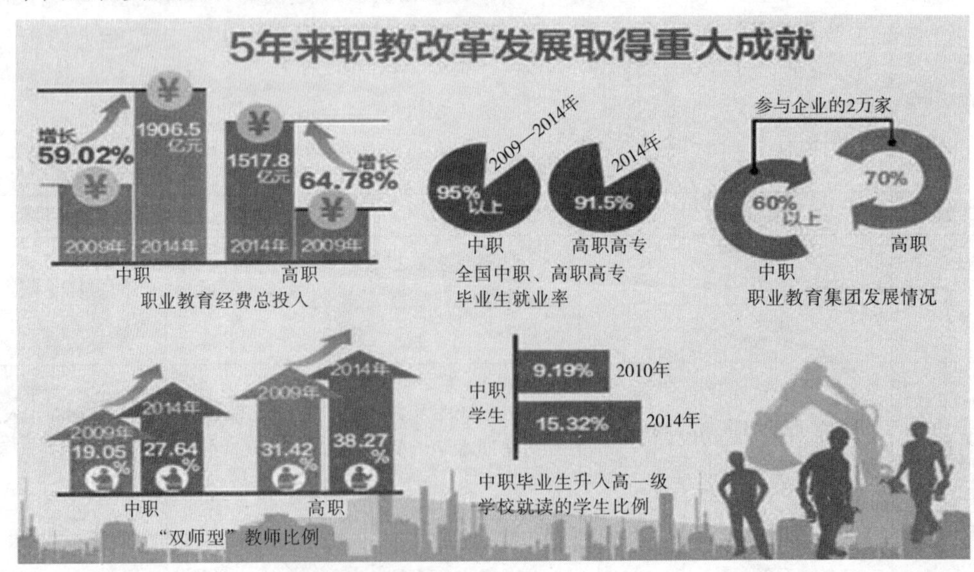


图 1-6　现代职业教育体系框架基本形成

**相关链接**

其他国家的职业教育现状：

新加坡某教育集团负责人接受采访时谈到，新加坡职业教育学院是专门培养职业人才的摇篮，专业设置非常齐全，而且学校就像一个复合型的大工厂，试验设备相当完善，学生在学校就可以把将来要工作的流水线全部接触到、学习到。而且，学院也会给学生安排带薪实习，一般实习期为2～4个月。学院本身就是人才加工厂，输出的毕业生可以直接胜任工作岗位。

另外，新加坡的理工学院也比较侧重于职业教育，完全根据市场导向办学，但水准相比国内的高职教育来讲要高出很多。新加坡的职业教育很重要的一个特点就是企业老总、政府官员参与到校董事会，这样就会把最新的职业需求情况直接传达给学校，学校就会根据国家整体的人才需求和企业对人才的需求及时调整专业设置。像淡马溪圣陶沙旅游学院就是个很好的例证，截至2008年，新加坡对于旅游、酒店管理的人才需求缺口将达35000人，企业就与学院立即着手来成立专门的学院培养人才，反应相当迅速。在新加坡，物流、旅游、酒店管理、电子、证券、金融等行业是就业的大热门，也成为学生选择职业教育的首选专业。

新西兰教育体制中最值得骄傲的是新西兰的中、高等职业教育。新西兰的职业教育有超过100年的发展历史，很多课程是长期移民或中短期移民短缺课程，而且学制不长，一般1～2年可以获得大专学历，毕业生能掌握相应的职业技能。这就意味着他们可以很快就业，并申请移民新西兰。例如西餐厨师、面点师、机械师、建筑木工、园艺师、设计师、摄影师等都是移民短缺人才。位于南岛最大城市的基督城理工学院提供一系列工程类技能大专课程，包括土木工程、汽车机械工程、电子工程、电脑工程及计算机辅助设计等。课程采取小班授课，每班不超过15人，能达到最好的教学效果。除了公立学院以外，新西兰的私立高等院校也各具特色，在某些领域独占鳌头。

与新西兰未来经济发展密切相关的行业，如园艺业也是近年最受欢迎的课程之一，大部分理工学院都提供1～2年制大专及3年制大本课程。在劳工部的资料中，对于园艺专才的全国短缺人数为27000人。园艺学课程对于留学生是个不可多得的课程，它既能满足人才市场需求，又可满足移民政策要求。

## 三、发展职业教育的重要意义

1. 发展职业教育有利于提高劳动者素质

劳动者素质是指一个国家中能够从事社会劳动的全部人口的整体素质。从事社会劳动的人口主要包括从业人员、失业人员，也包括处于劳动年龄之内的就学人员、从事家务人员和军队服役人员以及其他人员。社会生产和经济建设正是通过这些人的劳动来实现的，他们的素质状况在生产力的发展中具有重要的作用。

提高劳动者素质，主要是依靠教育，包括学校教育、社会教育和家庭教育。其中学校教育尤为重要，因为它是一种规范化的教育，是要求学生德、智、体、美、劳全面发展的教育，是有目的、有计划、有组织的教育，这种教育对提高劳动者素质起到了决定性作用。当今世界，以人的素质为基础的综合国力竞争日趋激烈，对全民综合素质的提高已成为当务之急，从而将教育摆在了优先发展的位置。

近年来，人们不再片面追求高学历，而更注重综合素质和实践技能的提高。有一家企业吸收了两位新人，一位是工作了几年的学士，另一位是刚毕业的硕士，经考核，前者具备所需要的工作能力，在试用期间，前者的工资4倍于后者。这样的事例说明，不同的工作岗位需要不同的人才，职业教育与高等教育在教育结构中有着同等重要的地位。多年来，我国职业教育为社会培养出了许多有理想、有道德、有知识、有技能的劳动者，改善了我国劳动力队伍的素质结构，为各行各业的发展起到了积极的作用。因此，发展职业教育对于提高劳动者素质及促进社会主义现代化建设，具有战略意义。

图1-7　全国技能大赛获奖学生

图1-8　钓鱼台国宾馆来我校招聘

图1-9　中职生就业形势良好

2. 发展职业教育有利于促进就业率提升

就业是民生之本。我国人口众多，就业压力比较大，需要全面提高国民素质，提高就业率，把众多的人口资源转变为人力资源。职业教育是实现人口资源向人力资源转变的有效途径，只有大力发展职业教育，才能进一步促进就业率的提高。

职业教育通过专业知识学习、动手能力训练、生产实践体验等方式，培养学生的从业能力，为社会输送具有一技之长的实用型人才，切实提高了劳动者的综合素质。由此可见，职业教育对提高就业率、保持社会稳定、构建和谐社会、全面建成小康社会具有十分重要的意义。

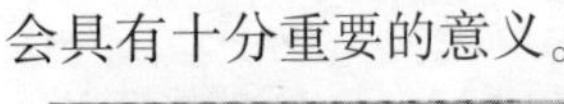

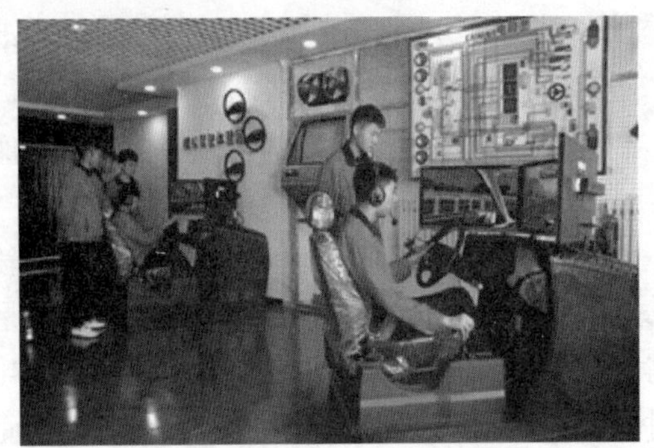

图1-10　学生模拟驾驶体验

图1-11　学生广告制作体验

3. 发展职业教育有利于推动农村劳动力转移

随着国家产业结构的调整，社会生产力的提高，农村劳动力逐渐从土地中解放出来，向城镇流动和聚集。这部分农村劳动力转换了生产领域，改变了职业，因此需要掌握新的生产技能。职业教育就是培养具有扎实动手能力和专业技能的人才，农村学生只有经过技能培训，才能适应市场需求，实现转移和就业。职业教育为农村学生的发展提供了良好的就业平台。发展职业教育，要扩大面向农村的招生量，给农村学生更多的机会和助学优惠。所以从这个意义上看，职业教育更符合国家产业结构调整与转型的要求，可有力推动农村劳动力的转移。

图1-12 学校向在校学生发放助学金

## 拓展训练

1. 请熟记下面的名言，并写下你的感受。

①使人幸福的不是体力，也不是金钱，而是正义和多才。

——德谟克利特

②让将来的一代得到幸福吧！不过他们一定得问问自己：我们的父辈为了什么活着？为了什么受苦？

——契诃夫

2. 同学们，来到了职业学校之后，你对未来的学习生活有什么样的期待？你渴望在以后的学习和生活中提高自身的哪些能力呢？你可以给自己确定一个小目标或者是小计划，并与大家分享。

# 第三课　幸福的职业教育

幸福，是人类永恒的追求，幸福感是人类最美好的情感体验之一。职业教育，给予学生进入某一职业领域所需具备的知识、技术和能力，帮助学生开启职业生涯，服务于社会，实现自我价值。职业教育，是获得幸福感的有效途径之一。

## 一、幸福职教提出的背景

进入21世纪，经济迅猛发展，产业结构发生巨大变化。为适应时代发展的要求，国务院提出大力发展职业教育，并推出一系列政策措施，构建现代职业教育体系。加强中等职业学校内涵建设，提高中等职业教育吸引力和竞争力，创新人才培养模式，促进学生全面发展，职业教育发挥出越来越重要的作用。我们在职业教育前面加上“幸福”二字，是告诉学生“为什么选择职业教育”“为什么而学技能”的道理，为国家需要而求学问，为社会合作而学技能。坚定理想信念，确立正确的人生目标。

当前，从中央到地方都非常关注国民的幸福问题。党的十八大以来，以习近平同志为核心的党中央提出了中华民族伟大复兴中国梦的重要执政理念，开启了发展中国特色社会主义事业“新的历史时期”。“中国梦”的核心内涵，就是要实现国家富强、民族振兴、人民幸福。“中国梦”的提出，将实现人民幸福、建设幸福中国提到了新高度。

**相关链接**

中国梦的基本内涵——国家富强、民族振兴、人民幸福。

在第十二届全国人大一次会议闭幕会上，习近平进一步阐释了中国梦的具体内涵。他指出：“实现中华民族伟大复兴的中国梦，就是要实现国家富强、民族振兴、人民幸福。”中国梦的这一基本内涵，是与中国梦的核心思想一致的。这是因为，作为中国梦基本内涵的“国

图1-13　“中国梦”的内涵

家富强、民族振兴、人民幸福”的“复兴之梦”是与近代以来中华民族曾经遭受过的“国家贫弱、民族衰落、人民疾苦”的“落后之痛”相对应的，正是近代以来中华民族曾经饱受的这种“落后之痛”，才迫使中华民族“痛定思痛”并开始向世界先进国家学习，从而希望再次创造中华民族在历史上曾经创造过的辉煌，最终实现“国家富强、民族振兴、人民幸福”的“复兴之梦”。

2013 年，长春市吹响了“全力建设幸福长春，率先全面建成小康社会”的号角。发展民营经济，促进全民创业，推进社会保障体系建设、推进交通设施建设、推进收入倍增计划、推进文化繁荣发展、推进安居工程建设、推进健康长春行动计划、推进人居生态改善、建设绿色宜居森林城、综合治理大气污染、提高空气质量……一系列幸福长春行动计划已全面实施，美好生活新画卷徐徐展开。

作为学校，更应该关注师生的幸福度，因为教育是人幸福的源泉和保障，人的幸福是教育的终极目的。幸福职教以全面提高学校育人质量为宗旨，让学校全体师生员工内化幸福职教的办学理念，践行幸福职教的办学行为，打造幸福职教的办学特色。通过建设幸福职教，实现学生全面健康成长、教师科学幸福工作、学校和谐跨越发展的目标。

图 1-14　培育幸福

职业教育就是要为学生一生的发展和幸福奠定基础。为此，长春职业技术学校确立了“幸福职教，全国名校”的发展目标，为的是实现学生全面健康成长，教师科学幸福工作，学校和谐跨越发展。全力建构“幸福职教”的两大体系：其一，让教师拥有物质和精神的幸福生活。其二，关注学生的生命成长，不但让孩子拥有一个幸福的学习环境，还要教给学生“一生幸福”的本领。而学生幸福和教师幸福之间是紧密联系的，通过“引领式教育”的育人模式，使学生变被动学习为主动学习，提振学习的动力和自信心，提高学习质量，对未来充满希望。

**名人名言**

教育学方面真正的人道主义精神就在于珍惜孩子有权享受的快乐和幸福。

——苏霍姆林斯基

## 二、幸福职教的内涵

所谓幸福职教，从理论上来讲就是以培养人的幸福情感为目的，增强教育者和受教育者“体验幸福、创造幸福、给予幸福”的职业教育，从而使他们逐步发展成为拥有幸福能力的生命主体。

幸福职教，以教学为基础，从引领学生出发，通过创新教学模式、改善教学条件、优化教学环境，使学生主动学习，提高学习质量，让学生感到幸福，同时教师也感到幸福。实现幸福职教的目标，要从“两个指标”“六个维度”入手。“两个指标”分别是教师指标和学生指标，

"六个维度"是把"打造舒适优美的工作环境、创造教师成长的良好条件、搭建青年教师培养平台"作为教师幸福的着眼点，把"学已所想、用已所长、做已所望"作为学生幸福的落脚点。

名人名言

教育上的一个重要任务就是在于使孩子的心都能受到人的崇高欲望的鼓舞，而给别人带来欢乐、幸福、顺利、好处和安宁。

——苏霍姆林斯基

学校以"立德树人"为根本，实施"专业联动　分流培养"等人才培养模式。采用"理实一体"等教学模式，建立真实的生产性实习实训环境，坚持"学生能做的事，不让老师做，老师能做的事，不让社会做"的实践性教学理念，为学生真实生产性实训创造条件。按照国家教育部的要求，坚持以人为本、德育为先、能力为重、全面发展，全面实施素质教育，培养创新能力和实践能力。可见，幸福职教目标的提出，引领了职业教育发展方向，是符合国家教育方针、顺应时代发展潮流的。

图 1-15　机械加工实训室

图 1-16　汽车养护实训室

## 三、幸福职教建设体系

学校从教师幸福、学生幸福两个层面来建设幸福职教体系。

1. 学生幸福

学已所想，用已所长，做已所望。

学生在教学模式选择、专业方向选择、非核心课程选择、教师选择、设备设施选择、社团组织选择和顶岗就业选择上实现自由和自主。学校在教学环境、生活环境和学生全面成长环境上做到先进、方便、安全和舒适。

2. 教职员工幸福

打造舒适优美的工作环境；创造教师成长的良好条件；搭建青年教师培养平台。

在教师培训、职级晋升、青年教师发展和教师生活等方面提高幸福感。完善长春长吉图职业教育集团运行机制，逐年提高生源质量和学生就业水平，引领全省中等职业学校健康发展。

## 四、幸福职教建设内容

### (一)学生幸福的建设内容

1. 学己所想,让学生自主选择,帮助学生树立学习信心和奠定幸福基础

(1)教育模式上做到自主选择:建设“3 +2”“2 +3”“3 +4”的中高职衔接班和名企定单班、现代学徒制班、名师冠名班及国际“3 +2”“3 +4”职业衔接班等多种班型供学生选择。

(2)专业方向上做到自主选择:在具有规模的专业实现“专业联动、分流培养”的专业自主选择模式。

(3)个性化课程上做到自主选择:部分专业做到在非核心专业课自主选择,并先采取加课引导模式进行。

(4)教师做到学生自主选择:在部分教师多的课程上创造集中同期排课方式允许学生自由选择教师。

(5)学生社团活动做到学生自主选择:学校在学生活动时间、场地调配、教师调度和设备配置等方面创造条件。

(6)设备设施自主选择:课余时间公共设备、设施在专业教师指导下进行自主申请使用(仅限于实习实训)。

2. 用己所长,创造各种条件,使学生的特长得以发挥,幸福得以实现

(1)规矩、人格教育培养和训练贯穿教育教学全过程。

(2)建设在同行业中最先进的设备设施:重建汽车实训中心(13000 平方米),扩建机加(生产性)实训中心、会电实训中心等实训设施,筹建电梯实训中心、机电实训中心、数字媒体(生产性)实训中心,确保学生实训条件处于全省领先水平。

(3)加强培训工作,确保教师教学水平跟上行业技术发展的需要。

①采取请进来的方式,每个假期确保满两周的时间请行业专家、名师和技术能手到学校根据行业发展和教学急需知识进行校本教师培训;

②确保国培、省培和市级培训足额参加;

③主动参加国家职教学会举办的各类职业教师培训班,让教师跟上全国一流学校的教学水平;

④抓住校企合作机会校企共同培养技术能手和专业教师;

⑤院、企、校合作打造“三师”型研究生,提高教师层次和水平。

(4)教学环境改善要做到科学、方便、环保和高效。

①网络设备高效畅通;

②教学系统科学高效;

③理实一体教室要还原生产车间布局;

④汽车、数控和数字媒体等专业 5 年内完成生产性实习条件。

(5)在教学、学生管理、师生活动、文化建设和校园建设中全力打造“工匠精神”氛围。

(6)创新就业模式,给学生多次选择顶岗实习和就业机会。

(7)创造良好的就业环境,完善长春长吉图职业教育集团机制,5 年内把集团打造成全

国一流职教集团。

(8)扩大“金秋助学”规模,完善名企奖学金机制,扩大受助人数,让真正困难学生有学上且感到幸福。

3.做己所望,帮助学生朝着幸福生活的目标迈进

(1)创新终身就业机制,做到终身就业服务。

(2)完善和活化培训机制,创造终身教育条件。

(3)建立毕业生职业成功引导机制,广泛高效利用长春长吉图职教集团大平台,让学生职业成长渠道畅通。

(4)做好国际交流与合作,给毕业生创造优质的国际培训条件。

**(二)教师幸福的建设内容**

(1)健全青年教师进步与提升机制。

(2)积极探索教师职级晋升畅通渠道,充分调动教师工作积极性。

(3)为职工工作、生活、学习和活动创造条件,提升职工的幸福感。

## 五、幸福职教项目建设预期效果

项目建成后,学校环境优美,学生、教师幸福感和社会声誉得以提升,招生就业两旺,成为吉林省龙头职业学校和全国知名学校。

**名人名言**

人类的一切努力的目的在于获得幸福。

——欧文

**拓展训练**

英国的心理学家科恩说:“大多数人都不知道幸福是什么,他们只知道:只要有钱、有好车、有大房子就是幸福。但是拥有这些东西的人并不比其他的人幸福。”科恩在访问了1000多人后,得出了一个所谓幸福的公式:

$$\text{即幸福} = P + (5 \times E) + (3 \times H)$$

式中,$P$代表个性,包括世界观、适应能力和应变能力;$E$代表生存,包括健康情况、财政状况和交际;$H$代表更高一层的需要,包括自尊心、信心、期望及幽默感。

科恩说:“学会享受生命,这本身就是一件很好的事情,因为人的生命并不算很长。”

这是一名心理学家对幸福的看法,你赞同吗?新学期开始了,如何做一个幸福的中职生呢?

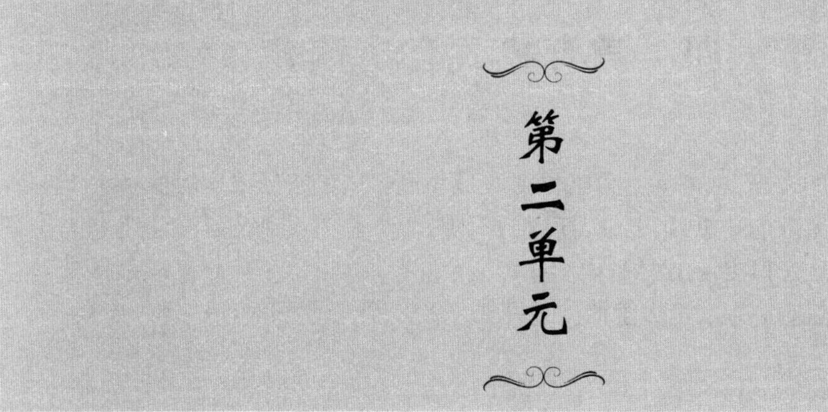


# 学己所想

# 第一课　教育模式自主选择

每一年中考来临的时候,总是学生和家长内心最“痛苦”、最“煎熬”的时候。考上一所理想的学校是每一个家庭的梦想,是学生实现人生理想的阶梯,这种观念已在学生和家长思想意识当中根深蒂固。2014 年在吉林省内承办“3 +4”中职本科、“3 +2”中高职衔接升学渠道彻底打破了必须通过高中才能上大学的传统模式,高考垄断升学的时代不复存在。

相关知识

## 一、教育模式

教育模式就是人们在充分尊重教育规律的前提下,为提高教育质量和效率而产生的一种相对稳定的教育方法、方式、策略、理念于一体的实践模型,是人们对教育进行有效实践而采取的一种策略方案的集合体。

## 二、教育模式的核心要素

(1)符合教育规律。

(2)直抵事物的本质。

(3)相对的稳定性。

## 三、幸福职教的教育模式

在职业教育日益蓬勃发展的今天,拓展学校的社会影响力,让社会认可长春职业技术学校为重要目标。这所学校的教育模式主要有升学型教学模式和技能型教育模式。

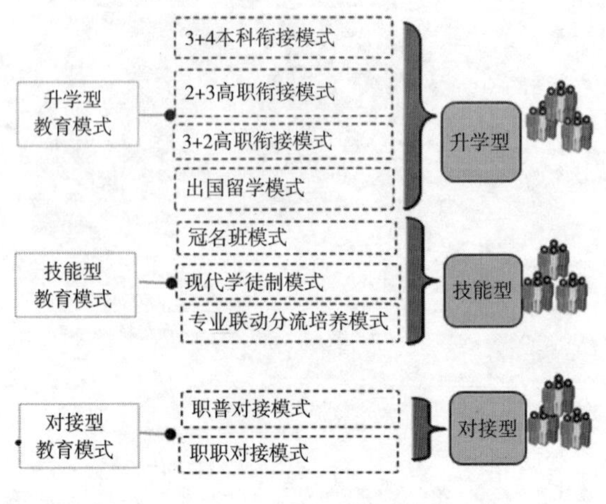


图 2-1　教育模式自主选择

## (一)升学型教育模式

为了给低分数段的应届中考学生提供便捷的升学渠道,学校自2014年开始调整策略,主动承办“3+4”“3+2”衔接计划,联合长春工业大学、长春师范大学、长春大学、长春汽车高等专科学校、长春职业技术学院等省内知名高校联合办学,搭建初中毕业生直升名牌高校本、专科的快车道。

1.“3+4”本科衔接模式

“3+4”本科旨在提高大学生专业技能水平,提升大学生就业质量和能力,学校经省教育厅同意,与长春大学、长春工业大学、长春师范大学三所知名高校联办“3+4”本科实验班,下设汽车服务工程、机械工程、交通工程三个强势专业,学生进入长春职业技术学校学习3年,注册长春职业技术学校学籍,修满3年转段进入本科院校学习4年,学籍转入对应本科院校。7年学习期间,由衔接试点本科院校牵头,统筹制定一体化的人才培养方案和教学计划,分段组织实施,系统培养本科层次高端技能人才。

**案例**

2014年,家住长春市净月开发区的李同学以496分的成绩落榜重点高中,按照往常的经验只能选择一所普通高中就读,但通过朋友介绍了解了长春职业技术学校的“3+4”衔接本科以后,得知这是教育部在吉林省的试点项目,是全日制统招的正规本科计划。李同学和家人来到学校,充分了解了轨道行业的发展前景和将来的工作岗位待遇后,最终选择了我校城市轨道交通检测与维修(交通工程)专业,李同学因为是净月户口,中专三年的学费是全免的,因为成绩优异,还两次获得企业奖学金(一些用人企业在学校设立专项奖学金用于奖励品学兼优的学生)。在2017年9月李同学顺利转入长春师范大学交通工程专业,与高考同期考入的其他新生一样接受全日制本科教育,唯一不同的是减少了应对高考而花费的时间和精力,却得到了其他同班同学所没有接触过的专业基础知识,从而在学业和考试过程中更得心应手。

2.“2+3”高职衔接模式

学生进入长春职业技术学校学习2年,注册该校学籍,修满2年后转段升入对应高校学习,学籍同时转入(长春职业技术学院、长春汽车高等专科学校、吉林工程技术师范学院等)。5年学习期间,由高等院校牵头,统筹制定一体化的人才培养方案和教学计划,分段组织实施,系统培养高级技能人才。学生完成学制后由高校颁发高职(大专)毕业证。

3.“3+2”高职衔接模式

学校与吉林交通职业技术学院、吉刚汽贸三家联合打造省内唯一一种“校企院”衔接就业模式,学生进入长春职业技术学校学习3年,注册中专学籍,修满3年转段进入吉林交通职业技术学院学习2年,学籍同步转入吉林交通职业技术学院,学制最后一年,学生到吉刚汽贸顶岗实习,学生毕业后在吉刚汽贸直接就业。5年学习期间,由吉林交通职业技术学院牵头,长春职业技术学校与吉刚汽贸协助,三家单位统筹制定一体化的人才培养方案和教学计划,分段组织实施,系统化培养本科层次高端技能人才。学生完成学制后由吉林交通职业技术学院颁发高职(大专)毕业证。

吉林省应届初中毕业生升学型教育模式　　表 2-1

| 类　别 | 报考要求 | 报考条件 | 报考时间 | 学　制 |
| --- | --- | --- | --- | --- |
| “3 +4”衔接本科 | 应届初中毕业生,且参加吉林省中考 | 中考成绩在当地二类高中录取线以上 | 5 月中下旬 | 3 年中专 4 年本科 |
| “3 +2”衔接高职 | | 长春地区考生,中考成绩 300 分以上 | 5 月中下旬 | 3 年中专 2 年高职 |
| “3 +2”高职 | | 中考成绩 200 分以上(不含体育加试成绩) | 8 月下旬 | 3 年中专 2 年高职 |

4. 拓展达不到录取分数要求的学生升学渠道

很多学生到校后才了解到有“3 +4”“3 +2”可以选择但却错过了报名时间,或者因为中考分数不够,不能直接就读“3 +4”“3 +2”,对于这些学生的升学问题,学校也有单独的渠道:自 2016 年起,学校中专专业学生在三年级下学期可以同时报考对口升学、单独招生、高考三种升学考试(可同时填报也可以只选择其中一种),报考时间大致在每年的 11 月前后,报考手续由学校统一办理,所有符合报名条件的学生可以自愿向学校申请报名。

案例

2013 级的李同学通过三年的努力学习,终于在 2016 年获得了会电专业省赛一等奖的好成绩并获得了学校 2000 元的竞赛奖学金。但在喜悦之余,面临马上到来毕业和学校推荐的工作岗位,她忽然觉得自己的专业技能还有提升的空间,在学历上也对自己有更高的要求,所以根据学校升学考试政策报考了 2016 年对口升学考试。根据报考政策,李同学凭竞赛成绩只需要完成报考流程就可以直接到报考学校面试(正常报考对口升学考试的学生是需要参加全省组织的统一对口升学考试的),面试成功后,李同学和高考录取的新生一起开始了大学生活。

5. 出国留学

随着全球化时代的到来和“一带一路”政策的不断延伸,中专阶段的单纯技能教育将越来越限制学生的发展前景,学校在稳步发展基础技能教学,强化实习、就业条件的同时,也为学生广开出国交流和出国留学的渠道。以 2015 年开始的韩国留学为例:长春职业技术学校与韩国全州纪真(vision)大学联合办学,学生在完成三年中专学制后,可以到韩国自由选择继续攻读本科(4 年)或专科(3 年)。学校为减轻学生赴韩的学费压力,与九台商业银行合作为学生提供低息留学贷款,支付第一年出国的相关费用。在韩国期间学生可以通过勤工俭学的方式完成学制并支付剩余学习费用,毕业后由韩国全州纪真大学推荐工作岗位。

案例

2015 年入学的郑同学是个“追星族”,为了心目中的“都教授”从中考后就开始自学韩语,而且和家里闹着要去韩国留学。但是高昂的留学费用是郑同学家里负担不起的,在与家人协商后,郑同学选择了长春职业技术学校的韩国留学项目中的数字媒体专业,通过专业学习和技能实践逐渐掌握了摄影摄像器材的使用、保养、维护知识，又通过参加学校摄影社团活动拍摄了很多属于自己的小作品，让郑同学逐渐爱上了这个专业，也让他从盲目的追星者变成了为自己理想和事业不断钻研奋斗的追梦者。三年时间一闪即逝，随着出国日期的日益临近，在学校的统一安排下，郑同学完成了韩语考试，办理好了出国所需的一切证件和手续，并在学校的帮助下办理了助学贷款，为即将开始的新生活做好准备。

名人名言

有人问鹰：“你为什么到高空去教育你的孩子？”鹰回答说：“如果我贴着地面去教育他们，那它们长大了，哪有勇气去接近太阳呢？”

——莱辛

### （二）技能型教育模式

职业教育最基础的工作就是培养用人企业所需的技能型人才，长春职业技术学校凭借多年的摸索和实践，在原有教育模式的基础上发展出了适合社会需求和企业认可的教育模式。

1. 冠名班模式

就业是中职学校办学的主要目的，是吸引学生和家长的砝码。长春职业技术学校联合一大批知名企业共同修订各自所需专业的校本教材、人才培养计划，邀请企业技术人员到校为学生讲解工作岗位上急需了解的专业知识，让日常教学与企业岗位直接贯通，让企业培训与学校教育之间无缝对接，在稳定学校就业率的同时也解决了企业的用人需求，并根据冠名企业的需要，学生在校期间还可以统一考取相应的职业资格证书。

案例

长春市双阳区的刘同学2011年入学，由于老家在安徽，而父母都在长春经商，为了更好地照顾她，父母临时将他从老家转学到长春，面临不同的教材、不同的学习环境、不同的方言，刘同学很长时间都没有适应，学习成绩也一路下滑，中考名落孙山。他的父母在邻居的推荐下来到长春职业技术学校，在了解到学校新开设的冠名班后，果断地为刘同学报了名。其实，在开始的一段时间里，刘同学心里是抵触的，他想和其他孩子一样能够上高中、考大学，现有成绩又让他心灰意冷，在几经考虑之下，最终同意了父母的决定，但在心理上一直转不过这个弯。直到新生开学那天，他意外地发现应届新生不仅有新生班主任，还有来自企业的一名高级技师。原来，冠名班的管理是企业和学校双方参与的，从入学开始就由双方共同参与学生的各方面教育教学，以培养一名企业需要的技术人员为目标。为此，刘同学第一次对自己的人生发展有了明确的目标，通过三年的勤学苦练，不仅获得了中职毕业证还考取了企业要求的电工证、焊工证、车工证，为接下来的工作岗位做好了充足的准备。皇天不负有心人，在就业第一年就被企业评为优秀实习生，在2015年的新生开学典礼上作为优秀毕业生代表向师弟师妹们讲述自己的学习和工作经历，2016年还被评为“优秀员工”，在朋友和同事眼中刘同学俨然已经是一名“成功人士”。

2. 现代学徒制模式

现代学徒制是通过学校、企业深度合作，教师、师傅联合传授，对学生以技能培养为主的现代人才培养模式。将传统的学徒培训方式和现代职业教育结合起来，通过校企合作这个平台，培养学生的实践工作能力，提高综合素养。该模式更加注重技能的传承，由校企共同主导人才培养，设立规范化的企业课程标准、考核方案等，体现了校企合作的深度融合。

现代学徒制有利于促进行业、企业参与职业教育人才培养全过程，实现专业设置与产业需求对接，课程内容与职业标准对接，教学过程与生产过程对接，毕业证书与职业资格证书对接，职业教育与终身学习对接，提高人才培养质量和加强针对性。

3. 专业联动、分流培养模式

中职生在入学前选择专业时，存在较大的盲目性和从众心理，不能客观深入地了解专业前景、专业特征，导致一段时间后产生厌学、抵触心理，不利于学生未来的职业发展。学校通过施行专业联动、分流培养的教育模式解决这一问题。

新生选择专业后，一年级统一学习相关专业的基础课程，二年级开始根据学生的个人兴趣、学习成绩划分专业方向，如汽车专业群，学生入学后统一学习汽车专业基础课程（如发动机理论、零部件拆装等），二年级根据学生平时表现、学习成绩、个人兴趣的不同，划分为汽车制造、汽车维修、汽车钣金、汽车营销等不同专业方向，为学生提供更多自由选择的机会。

**名人名言**

志气这东西是能传染的，你能感染着笼罩在你的环境中的精神。那些在你周围不断向上奋发的人的胜利，会鼓励激发你作更艰苦的奋斗，以求达到如他们所做的那样。

——斯蒂文

### （三）对接型教育模式

1. 职普对接模式

（1）与初中学校的对接模式。

学校与长春五十五中、长春七十四中等初中学校建有长期合作关系，在初三开学阶段，学生可以转入“职普对接班”继续学习，除了基础课程之外，还可以按专业意向学习专业知识，有意向升学的学生就读一年后参加中考报考我校“3+4”“3+2”相关专业，无意向升学的学生完成半年学习后，可以进入春季班提前入学，享受提前半年就业待遇。

（2）与高中学校的对接模式。

学校与养正高中、长春二十九中等高中有联合办学协议，学生在完成高中学业考试后，可以根据个人意愿转入“职普对接班”继续学习大约半年时间，期间由长春职业技术学校派遣专任教师讲授专业课程，然后通过单独招生考试的形式考入长春职业技术学院对应专业继续完成大专学业。现已有2批共165人通过这种渠道成功考入长春职业技术学院轨道和数控专业。

案例

养正高中的亓同学是2009年入学的,2012年年初正是备战高考的关键时期,一场突如其来的疾病不得不让亓同学放弃了高考的打算。2013年,重新回到养正高中的亓同学,已经对自己本就不高的模拟成绩不抱任何希望,况且身体也不允许他进行夜以继日的高强度学习,恰在此时,他得知了长春职业技术学校与养正高中联合创办的"职普对接班"正在向所有养正高中的三年级学生招生,报名后学校重新分班,将所有报名学生统一重新编组按照专业选择不同委派各自的专业课辅导教师,在一年的专业课学习后,通过单独招生考试成功考入了长春职业技术学院数控专业,完成了自己的升学梦想。

2. 职职对接模式

其他职业学校学生还可以享受长春职业技术学校体系内的一部分优势资源。学校与一些职业学校保持密切合作,如乾安职教中心的学生可以在乾安学习一年后,转入长春职业技术学校继续学习两年,学生可以自由选择由学校推荐工作或参加对口升学考试、单独招生考试或高考。

案例

松原乾安的郑同学是个胆小的学生,由于长得瘦小在初中经常受同学欺负,学习成绩也不好。中考后,成绩很低的郑同学只能选择一所职业学校继续学习,在唯一的朋友李同学的介绍下,他希望选择长春职业技术学校和自己的好朋友继续在一起学习,但家人考虑他从小受人欺负,离家太远不放心就强制把他送到乾安职教中心上学。乾安的学习条件和实习条件都不能和长春职业技术学校相比拟,郑同学的心里很不平衡,但胆小的性格让他不敢和家人去谈,直到乾安开设了与长春职业技术学校联合办学的"对接班",郑同学才敢去和家里人说明,在和家人几次商讨并到长春职业技术学校考察后,家人最终同意了。第二年转入我校数控专业继续学习后,郑同学通过刻苦钻研,并利用课余时间继续强化数控车床操作,在精密加工技术方面取得了很大的进步,并入选了当年的竞赛团队,在2016年的数控省级技能竞赛中获得了个人二等奖、团队一等奖的好成绩,为他目前12年的学业生涯画上了浓墨重彩的一笔。

## 四、教育模式自主选择的效果

多种教育模式给学生充分的自主选择权,在选择过程中,学生充分结合自身的实际情况,按照职业岗位能力需求,规划个人的发展方向,规划自己未来职业岗位。

升学型教育模式通过"对口升学"等途径给中考失利以及有继续学习深造的学生点燃希望;技能型教学模式通过教、学、做融为一体的教学模式,让同学们的学习兴趣更浓,动手实践能力和解决实际问题能力更强;对接型教育模式通过课程网站资源建设、校园数字化设备设施等新技术应用为同学学得一技之长搭建了更好的平台。

名人名言

立志、工作、成就,是人类活动的三大要素。立志是事业的大门,工作是登堂入室的旅程。这旅程的尽头有个成功在等待着，来庆祝你的努力结果。

——巴斯德

**名人名言**

当我们只遇到逆风行舟的时候，我们调整航向迂回行驶就可以了；但是，当海面上波涛汹涌，而我们想停在原地的时候，那就要抛锚。当心啊，年轻的舵手，别让你的缆绳松了，别让你的船锚动摇，不要在你没有发觉以前，船就漂走了。

——卢梭

**拓展训练**

1. 一名在五十五中就读的学生可以通过对接型教育模式升入“3+2”高职班吗？

________________________________________

2. 一名长春地区的往届学生可以选择哪几种方式进行升学？

________________________________________

3. 技能型教育模式在毕业时除了毕业证还能得到什么证件？

________________________________________

4. 你作为在校学生，结合自身做出的选择，谈一谈自己的感受吧！

________________________________________

# 第二课　专业自主选择

依据集团化办学特色，学校汽车专业设计出“专业联动、分流培养”人才培养教学模式。即专业联动、动态管理，实现汽车专业群内各专业招生、教学、就业联动，分流培养的人才培养教学模式。

汽车专业培养面向汽车维修、汽车性能检测等行业企业，具有与本专业相适应的文化水平和良好的职业道德，在生产、服务第一线从事汽车检测、机电维修、汽车维修业务接待及汽车技术服务工作，全面发展的高素质劳动者和初级、中级技能型人才。

## 案例

随着现代科学技术的进步，汽车检测技术也飞速发展。用现代的、科学的、快速的、定量的、准确的和全面的手段检测并诊断汽车的技术状况，是保证汽车更好地发挥动力性、经济性、安全性、排放性、平顺性、操纵稳定性、可靠性等的重要手段。目前人们能依靠各种先进的仪器设备，对汽车进行不解体检测，而且安全、迅速、可靠。而这些大都是在汽车性能检测站的检测线上实施的。

请问，你认为汽车运用与维修专业就业岗位有哪些？“专业联动、分流培养”人才培养模式是怎样的一种模式？

## 相关知识

汽车运用与维修专业的“专业联动、分流培养”人才培养模式，即学生入学后不分具体专业和方向，统一进行入学教育、职业生涯规划教育、文化基础教育、汽车专业技术教育，企业参观。学生经过一学期左右的学习与培训，让学生选择自己感兴趣的具体专业与方向。根据同学们的意愿及学生的能力状况，进行考核选拔，选出约20%的学生重点培养汽车检测与维修的基本技能，为我省一、二类汽车维修企业及各类汽车4S店培养急需的技能型专门人才。对选拔出的学生严格地按照汽车运用与维修企业及职业技能标准进行考核评价，考核不合格的学生可以选择到订单班学习，订单班的学生也可以在学习中经考核选择参与汽车运用与维修特色班学习。其余约80%的学生则重点根据订单企业职业岗位需求，培养工作技能与职业素质，达到企业就业标准，实现全额就业。

**汽车运用与维修专业人才培养模式**
**专业联动、分流培养**

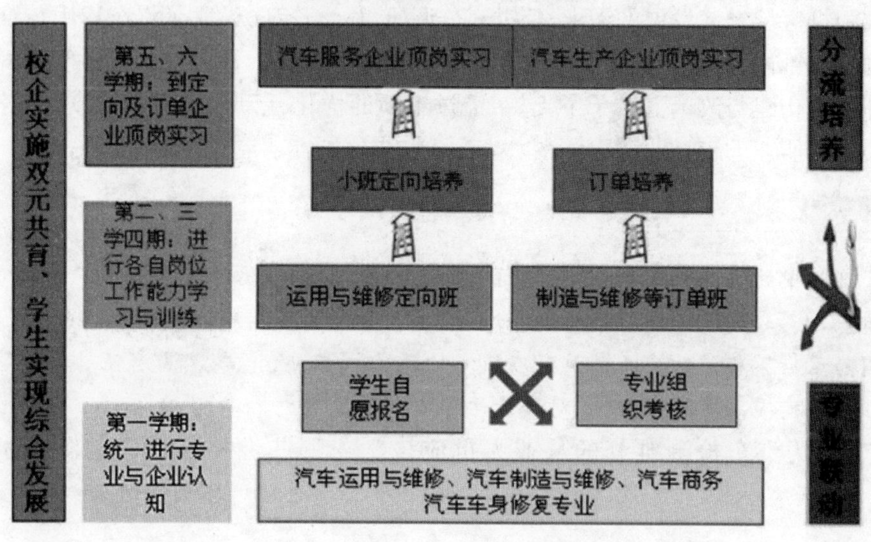


图2-2　“专业联动、分流培养”模式图

"专业联动、分流培养",一方面实现了同学们专业再次选择的意愿,另一方面也实现了资源利用最优化,使人才培养专门化,培训与就业直通化,提高专业人才培养质量,满足汽车行业企业不同类型人才需求,缩短学校人才培养与企业人才需求之间的距离。

图 2-3　"专业联动、分流培养"人才培养模式

**名人名言**

生命里最重要的事情是要有个远大的目标,并借助才能与坚持来完成它。

——歌德

## 一、专业课程结构体系

中职教育是我国职业教育的重要组成部分,课程体系是把教学内容按一定顺序组织起来的系统,在一定程度上反映学校为社会服务的方向,也是实现学校人才培养目标的基本保障。我校根据区域经济发展的需求,经过充分调研、科学论证,设立了汽车运用与维修专业,后发展为汽车维修、汽车车身修复与汽车商务三个专业方向。作为专业建设改革试点,学校在课程体系的构建与改革上给予了支持,经过不断的优化,已形成较科学合理、有特色的汽车运用类中等职业学校专业课程体系。

**案例**

石油产品中的汽油和柴油,是交通运输的主要能源,而能源又是发展生产和提高生活水平的物质基础。我国汽车保有量的逐年增长,就意味着石油消耗的增长。因此,燃油经济性受到我国乃至世界各国的广泛关注。在汽车的运输成本中,汽车燃油消耗的费用占20% ~ 30%,节约燃油,提高燃油经济性,对降低运输成本意义重大。

请问,作为汽车检测维修的从业人员应该学习哪些专业课程和检测技术的相关知识。

## 相关知识

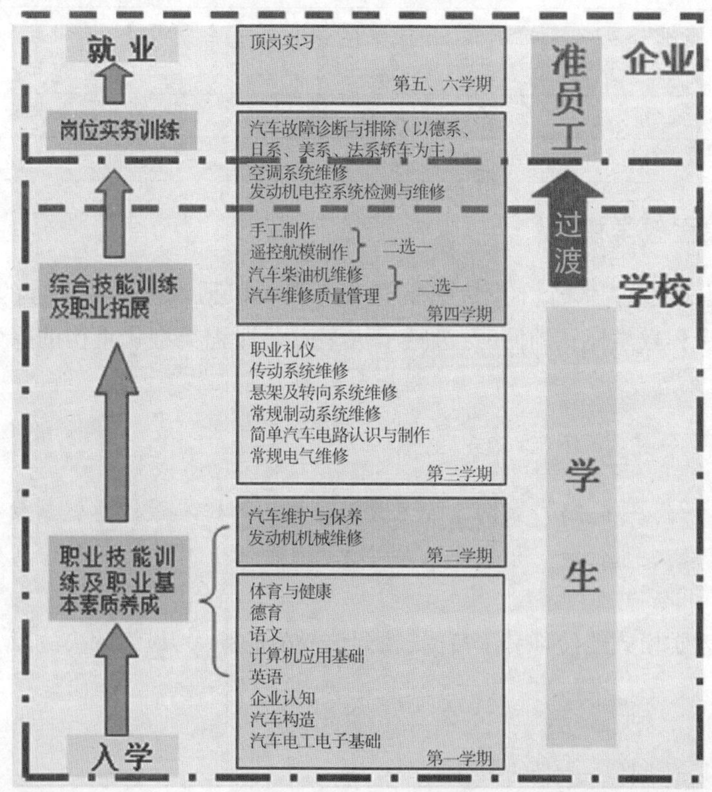


图 2-4　专业课程结构体系图

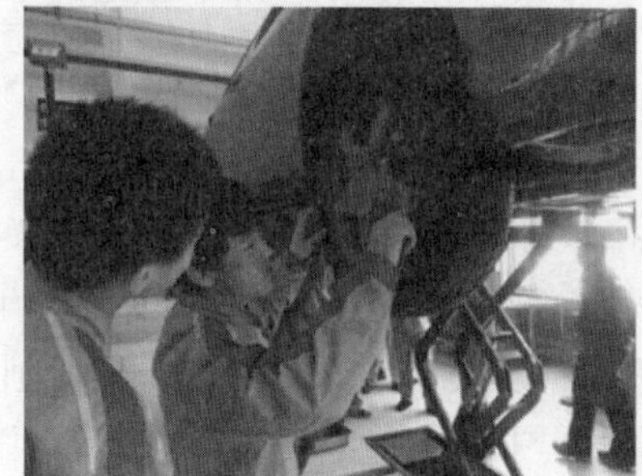

图 2-5　汽车专业学生技能学习

## 名人名言

谁有历经千辛万苦的意志，谁就能达到任何目的。

——米南德

## 拓展训练

1. 与本专业教师交流，列出本专业的所有实训室，并说出各实训室功能。

2. 能找到本专业各实训室的位置,并描述出各实训室主要设备、设施名称。

## 二、专业课程教学模式

课程教学模式改革是一个不断完善的过程。我校根据汽车专业课程的教学特点及现状,在吸纳先进课程教学模式的同时,进行了汽车专业课程类型化重构的探索与实践,取得了良好的教学效果。

### 案例

某车主驾车来到汽车维修站,向维修主管讲述自己的轿车最近感觉制动效果不太好,制动时有跑偏的现象,要求检修。根据车主的要求,请你做出工作计划和信息采集,完成检修工作任务。

请问,哪种教学模式能使你易于接受,找到该故障的原因,最终解决故障?

### 相关知识

(1)“双元共育、四位一体”的概念。

“双元共育、四位一体”即通过学校教师和企业兼职教师一起培养,采用“车间现场、真实情景”的情景教学、实物教学、行为导向等教学手段,把课堂搬进汽修工厂车间,使“教学场所和工作场所一体化”。

(2)“双元共育、四位一体”的实施。

①由“教师和工程师一体化”的专业教师和企业技术骨干共同完成教学过程。

②根据工作过程开发专业课程,以学生为主体、以教师为主导,以工作任务为载体实施课程教学,坚持“教、学、做、考”合一的原则,使“学习过程和工作过程一体化”。

③以真实工作任务来设计综合实训项目,通过对未来职业岗位任务和环境的真实体验,使“学生和职业人一体化”。

(3)“双元共育、四位一体”的好处。

①实现了专业课程教学内容与职业工作任务的融合统一。

根据企业对专业人才的能力结构要求,围绕职业岗位群所需知识和能力,构建“工作过程导向的双向能力结构”课程体系,确定核心课程,制订课程标准,使课程体系与工作体系更好地对接起来,充分体现职业教育以人为本的性质。

②实现教学过程与工作过程的融合统一。

通过学校教师和企业兼职教师一起培养,使“教学场所和工作场所一体化”;由“教师和工程师一体化”的专业教师和企业技术骨干共同完成教学过程;坚持“教、学、做、考”合一的

图 2-6 “双元共育、四位一体”的教学模式

原则,使“学习过程和工作过程一体化”;通过对未来职业岗位任务和环境的真实体验,使“学生和职业人一体化”。

③实现了考核方法的多元化、全程化。

授课过程中,每完成一到两个单元进行一次理论知识考试,将几次成绩按比例折算成该课程的理论成绩;技能训练项目最后进行实操考核,计为实操成绩;再将课程平时作业、技能训练项目工单完成情况、出勤情况进行综合评定得到平时成绩。将理论成绩、实操成绩、平时成绩进行综合评定,作为该门课的成绩。采用知识与技能相结合的“多元化、全过程”考核方法。

④教学环境企业化。

校内实训基地由企业学校双方共同建设、共同管理、共同使用。实训基地全部同企业生产服务环境一致,处处渗透着企业文化,体现着企业经营、管理及服务理念。

### 名人名言

复杂的事情要简单做,简单的事情要认真做,认真的事情要重复做,重复的事情要创造性地做。

——佚名

### 拓展训练

1. 与本专业教师交流,认识实训室的实训设备及实训器材。

2. 与本专业教师交流,会使用实训室内实训设备和工具车内的拆装工具。

## 三、专业课程教学方法与手段

随着汽车时代的到来,汽车已经走进千家万户,这就加大了汽车类专业人才的需求,而且对这类人才的能力水平要求越来越高,作为培养汽车类专业人才的学校,加强学生掌握理论知识和实际动手操作能力就显得尤为重要。因此,针对我校汽车运用与维修专业,合理地根据学情和我校实训条件,寻求教学方法、教学手段、措施等方面的改革,以获得良好的教学效果为宗旨,以促进学生实际操作能力提高为根本,把符合本专业的教学方法和手段应用于实际教学当中,满足企业对于技能人才的需求。

**案例**

客户将自己的通用别克凯越轿车开来,说它的行驶无力,请求帮助检测诊断。汽车行驶无力是汽车使用中常见的综合故障,造成汽车行驶无力的原因很多。在汽车使用过程中,其技术状况不可避免地发生变化,汽车自身技术状况下降是造成汽车行驶无力的主要原因。

请问,什么形式的教学方法、手段能使你接受弄清楚该故障的原因,最终解决故障?

**相关知识**

### (一)采取理实一体化的教学模式

教学中汽车运用与维修基本技能与岗位能力训练全部采取理实一体化教学。学校建有设施功能齐全、设备技术先进的国内一流的综合汽车实训中心,中心有20多个专业实训室及实训车间,同时还特别建成了8个汽车运用与维修理实一体化教室。在整个教学过程中,汽车运用与维修基本技能与岗位能力训练全部采取理实一体化教学。

### (二)利用任务驱动、现场教学、案例教学等教学方法

利用任务驱动、现场教学、案例教学等教学方法,充分运用现代教育技术和手段,将职业道德与企业文化结合起来进行教学,将吃苦耐劳、服从意识、团队意识、环保意识和一丝不苟的敬业精神与实验、实训结合起来进行教学,重点培养学生的学习能力、协作能力、沟通能力和创新能力,使本专业的毕业生能做、能说、能写、能创新,幸福职教的感受无处不在。走进汽车实训中心一楼的整车实训大厅,您就会发现虽然中职生都是十六七岁的孩子,但是一旦激发起他们的学习兴趣,其实孩子们的自主学习能力都很强,即使是在课余的休息时间,也能看到孩子们身着工装在认真练习着发动机拆装、四轮定位、整车故障排除等多项作业。把老师课堂上所教的任务、案例一遍遍动手练习、巩固,熟记于心,灵活运用。因为采用的是现场教学的教学模式,老师在实训现场都有一个小办公桌,下课之后,指导老师多数时间都是在那里备课,这样孩子们有疑问就去问老师,车间里总是能够感受到浓浓的学习氛围。

### (三)在教学过程中引入竞赛机制

在教学过程中引入竞赛机制,将汽车维修基本技能规范化、标准化,学生分组进行比赛,教师与企业专家做出评价,排出名次,优秀的学生推荐参加市、省、国家各级比赛。竞赛机制不但激发了师生的学习热情,而且还让我校汽车专业在全国汽车运用与维修技能大赛上每

年都有新突破，学生、教师连续 5 年获得省赛一等奖、优秀指导教师奖。代表吉林省参加汽车四轮定位、发动机拆装、钣金喷漆等多个赛项勇夺国赛一、二、三等奖。

### （四）顶岗实习

顶岗实习按教学与生产的要求制定管理办法，明确管理的分工与职责。双方人员参与过程的管理和质量考核，明确校企双方的权限和职责。

图 2-7　学生动手实操训练——查找故障

**名人名言**

生活赋予我们一种巨大和无限高贵的礼品，这就是青春：充满着力量，充满着期待志愿，充满着求知和斗争的志向，充满着希望信心和青春。

——奥斯特洛夫斯基

**拓展训练**

1. 与本专业教师交流，能找到任课教师所设的故障。

2. 与本专业教师交流，能说出排除故障所需的工具并排除教师设置的故障。

## 四、专业课程教学评价

教学评价是教学环节中的反馈机制，是推动教学有效性的重要手段。我校汽车专业一体化课程中运用教学评价的方式，不仅要关注学生的学业成绩，而且要发展学生多方面的潜能，了解学生发展中的需求，帮助学生认识自我、建立自信。发挥评价的教育功能，促进学生在原有的水平上的发展，这是课程改革提出的明确要求。

## 案例

一位客户反映其捷达轿车发电机不发电，售后服务站接到此车辆后，要求检查并排除该车出现的发电机不发电故障，制定计划，修复此车辆。把故障信息和修复情况告知客户，并得到客户的确认，提交一份分析报告并归档。

请问，你该如何评价维修人员对客户的技术服务？

**维修人员技术服务评价表**

表 2-2

| 序号 | 考核内容 | 主要监测点 | 分值 | 得分 |
|---|---|---|---|---|
| 1 | 客户交流 | 什么情况下出现这样的状况，频率如何，持续多长时间？学生对客户的态度如何？ | 10 | |
| 2 | 工作准备 | 确定工作场地，确定维修检测设备，保护车辆措施，维修工具 | 10 | |
| 3 | 测量设备 | 是否正确连接检测设备 | 10 | |
| 4 | 进行测量 | 测量的方法是否正确 | 10 | |
| 5 | 发现问题 | 学生是否找到问题 | 10 | |
| 6 | 提出解决问题的方法 | 学生应该就故障提出解决的办法 | 10 | |
| 7 | 拆卸与安装 | 为了进一步检测故障做准备工作 | 10 | |
| 8 | 向客户解释 | 与客户交流，向其解释相关的工作内容 | 5 | |
| 9 | 正确使用手册 | 查阅相关技术标准 | 10 | |
| 10 | 考察工作方式 | 是否妥善保存零部件，是否保持工作环境的卫生，是否正规地操作 | 5 | |
| 11 | 工作保障与环保 | 自身安全及产地、产品安全，是否注意了环境保护 | 5 | |
| 12 | 工作报告 | 总结该学习任务，说出体会和收获 | 5 | |

## 相关知识

我校汽车专业群设有汽车运用与维修、汽车车身修复、汽车制造、汽车商务、新能源汽车技术等专业及专业方向，现有全日制中职在校生 2000 余人。我校与一汽轿车股份有限公司、一汽大众股份有限公司、一汽丰越股份有限公司、一汽解放股份有限公司、长春一汽东环丰田销售公司、吉林省吉刚汽车贸易集团公司、长春市金达洲集团、长春市依维柯汽车销售有限公司、长春华阳集团等 20 多家企业进行了深度合作，签署了订单培养协议，按照各企业不同岗位的人才需求，采用"订单"式培养人才，满足合作企业急需中初级技术性人才的要求。

为落实我校"养成规矩、塑造人格、增强技能、提升学历"教育理念，不拘一格培养职业素质较高的技能型应用人才，制定出适合汽车运用与维修专业的考核方案。结合岗位能力分析，按照"工学结合"及"订单"培养模式需求，与用人企业共同制定校内实训、实习的考核评价办法。

### (一)校内实习项目考核

校内实训项目过程考核,以每个专业技能模块的课程为单位,建立试题库,将考核标准与职业资格鉴定标准相融合。以项目为考核单元,按照学生完成产品的质量、工作态度、操作规范、掌握相关理论知识的程度综合评定学习成绩,学生必须完成相应技能方向所要求的所有模块的学习,且项目合格率达到80%以上,才能通过过程考核;以职业技能鉴定结果作为结果考核成绩,综合评定两项成绩,作为学生校内实训的总成绩。

图2-8　实践过程考核

### (二)校内生产实习考核

校内生产实习过程考核采取学生互评、指导教师评价、用人单位评价、理论测试等评价方式,结果考核以产品合格率为评价方式,可加大结果考核权重。

#### 名人名言

感情有着极大的鼓舞力量,因此,它是一切道德行为的重要前提,谁要是没有强烈的志向,也就不能够热烈地把这个志向体现于事业中。

——凯洛夫

#### 拓展训练

1. 与本专业教师交流,列出本专业的就业方向,并说出各小班的就业去向。

2. 能找到本专业核心课程的学习方法,并结合自身的特点说出自己的学习目标。

# 第三课　个性化课程自主选择

个性化学习课程具有目标层次性、内容丰富性、过程生成性和结果多样性的特征。学生对课程学习的选择，依据不同类型课程标准来进行，学生根据自己的选择进行学习。

案例

白日依山尽，黄河入海流。

欲穷千里目，更上一层楼。

这耳熟能详的诗篇，我们都能吟诵，而通过歌曲的形式演唱出来，你可曾尝试过？

相关知识

孔子曰："知之者不如好之者，好之者不如乐之者。" 为我们揭示了如何才能"学得好"这其中的秘密。对学习的热爱，正所谓"兴趣是最好的老师"，当学生对所学知识产生兴趣，就会获得良好的学习效果。

图 2-9　学生演唱古诗词

图 2-10　学生在进行合唱

## 一、课程的定义与分类

### (一)课程的定义

朱熹关于课程一词有如下说法，如："宽着期限，紧着课程""小利课程，大作功夫"等，他说的"课程"既包括礼、乐、射、御、书、数六艺，又包括忠、信、孝、悌等伦理道德，还包括洒扫、应对、进退之节，正心、诚意及修己治人之道，与我们今天对课程的理解比较接近。

在英语中，"课程"一词最早出现在英国著名哲学家、教育家斯宾塞在 1859 年发表的一篇著名文章《什么知识最有价值》中。这反映了当时人们对课程的理解是一个"学习的过程"。那么，通俗地说，课是课业，也就是教学内容；程，有程度、程序、进程的意思。

### (二)课程的特点

(1)课程不仅是按一定顺序排列的教学内容，而且是在一个具体的情境中由教师、学生和课程资源组成的一个相互影响而又协调发展的动态过程。

(2)课程不仅是教与学行动的框架规定,而且还包括教与学行动本身。

(3)课程不仅是静态的事物,也是一个动态过程,即个体对学习的体验。

**(三)课程的分类**

按照教学要求可分为必修课程和选修课程。

1. 必修课程

按照国家教学大纲要求,学生必须学习而达到规定的标准和要求,我们称之为必修课程。

2. 选修课程

选修课程可以分为两类,一类是按照国家对中等职业学校教学要求,学生必须在若干课程中选择一门或几门,我们称之为必须选修课程;还有一类是学校允许学生在开设的课程中自由选择学习,我们称之为自由选修课程。

长春职业技术学校课程体系

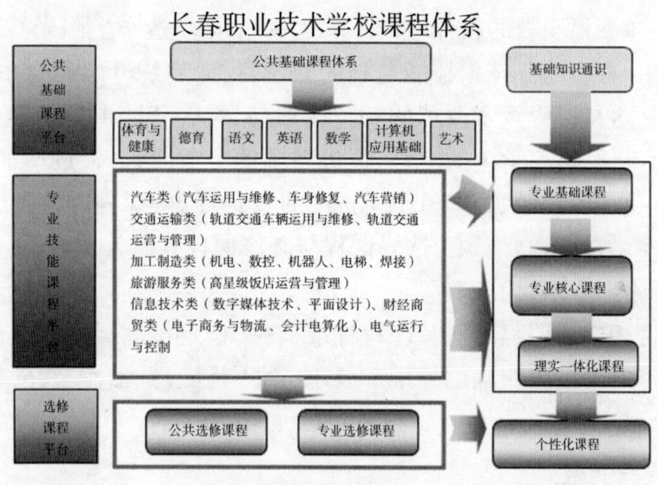


图 2-11　课程框架图

**名人名言**

提出一个问题往往比解决一个问题更重要。

——爱因斯坦

**拓展训练**

1. 在个性化课程选择中你是怎样思考的?请具体说明。

________________

________________

________________

2. 我们学校公共基础课程一共有几门?

________________

3. 这一周你在学习上有哪些收获？请记录下来，让思考成为习惯。

## 二、个性化课程认知

### （一）个性化课程概念界定

中等职业学校个性化课程按照《中等职业学校教学大纲》的要求，坚持“以人为本”的教学改革理念，促进学生终身发展，彰显幸福职教特色，遵循教育教学规律为功能定位。

个性化课程在满足专业拓展和个性发展的基础上，拓展视野，发展个性，培养学生自主学习和创新能力。在幸福职教的教育理论体系之中，依据塑造学生阳光心态、全面拓展学生素质、增强职业意识、夯实专业技术技能基础的教学目标，组织开设符合中等职业学校学生特点的个性化课程，这是课程教学改革的有益探索与尝试，有助于拓展学生的知识与技能、发展学生的兴趣和特长、培养学生的个性，促进教师的专业成长，促进幸福职教特色的形成与办学模式的多样化。课程致力于“个性发展”的教育理念，课程的设置突出基础性、新颖性、实用性和独创性。在教学要求上，选修课程与必修课程具有等价性，不存在主次的关系，也不是必修课程的附庸或陪衬。

开设课程，制订相应的课程说明及课程标准，在课程定位、教学目标、设计思路、教学内容与要求、课程考核方案提出明确的标准和要求，而不是随意、散漫、浅尝辄止的学习，是有明确标准的评价学习。

### （二）个性化课程的意义

1. 拓展学生的知识与技能

必修课程关注学生基本的科学文化素质，追求知识与技能的基础性、全面性、系统性、完整性，为学生的一般发展奠定知识技能与情感态度基础。但是，随着知识的发展，知识在不断走向分化、深化、细化的同时也不断地交叉、渗透、融合。知识的不断分化与整合使传统的学校课程很难反映人类知识的当代成就，滞后于知识的发展。必修课的数量与内容总是有限的，它在知识的深度与广度上受到一定的限制，而选修课则可以弥补必修课的不足，它一方面可以对必修课的内容进行拓展或深化，另一方面，又可以发展学生的兴趣、特长。它扩展了学校课程的种类与范围，使课程充满活力，强化了课程与知识的动态联系。

2. 发展学生的兴趣和特长

由于遗传、环境、教育与个体主观努力程度不同，学生个体之间总是存在着或多或少的差异，他们在知识经验、能力基础、家庭背景、兴趣爱好、性格特征等方面均存在着一定的差异。我国教育固然以学生全面发展为目标，但这并不意味着对所有的学生都统一要求，更不意味着要求每一个学生在每门课程上都平均发展或门门功课优秀。学校教育应该适应学生的个别差异，赋予每个学生选择性发展的权利，引导和促进学生个性的生动发展。可以说，没有“选择”的教育，不讲“个性”的教育，充其量不过是一种“训练”，而不是真正的教育。因此，我们尝试改变过去必修课一统天下的僵化格局，在不加重学生负担的前提下，开设丰富多样富于弹性的选修课，拓宽学生的知识视野，促进其潜在能力和个性特长的充分发展。

3. 促进教师的专业成长

在必修课一统天下的课程体制中，教师被排除在课程编制活动之外，他们仅仅是既有课程的实施者，忠实地、不折不扣地执行教科书的意图，严格按照统一的教科书、教参甚至教法进行教学。而选修课的开设，对教师提出了新的要求、新的挑战，同时也为教师的专业发展、工作品质和教学质量的提升提供更多的机遇。它改变了教师的传统角色和固定不变的职能分工，要求教师更新课程意识、教学观念，掌握课程开发所必备的知识、技术和能力，吸收当代知识研究的新成果。正是在参与课程开发，进行课程设计、实施与评价的过程中，教师不断反思自己的教育实践，最大限度地发挥自己的专业自主性和创造潜能，发挥自己的优势和特长，获得专业的自主成长和持续发展。

4. 促进幸福职教办学特色的形成与办学模式的多样化

选修课程在学科设置上有很大的灵活性，在基础模块学习内容的组合与拓展模块学习内容的组合方面有很大的自由度。课程设置依据国家中等职业学校教学大纲以及学校各专业人才培养方案、学校的办学条件、硬件设施、教学资源、师资状况而设定，有助于课程模式的多样化，而课程模式的多样化最终又形成学校的办学特色。因此，开设多种多样的选修课程，是形成幸福职教特色和办学模式多样化的重要途径。

## （三）我们的个性化课程

1. 幸福职教课程开发体现个性化

课程开发的价值取向，着眼于学生的发展，着眼于社会和未来的需要，着力于素质教育，体现教育的本真。为此，我们尝试按照已有的专业课程体系，对课程进行校本化改造，体现鲜明的个性，既符合国家课程规范要求，又超越国家、地方课程统一模板并持续改进。从学生发展愿景、中华优秀传统文化积淀与传承、学校与学生发展的缺失去定位、丰富和完善，不断为学生提供开放性、多样化的学习选择机会和条件。

引导学生选择适合自己的个性化课程，形成有利于培养和提升综合职业素质的课程，根据专业特点，使每一个学生都有适合自己学习和发展的课程。随着专业发展的需要，课程可以不断调整和变化，学生从学校毕业后，打上学校课程的烙印，呈现与其他学校学生的比较优势。

公共基础目前开设了四门选修课程，不断提高课程的丰富性、多样性，给学生充分的选择空间，专业选修课程根据各专业人才培养方案开设两门选修课程。

2. 幸福职教课程实施体现校本化

个性化课程实施的总体思路：改革公共基础课程，突出专业核心课程，创设理实一体化课程，拓展选修课程，体现不同专业的学生学习有层次、学校课程有特色。开展个性化的教学和活动，不断满足学生的学习需求，促进学生全面发展、快乐成长。

让每个学生拥有公共基础课程选修课程学习的体验。精心打造学生喜爱的精品课程。

如语文教研组认真研究开发《文学欣赏》《经典诵读》《中国古代文化》选修课程，将学生需要和教师优势相结合，开展课程教学改革，将课外阅读纳入课内，对教学进行拓展，从课堂到课外，以其独有的魅力促进了学生中华优秀传统文化以及文学素养的提升。

3. 幸福职教个性化课程体系

坚持以学生全面并具有个性化发展为目标，以中等职业学校国家课程体系为基础，以学生兴趣为依据，构建个性化课程体系。课程创新基于学生成长的需要，促进学生个性发展、幸福成长。

创设“三个一”板块式课程架构，不断丰富、不断完善，形成不断满足学生个性发展需求的框架，为师生个性特长施展提供足够空间。

“三个一”课程设置是指：一门最喜欢的公共选修课程、一门最喜欢的专业选修课程、一门最喜欢的手工制作课程。课程涵盖国家要求的拓展模块选修课程，具体实施将随着学生成长需求的变化而不断调整，体现一个螺旋上升的过程，在“三个一”个性化课程的学习选择中，增加参与程度、提升学习兴趣，通过这些课程的学习、实践与体验，不断完善人格，启迪智慧，形成厚重的文化底蕴、丰富的现代素养和开阔的视野。

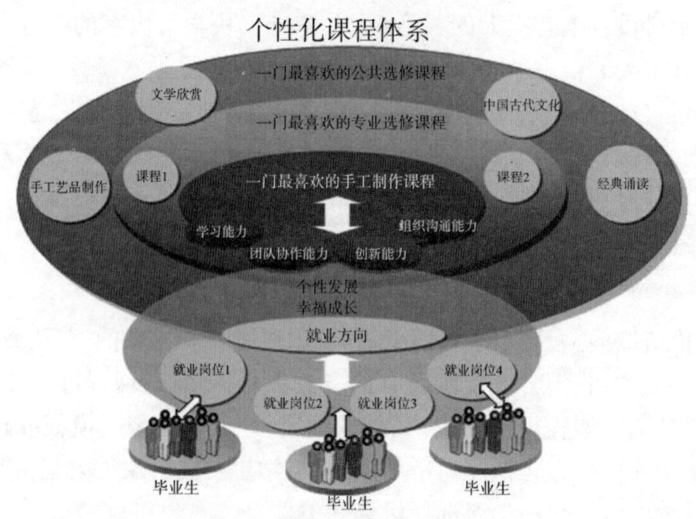


图2-12　“三个一”个性化课程设置

以公共基础个性化课程为例，说一说我们的个性化学习。

4. 公共基础个性化课程学习指南

与九年义务教育相衔接，将有利于提高学生艺术鉴赏能力、培养学生创新能力和合作精神，且学生普遍具有一定认知基础，为弘扬中国传统文化，适应不同专业、不同个性特点学生需要，主要内容是基础模块的拓展，是与基础模块不同的艺术门类；既可以是与专业相结合的艺术拓展，也可以是具有地方特色的民间艺术。学生在完成基础模块学习后，选择公共选修课程四个模块中的任意两门课程进行学习。

《文学欣赏》《中国古代文化》《经典诵读》《手工艺品制作》是中职各专业学生选修的一门公共基础课。选修课程结合学校专业特点，适应时代需要，调整课程内容和目标，变革学习和评价方式，构建具有时代性、基础性和选择性的课程。课程以现代教育科学理论为指导,充分发挥其促进学生人文素质发展的独特功能,为学生的全面发展提供更大空间,为培养具有科学文化素养的中职技能型人才发挥应有的作用。

**公共基础选修课程**(30~36学时) 表2-3

<table>
<tr><th rowspan="2">实施</th><th colspan="4">内容</th></tr>
<tr><th>模块1</th><th>模块2</th><th>模块3</th><th>模块4</th></tr>
<tr><td rowspan="2">课内</td><td>文学欣赏</td><td>中国古代文化</td><td>经典诵读</td><td>手工艺品制作</td></tr>
<tr><td>26~30学时</td><td>26~30学时</td><td>30~36学时</td><td>30~36学时</td></tr>
<tr><td>课外</td><td colspan="4">参加艺术社团实践活动,参观艺术展览、观摩艺术活动等</td></tr>
</table>

(1)课程说明。

为弘扬中国传统文化,适应不同专业、不同个性特点学生需要,主要内容是基础模块的拓展,是与基础模块不同的艺术门类;既可以是与专业相结合的艺术拓展,也可以是具有地方特色的民间艺术。学生在公共基础选修课程四个模块中的任意两门课程进行学习。

注重情感体验,使学生积累审美经验,掌握审美方法,提高审美能力。通过独立思考、合作学习、讨论分享等多种形式,培育学生良好的人际沟通能力与团队合作精神。

注重结合学生生活经验和专业学习,开展实践创作活动,激发学生的学习兴趣,发展创新思维,提高创新能力。

注重结合不同学生个性和专业特点加强学习指导与课外辅导,拓展学习领域,提高学生人文素养与职业素质。注重课程之间的拓展和延伸,有机整合文化艺术资源,精心选择教学内容和设计教学过程。

①文学欣赏课程使学生掌握基本的阅读欣赏方法,增强语言的应用能力,培养对文学问题的探究能力。在教学中,充分发挥本课程在学生情感、态度、价值观等方面导向的优势,提升文学素养,促进全面发展。

②中国古代文化课程讲授中国古代文化的精髓,引导学生从文化的视野分析解读当代社会的种种现象,力图在最基本、普遍的意义上来探讨人文经典,帮助学生发挥主体意识,加深对中国古代文学的理解,而不是机械地接受文学历史常识。本门课程旨在加强文化自信,弘扬社会主义核心价值观。

③经典诵读课程重视文学的熏陶感染功能和教学内容的价值取向,尊重学生在阅读行进中的独特体验。帮助学生积极地、富有创意地建构文本意义,引导学生努力做到知人论世。在教学实践中,注重"指导自读""讨论交流""精讲释疑""浏览资料"四步结合,以切实提高教学和课外阅读的质量。

④手艺品制作课程注重情感体验,使学生学会手工操作的基本技巧和方法,学会欣赏优秀的手工作品,体会出手工与民族文化、生活的密切关系,传承中国传统文化,注重结合学生生活经验和专业学习,开展实践创作活动,激发学生的学习兴趣,发展创新思维,提高创新能力。

(2)学习目标。

通过选修课程的学习,能围绕所选择的学习内容加强知识积累,在积累的过程中,注重梳理。了解文学流派的多种风格，掌握基本的欣赏方式。根据自己的认知特点，扬长避短，逐步形成富有个性的阅读欣赏方式。能根据需要解决阅读、交流中的问题，切实提高文学素养。可参考以下学习方法：

①阅读优秀的文学作品，品味语言，感受其思想、艺术魅力，发展想象力和审美能力，努力提高对语言的感受力。在阅读中，体味自然和人生的多姿多彩，激发热爱自然、热爱生活的感情；感受文学之美，提升审美境界。通过阅读、鉴赏，体会文明的博大精深、源远流长，陶冶情性，追求高尚情趣，提高道德修养。

②通过重返经典，与历史名人对话；通过阅读思考、领悟其丰富内涵，探讨人生价值和时代精神，逐步扩展深邃自己的思想和行为准则，树立积极向上的人生理想，增强社会责任感。养成独立思考，质疑、探究习惯。培养思维的严密性、深刻性和批判性。

③具有积极的鉴赏态度，注重审美体验。品味语言，领悟作品的丰富内涵，体味其艺术表现力，有自己的情感体验与思考，努力探索作品中所蕴含的民族心理和时代精神，了解人类丰富的社会生活和情感世界。

（3）学习内容。

为适应中职教育发展的趋势以及社会对中职人才的多样化需求和学生的不同期待，选修课程必须体现时代性和基础性。既讲究知识的系统及相对稳定，又能适当接触学科的前沿，引发不同专业学生的跨学科思考和学习的兴趣。

公共基础选修课程内容与学时分配（60～72学时）　表2-4

| 序号 | 能力训练项目 | 能力训练任务 | 学时 |
|---|---|---|---|
| 1 | 文学欣赏 | 掌握基本的阅读欣赏方法，增强语言的应用能力，培养对文学问题的探究能力。在教学中，充分发挥本课程在学生情感、态度、价值观等方面导向的优势，促进学生精神的全面发展 | 24～30 |
| 2 | 中国古代文化 | 讲授中国古代文化的精髓，引导学生从文化的视野分析解读当代社会的种种现象，力图在最基本、普遍的意义上来探讨人文经典，帮助学生发挥主体意识，加深对中国古代文学的理解，而不是机械地接受文学历史常识 | 24～30 |
| 3 | 经典诵读 | 重视文学的熏陶感染作用和教学内容的价值取向，尊重学生在阅读行进中的独特体验。帮助学生积极地、富有创意地建构文本意义，引导学生努力做到知人论世。<br>在教学实践中，注重“指导自读”“讨论交流”“精讲释疑”“浏览资料”四步结合，以切实提高教学和课外阅读的质量 | 30～36 |
| 4 | 手工艺品制作 | 手艺品制作课程注重情感体验，使学生学会手工操作的基本技巧和方法，学会欣赏优秀的手工作品，体会出手工与民族文化、生活的密切关系，传承中国传统文化，注重结合学生生活经验和专业学习，开展实践创作活动，激发学生的学习兴趣，发展创新思维，提高创新能力 | 30～36 |

(4)教学内容及要求。

公共基础选修课程教学内容及学时分配表　　表2-5

| 序号 | 教学内容 | 技能内容与教学要求 | 知识内容与教学要求 | 素质内容与教学要求 | 学时 |
| --- | --- | --- | --- | --- | --- |
| 1 | 文学欣赏 | (1)理解文学的社会功用,即文学的认识作用、教育作用和审美作用。<br>(2)重要作家、作品的艺术风格、思想内涵及文学成就,注意同一时期文学发展的比较,不同时期同一题材作品的穿插介绍,便于学生理解文学的流派变革;注意用现代意识,创造性地鉴赏传统文学作品 | (1)掌握文学欣赏的基本方法。在欣赏文学作品时综合考量其时代浪潮、知人论世,借鉴他山之石等,全面理解作品的思想内涵和美学风格。<br>(2)掌握不同文学体裁的特征,可侧重于诗、词、小说、散文等体裁;辨识文学作品的一般表达方式,如叙述、描写、抒情、说明和议论等;掌握阅读赏析作品的基本途径和方法,即文学作品欣赏的一般规律 | (1)培养学生深厚的文化底蕴。<br>(2)具有热爱本专业,爱岗敬业的道德品质。<br>(3)发展学生探究能力。<br>(4)拓宽学生文化知识面 | 24~30 |
| 2 | 中国古代文化 | (1)掌握代表性作品的题材与主题、情节与结构、语言特征,以中外重要文学时期最具代表性的作家、作品为线索。<br>(2)梳理中国文学史发展历程,以文学史发展线索为经,以各时期各体裁经典作品为纬,学习掌握中外文学史常识 | (1)根据校园生活、社会生活和职业生活确定活动内容,设计活动项目,创设活动情境。<br>(2)完成活动内容并将活动过程收集整理 | (1)培养学生深厚的文化底蕴。<br>(2)具有热爱本专业,爱岗敬业的道德品质。<br>(3)发展学生探究能力。<br>(4)拓宽学生文化知识面 | 24~30 |
| 3 | 经典诵读 | (1)感受中华民族的经典优秀文化,激发热爱祖国的情感。<br>(2)在祖国深厚的文化土壤中汲取大量的精神养料,成为中华优秀文化的继承者和传播者 | (1)通过人文素质教育,提高学生识真伪、分善恶、辨美丑的能力;<br>(2)热爱祖国语言文字,感知祖国语言文字形体美的深刻内涵 | (1)掌握并学会鉴赏经典作品的基本方法,养成良好的阅读习惯,有一定的写作能力,逐步提高写作水平,形成自己的特色,提高欣赏水平。<br>(2)学生能够按照要求完成写作训练内容 | 30~36 |
| 4 | 手工艺品制作 | (1)注重情感体验,使学生学会手工操作的基本技巧和方法。<br>(2)学会欣赏优秀的手工作品,体会出手工与民族文化、生活的密切关系 | (1)传承中国传统文化,注重结合学生生活经验和专业学习。<br>(2)开展实践创作活动 | (1)激发学生的学习兴趣。<br>(2)发展创新思维,提高创新能力 | 30~36 |

(5)考核评价方式。

课程考核成绩由两部分组成:过程性考核 +期末考核。

①过程性考核。(考核学生学习过程中的学习态度及对所学知识的理解和掌握)

平时考核:(出勤+课堂表现+作业+平时单元测验)×40%,考核学生参与学习程度。

平时考核由学生评价+教师评价综合完成。

学生评价:制定学生课程学习的评价指标。从喜欢程度、参与程度、学习效果等三个维度,分为基本目标、发展目标、特色目标三个梯度进行设计,满足课程学习的基本需求、多样化需求和特色需求。评价指标是动态的,根据需要不断修改和完善。各门课程的师生还可以自设一些有激励作用的评价指标与载体,体现评价指标的个性化、灵活且顺应学生的个性化需求,能够激励学生自主发展。

教师评价:师资水平是关系课程体系顺利运行的关键因素,决定课程实施的质量。从对相应课程的理解、实施、效果等方面,在课程实施过程中,不断提高课程教学方法和艺术水平。

②期末考核:期末成绩×60%。

课程考核成绩由过程性考核为主要考核形式。

③考核要求。

a. 遵循艺术规律,注重感知体验。

以学生为主体,注重其情感体验过程的参与程度。通过实践,将行之有效的教学策略与方法应用于教学之中,创设积极开放的教学情境,营造浓郁的教学氛围,教师在激发学生学习兴趣的同时,引导学生主动参与艺术实践,开展合作学习。

b. 注重衔接融合,考查参与程度。

教师通过准确把握课程要求,按照模块化的教学思路合理选择课程内容,组织教学,指导与鼓励学生自主探究,主动学习,在查询资料过程中,学生的学习由课内拓展到课外,引导学生关注学习内容与自然、社会、文化之间的有机联系。通过不同学科之间的交叉融合,培养学生的学习兴趣,突出职业教育特色。

c. 运用信息技术,提高收集信息的能力。

教师在教学过程中重视现代教育技术与课程的整合,收集开发数字化教学资源,合理应用网络与多媒体技术,创新教学方式,活跃课堂教学,努力推进信息技术在教学中的应用,综合考查学生完成教学任务的能力。

d. 充分利用资源,拓展学习领域。

教师通过密切关注教学与现代化教学资源的联系,关注现代艺术发展的新动态,利用本地区具有地域特点和民族特色的文化优势和艺术资源,不断充实教学内容与教学资源。通过灵活运用现代教育技术,考查学生拓宽学习视野、参与学习程度。考查学生是否认真研读经典原著,能否借助工具书、参考资料自主学习。对论著内容和观点的把握是否有真知灼见。注意评价学生提问题的角度、注重思考的深度,注重阅读的兴趣浓厚和文化视野的宽泛。

对学生阅读经典著作所写的读书心得和议论文,以及专题的探究方面的成果,进行展示、比较并做出总体评价,兼顾学生在实践活动的表现。评价中对学生的探究意识、参与程度、探究方法及探究结果进行综合考虑。

(6)学习方法与手段。

①在国家教学大纲要求应完成学时基础上,灵活进行教学安排。

遵循由易到难、由浅入深层阶递进的原则进行,教学内容在1~2学期完成,总学时78~96学时。

②运用案例教学法、情境教学法、角色扮演法、合作探究等符合中职学生特点的教学方法,通过"综合实践能力"活动的开展,培养训练学生的搜集信息能力、分析解决问题能力、拓展职业迁移能力,通过学习,具备在日常生活及职场上表达流畅、言语得体的语言修养,拓展职业迁移能力。讲练结合达成学习目标。

③课程学习体现学生对于应该掌握的能力要求,更关注学生对于语言运用与掌握情况及学生在学习过程中的知识目标、能力目标、情感目标的达成效果,考核学生学习过程中的学习态度及对知识的理解和掌握。

④通过教学课件将感性知识与课堂教学内容联系起来,学生在学习知识的同时,陶冶情操,提升文化修养,利用现代化网络工具,通过QQ空间、微信群、朋友圈了解学生的学习兴趣。实时互动,在线答疑,不但快捷迅速,而且得到学生的关注。

⑤通过不断研究学生的实际需要,开发出学生们最喜欢的个性化课程,实施个别化的教学,使学生们在自主选择课程中实现最优发展,达到基本要求,为其最喜欢的课程学习上赢得时间。

个性化课程教学过程对授课教师要求更高,教师的专业教育教学理论有了较快提升,专业发展的优势与强项得到充分展现,形成教师个人的课程教学风格和特点。通过与同行、学生、家长多主体交流合作中相互学习、相互激励,教师专业发展的人文氛围得到强化,在不断自我反思、自我诊断、自我调整中走向优质。

## 名人名言

青年者,人生之王,人生之春,人生之华也。

——李大钊

## 拓展训练

1. 你曾经制作过哪些手工作品,请写下来,让积累成为学习习惯。

2. 你一定能够背诵很多古诗词,从诗词中感悟人生的道理,请举例说明。

3. 你认为"过传统节日"的主要意义有哪些?

## 三、个性化课程价值的正确取向

人性与科学的整合是课程价值的正确取向。这里的“人性”一词是指马克思所说的人的特性、本质或本性，即“自由自觉的活动是人类的特性”，这种人的本性需要与自然、社会全面和谐统一。

着眼于个人的发展，着眼于社会和未来发展的需要，着力于素质教育，体现教育的本真。为此，我们尝试按照“三个一”课程体系，对所有选修课程进行校本化改造，体现鲜明的个性，既符合国家课程规范要求，又超越国家、地方课程统一模板并持续改进。从学生发展愿景、学校专业培养以及文化积淀与传承、学校与学生发展的目标定位、丰富与完善，为学生创设开放性、多样化的自主学习选择机会和条件。

量身定制自主选择适合自己的个性化课程，形成有利于个性发展和提升综合素质的课程图谱。通过课程的学习跟踪，每个学生在不同年段，都有适合自己学习和发展的课程。随着年级的升高，课程也会不断调整和变化。

### （一）时代主题的呼唤

和平与发展是当今世界的两大主题，是人类在痛苦沉思后的觉醒，1989 年年底，联合国教科文组织在北京召开的“面向 21 世纪教育国际研讨会”上，提出“学会关心”宣言，要求人类应具有更丰富的人性，反映到教育中来，则要求课程的价值取向是：人性。人性与科学是课程的价值取向。

### （二）人类发展的需要

人类的追求是最理想的境界，它要求我们不仅学会关心自己、他人、集体、社会及其发展，还要学会关心自然，这是人类最主要的生存环境，为此，实现全面发展的教育任务，应使“德育、智育、体育、美育、劳动和审美教育”深入地相互渗透和相互交织，使这几方面的教育呈现为一个统一的完整过程。

全面和谐发展需要人性与科学高度有机结合，以此为取向组织开展的课程是人类最理想的课程，以此作为理论基础培养教育的个体做到个人、社会、自然之间的协调发展才是最符合人类发展所需要的。

**名人名言**

创造人的是自然界，启迪和教育人的却是社会。

——别林斯基

**拓展训练**

1. 你最喜欢的关于学习态度的名句是：

2. 请编写一句属于你的关于勤奋学习、提高技能的座右铭：

3. 生活中要做到持之以恒，你要克服如下缺点：

## 四、幸福职教与个性化课程教学观

“幸福都是奋斗出来的”，人世间的一切幸福都是要靠辛勤的劳动来创造，不忘初心，守望教育理想。中华优秀文化，是中华民族历史上道德传承、文化思想、精神观念形态的渊源。

教学观是教师对教学的认识或对教学的主张，具体地说，就是教师对教学目标、教学过程、教学对象等基本问题的认识，教师从这种认识出发，确定教学目标，选择教学方法，并决定了教师在教学活动中对教育对象的态度。

现代教学观认为，教学活动的目的是教给学生学习，以学生为中心，建立师生合作的、民主的教学环境。

在教学中，教师用行动、语言给予学生精神上的鼓舞、行动上的援助，把教的方法转换成学的方法，正如著名教育家陶行知所讲的“凡为教，目的在于达到不需要教”。

在个性化课程教学实践中，给学生一个空间，让他们自己往前走；给学生一个条件，让他们自己去锻炼；给学生一点时间，让他们自己去安排；给学生一个问题，让他们自己去解决；给学生一个机遇，让他们自己去抓住；给学生一个冲突，让他们自己去讨论；给学生一个权力，让他们自己去选择；给学生一个题目，让他们自己去创造……

在教学实践中去探寻“学而不思则罔，思而不学则殆”的学习之道和“学而不厌，诲人不倦”的教学态度。

从大漠孤烟塞北到杏花春雨江南，从山水田园牧歌到金戈铁马阳关，在吟咏千古绝句中，去体味人间百态。

在教学内容、教学形式上进行大胆而有益的尝试，去捕捉学生神采飞扬、精益求精，自信乐观的目光，去感受教学过程的幸福感！

讲中国故事，传递中国力量。礼乐教化，立人有仪。诵读经典，构建经典浸润的校园生活，延续民族的核心价值。个性化公共选修课程入校园、进课堂，为学生成长打上规格人格、至精至善的底色！

**名人名言**

幸福的秘诀是：让你的兴趣尽量地扩大，让你对人对物的反应，尽量地倾向于友善。

## 相关链接

选修课程是指一个教育系统或教育机构法定的，学生可以按照一定规则自由地选择学习的课程种类。选修课程是为了适应学生的兴趣、爱好及劳动就业的需要而开设的，可供学生在一定程度上自由选择的课程。在19世纪后半叶，美国开始尝试在中学中开设选修课。

## 拓展训练

1. 写出你身边敬业的老师及具体事迹：

2. 你最喜欢的一门课程是什么？

3. 你是如何培养规则意识的？请将这一周你做的有意义的事情记下来，让自觉成为习惯。

# 第四课　授课教师自主选择

## 一、从“要我学”到“我要学”

学生自主选择授课教师是学校为学生幸福快乐学习而采取的一项新举措。个性化课程的开发与设计，教师推介课程，学生自主选择，不仅是为了激发学生的兴趣，同时也为展示教师个人魅力、提升教师水平、拉近师生距离搭建了平台。新课改给了老师们展示自我的机会，也开拓了学生的视野。

**案例**

随着年龄的增长，学生的心智越来越成熟，对自己的兴趣发展也越来越重视，对自己的特长爱好的学习兴趣也越来越浓。学校为了达到学生喜欢什么学什么的目的，决定在原有选修课程管理办法的基础上，对公共选修的课程提供授课教师的自主选择。

**解析**

学生的想法可以实现。把涉及学生面广、授课教师数量较多的课程拿出来让学生进行自主选择，达到让学生幸福选择的目的。首先推出的是任《国学》课程的4位教师供选择。这种做法我们已经试行了一年多，积累了不少经验。

**相关知识**

### （一）自主选择授课教师上课的意义

自主选择授课教师，是幸福职教教学目标的大胆突破和全新尝试。这种模式增强了学生对学校教学的认同感，提高了学习的主动性与自觉性。

自主选择授课教师激发学生的学习兴趣，保障学生享有应有的权利。通过这种教学形式，把竞争、激励机制引入教师队伍，使教学改革真正实现对学生的优质服务。学生择师，充分调动了教师教学的积极性，教学水平、教学能力、工作责任心大大提高。学生从自己选择的教师身上不但获取知识，更重要的是促进了对教师职业的认同感，激发了教师从教的自信心。

### （二）幸福职教在教学改革中的新变化

孔子的“不愤不启，不悱不发”的启发式，朱熹的“有疑无疑法”，陶行知的“小先生教学法”，叶圣陶的“精读略读法”，这些教学方法无不凝聚着先贤们的智慧，至今仍有实践价值。在教育教学呈现多元化的新时代，网络的迅速崛起，使我们每个人获取知识的途径越来越开阔，打破原有课程的基本格局，侧重于实际应用，着眼于引导探索研究也就呈现出迥然不同的差异,思考和研究的内容很多,选择教师上课无疑是教学改革中力度最大、创新含量最高的一项举措。

在选择授课教师方面,我们本着对课程正确定位、稳步推进的原则,既不能保守又避免出现随意的现象,充分体现基础性,让学生致力于有选择地学习,促进个性发展,按照教学目标制订课程说明、课程标准,不会因设置灵活而凌乱随意,也不会因拓展性需要而片面求新求深,脱离课程学习目标和学生实际。

适合的才是最好的,我们的学生年龄处于中职阶段,心智发展有着年龄特征,在择师过程中,我们始终把握学生思维情况,富有个性地及时调整和实施导向,给予最人性化的指导与帮助,同学们在浓郁的求知氛围里智力因素与非智力因素协调作用,积极性、主动性、创造性得到挖掘,有序地把握择师节奏,科学而又灵活地进行学习。

我们相信,“亲其师,信其道”,我们更相信“兴趣是最好的老师”。例如,在《史记》教学中,学生了解《史记》的创造精神与艺术价值,教师在进行讲授的过程中,把文学与史学的深远影响与陶冶学生情操融入在一起:

(1)把握作品的基本事实与作者的人生轨迹相联系。

(2)在作品中获得有益的人生启示与现实生活相联系。

(3)在阅读中形成理性的思考和判断。

(4)传记作品的特征影响并指导自己记叙文的写作。

《中国古代文化》授课教师在教学过程中将深奥的知识讲解转化为中华传统故事,学生非常喜欢这种教学形式。

《经典诵读》课程教学中,教师尝试用歌曲演唱的形式背诵古诗词。电视剧《琅琊榜》中的人物角色扮演让学生学习传统礼仪,通过角色扮演,模仿古人待人接物中的礼仪——正襟危坐、揖礼、介绍。通过一言一行、一举一动,不但明确守礼、行礼的教学目标,也培养了学生儒雅气质。

通过教学改革实践,师生进一步明晰了“学而不思则罔,思而不学则殆”的学习之道和“学而不厌,诲人不倦”的教学态度。

这种教学上的新变化,为中等职业学校基础课程教学带来了新的生机与活力,学生喜欢这种教学形式,自然就会毫不犹豫选择相应的课程和老师。

**名人名言**

师者,所以传道授业解惑也。

——韩愈

**拓展训练**

1. 同学们,你在自主选择授课教师上课的时候一定有很多考虑,请具体谈一谈。

2. 请编写一句属于自己的关于励志的座右铭：

______________________________________________

______________________________________________

______________________________________________

3. 你最喜欢的关于学习态度的名句是：

______________________________________________

______________________________________________

______________________________________________

## 二、自主选择教师的实施

如果学生对择师的意图不清楚，择师是起不到实际效果的；如果学生对可选择的老师不了解，择师是盲目的；如果没有择师上课的管理辅助工具，择师是难以控制的。所以，在让学生择师前必须做好准备工作。

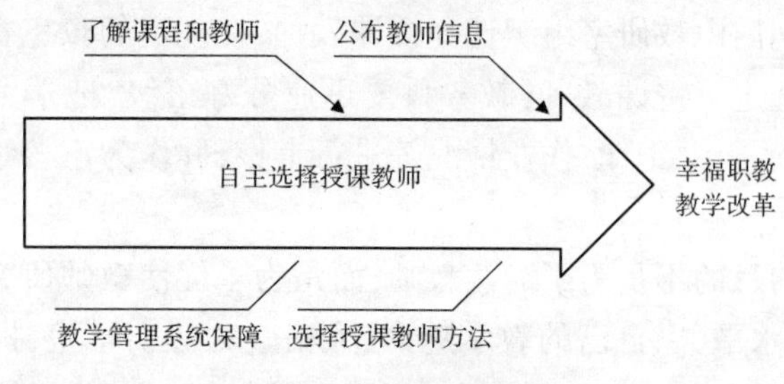


图 2-13　自主选择授课教师

### (一)了解课程和教师

首先对学生择师上课新举措进行讲解，学生了解学校课程教学改革的意义及要求、具体做法，方便学生做出选择和判断。学生拥有自主选择优质教师资源的权利，也就会倍加珍惜。在课程学习中，既学到了知识又掌握了技能。当学生懂得了择师的重要性，对择师选课就不会存在无所谓的态度，也会更慎重地选择授课老师，关注教师信息，还会主动向高年级学生打听教师的教学情况。

### (二)公布教师基本信息

对教师的年龄、性别、学历、职称、教学、教研、科研成果等做出介绍，作为公选课的开课教师必须具备的条件：

(1)开课教师原则上应具有中级以上专业技术职称或硕士研究生以上学历；

(2)系统地上过一门以上(含一门)课程并有二年以上教学经历；

(3)对该课程有较深的研究，或在相关领域有一定的学术成果；

(4)拟开设公选课程能容纳 30 ~ 60 人；

(5)有公选课程标准，有教材或参考书。

具备上述条件的老师填写开课申请，教务科批准后再对学生公布信息。为了公平起见，师资信息经过教研室、教务科、人事科审核后介绍给学生。每个学期教师可以根据自己的专业发展情况对公布的信息提出修改意见，通过教务科进行修改。

### （三）教学管理系统的保障

目前，我校的择师上课由教务科负责，各教研室自己组织选择教师，由于没有全面铺开，相对来说工作量较小，通过人工完成选课教师工作，今后会根据课程开发情况，全面铺开学生择师上课，那么，一位授课教师的课堂内学生来自不同的班级，教学统计的难度会加大。并且每学期有数千名学生要按自己的意向选择上课教师，许多学生选后还有可能退选、改选，统计数据多而繁复。因此，没有计算机管理系统的择师其管理难度是不可想象的。所以，尽快探索、研究、数字化开发适合于学本校特色的教学管理系统，使学生在网上选择课程、选择授课教师，教学管理工作会更加方便快捷。

### （四）自主选择教师的方法

加强教学质量监控是提高择师上课实效的有力手段。

1. 严格制度，规范操作

学生在指定的日期内由教研室组织选择授课教师，在规定的教室容量下，超出的部分要进行改选。学生一旦选定了授课教师，教务科要迅速分好班级，把学生名单送达授课教师。教师就要对学生的出勤、上课纪律、作业情况等进行考核，并作为审核学生考试资格、确定平时成绩的一个依据。

让学生选择教师的目的不是为了淘汰教师，而是为了促使教师研究并改进教学方法，激活教学内容，提高教学水平，以自己的教学魅力、人格魅力吸引学生，提高学生的学习兴趣，提升教师队伍的整体素质。我们要求教师之间要取长补短，相互促进。我们规定平行开课的教学进度必须一致，要求授课教师集体备课，在教学方式、教学手段的应用及对教学内容的处理上进行切磋。

集体备课可以集众人之长，规范在教学实施过程中的要求，发挥集体的智慧，减轻不必要的重复性劳动的工作量。在教学过程中不能照抄照搬，要把集体备课的内容化为自己的个性化教学。教师在教学临场发挥上是有个性差异的，在这些方面可以各显神通，展现自己的教学风格。也就是在集体讨论教学进度并执行相同的教学大纲、考核大纲的条件下，让教师发挥教学的主动性和积极性。

2. 倾听意见，有效调控

教学是教和学两方面的事，学生是教学的主体，教学质量是反映教学改革成败的重要因素，学生的学习态度、学习习惯、学习的主动性和积极性对教学的效果起着极其重要的作用。在实施过程中，通过召开学生和教师座谈会，了解学生和教师对择师上课的意见和建议，学生管理部门有效配合，让相关部门充分了解学生在教学过程中的真实情况，了解教师对学生的评价，督促学生认真学习，开座谈会时我们还邀请各专业教研室主任以及班主任参加。

3. 加强督导，及时整改

为使择师上课取得实效，教务科、教研室特别重视对择师课程的教学质量监控，主任经常听课，检查教师的教案、课件，检查上课、辅导以及实施实践活动情况，同时抽查学生的到课率和作业，发现问题及时整改。

4. 学生评教，以评促教

教务科为了及时了解各班、各课程的教学信息，每个星期都在各班抽取一些学生进行评教，反映一周内的教学情况，对教师的教学、学生的学习情况做出评价，使我们能及时发现并及时处理问题。

5. 理实考核，确保质量

公选课程考核实行平时考核和课程结束考核相结合、理论考核和实践考核相结合的办法。

(1)公选课程考核的方法根据课程特点及学生实际灵活多样(如：随堂闭卷考试、综合作业、实际操作等)。每位教师对学生在课堂上的表现都认真记录，为学生评价、教师评价做好基础性的工作。

(2)进行随堂考试的课程，考试一般安排在课表的最后一次课进行，考试时间为 80 分钟，授课教师在命题过程中，重点对个性化学习内容进行考核。

(3)采取综合作业、实际操作形式考核的，要对学生提出具体要求。授课教师将综合作业、实际操作的考核方案上报教务科，由教务科存档备案。

(4)由教务科协同授课教师组织安排考试，试卷考核的试题由教务科统一印制，随堂考试的监考不少于两人。

(5)无论采用哪种形式，都坚持考核标准，保证质量，严格考试纪律，考核不及格的处理办法与必修课程相同。

实践证明，在教学改革过程中，教师的教研能力得到提高，教师教学的责任心和教学整体水平得到提升，学生的个性化学习潜能得到充分挖掘，学习的自觉性、主动性得到激发，形成良好的教风、学风，学生快乐地学习并充分认识到自主选择教师而获得的幸福感。

## 名人名言

为学莫重于尊师。

——谭嗣同

## 拓展训练

1. 你在自主选择授课教师上课的时候，需要做哪些准备工作？

2. 对于学校教学改革新举措，你有哪些好的建议？

# 第五课　设备设施自主选择

实践教学是职业学校教学的重要组成部分与关键教学环节。职业学校的实践教学一般包括实验、实习、见习与实训等形式。

实训，是职业技能实际训练的简称，一般是指学校按照人才培养规律与专业培养目标对学生进行的职业技术应用能力训练的教学过程。具体包括校内实训和校外实训、技能鉴定达标实训和岗位素质达标实训、动手操作技能实训和心智技能实训等。实训，由于可以为学生构建一个能在较短时间内在不同岗位、工种间轮换，能设定各种训练机会，完成多方面、多次训练的，与企业工作现场十分贴近的环境，往往是职业学校中最常见的实践教学形式。实训的最终目的是全面提高学生的职业素质，最终达到学生满意就业、企业满意用人的目标。

根据专业教学的需要，职业学校的实践教学，通常按专业设置为若干独立的专业技能课程或某些专业技能课程的相对独立部分。近年来，随着职业学校教学改革的深入，也出现了融知识学习与技能实际训练为一体的理实一体化课程。某一专业的所有实践类课程构成该专业的实践教学体系，依据本专业的教学计划安排分学期实施。

职业学校的校内实训教学一般在学校的专业实训室中进行。

图 2-14　专业实训室

## 一、走近实训室

为保障学生能够在良好的实训条件下学习专业技术，各专业为学生提供实践训练的场所，帮助学生更好地将理论与实践相结合。

案例

图 2-15　学生在实训中心

相关知识

## (一)实训基地与实训室

《中等职业学校设置标准》(教职成〔2010〕12 号)第八条中规定:中等职业学校要有与所设专业相适应的校内实训基地和相对稳定的校外实习基地,能够满足学生实习、实训需要。

实训基地是由多个实训(实验)室组成的,用于在校学生通过工学结合学习实践技能的场所。实训基地分为校内实训基地和校外实训(习)基地。校内实训基地是指其位置在学校内部的实训基地,一般按专业划分,也叫实训中心。校外实训(习)基地是指通过校企合作建设成立的,位置在企业内部,用于在校学生学习实践技能的场所。

实训中心一般由同专业内的多个实训室(或实训区)组成,是实现学生校内实训教学过程实施的实践训练场所。其基本功能为:完成实训教学与职业素质训导、职业技能训练与职业技能鉴定。

实训室(或实训区)通常是模拟某一社会职业的真实岗位工作建立的,具有与企业真实岗位相近的工作环境,具备完成该岗位工作必备的主要专用设备设施。特定实训室(或实训区)是特定实训课程实施教学的教学场地,可模拟与该岗位工作相关的职业技能训练。

### （二）实训项目与实训设备设施

《中等职业学校设置标准》（教职成〔2010〕12 号）第八条中规定：中等职业学校应当具有与专业设置相匹配、满足教学要求的实验、实习设施和仪器设备。工科类专业和医药类专业生均仪器设备价值不低于 3000 元，其他专业生均仪器设备价值不低于 2500 元。

依据实训室配备的主要设备设施的完善程度不同，实训室所能模拟和开展的职业技能训练项目是不同的。通常，职业学校的实训室都依托本身的实践设备设施配备情况开发有系列实训项目以满足学校专业教学的需要。

目前，学校所有专业都建设有完善的、国内一流的校内实训基地，实训室设备设施配备国内领先，能实施专业教学所要求的所有实训教学项目。

### （三）长春职业技术学校校内实训基地

长春职业技术学校主要校内实训基地　　表 2-6

| 序号 | 名　称 | 教研室 | 专　业 |
|---|---|---|---|
| 1 | 机加实训中心 | 机械教研室 | 数控技术应用、机电技术应用 |
| 2 | 焊接实训中心 | 机械教研室 | 焊接技术应用 |
| 3 | 轨道实训中心 | 轨道教研室 | 城市轨道交通车辆运用与检修、城市轨道交通运营管理 |
| 4 | 机电实训中心 | 机电教研室 | 机电技术应用 |
| 5 | 电梯实训中心 | 机电教研室 | 机电技术应用（电梯维修方向） |
| 6 | 机器人实训中心 | 机电教研室 | 机电技术应用（机器人方向） |
| 7 | 汽车实训中心 | 汽车教研室 | 汽车运用与维修 |
| 8 | 车身修复实训中心 | 汽车教研室 | 汽车车身修复 |
| 9 | 雪铁龙实训中心 | 汽车教研室 | 汽车运用与维修（汽车营销方向） |
| 10 | 会电实训中心 | 会电教研室 | 会计电算化 |
| 11 | 物流实训中心 | 会电教研室 | 物流服务与管理 |
| 12 | 数媒实训中心 | 数媒教研室 | 数字媒体技术应用 |
| 13 | 酒店实训中心 | 旅游检验室 | 高星级饭店运营与管理 |

**名人名言**

理论脱离实践是最大的不幸。

——达·芬奇

**拓展训练**

1. 与本专业教师交流，列出本专业的所有实训室，并说出各实训室功能。

2. 能找到本专业各实训室的位置,并描述各实训室主要设备设施名称。

3. 本专业各实训室安全操作注意事项有哪些?

## 二、有效利用实训室

为更好地有效利用实训设备,学校建立了行之有效的管理办法。

**案例1**

小明是学校汽车运用与维修专业的一年级学生,喜欢汽车,从小就对汽车维修感兴趣。来到学校,就想利用一切时间接触汽车,学习更多的汽车维修技能。

**案例2**

小海是学校数控技术应用专业的二年级学生,上个学期《车削加工与训练》课学得不好,刚刚及格,尤其是普通车床加工还存在一些缺陷,很想有机会再加强一下训练,提高技能水平。

**案例解析**

以上两名同学的想法非常好,应该鼓励。他们的想法在学校都可以实现,那就是合理利用学校的实训室开放制度。案例1中的小明同学,可以申报参加学校汽车专业的职业技能大赛集训,如果入选,便可以按照学校的安排参加训练;也可以参加校内的相关社团组织,定期到学校的相关实训室参加训练;如果上面两个办法都无法实现,还可以自己申请预约,不定期到实训室做自己感兴趣的训练项目。案例2中的小海同学,也可以采用上面的第三个办法,自己申请预约,到实训室继续完成普通车床加工项目的训练。

**相关知识**

### (一)计划内实训教学

列入专业教学计划的实训课程及所包含的实训项目涵盖了学生完成本专业学习应掌握的所有职业技能,是必修内容,即计划内实训教学。专业教学计划为这些课程及实训项目教学提供了最基本的学时安排。

### (二)实训室管理规范

学校的校内实训基地,即各实训中心,归各自专业教研室管理。每个实训室设管理员1

人,负责实训室的环境、设备设施管理及实训项目的教学准备。各实训课程及实训项目的指导教师由专业教研室根据教师的学期任课统一安排。

学生进入实训室学习应遵守实训中心和实训室的管理规范。一般各实训中心和实训室都会有以下基本要求:

(1)纪律方面,服从实训指导教师及实训室管理员管理。

(2)安全方面,按实训室要求着相应的工作服,遵守设备操作规范操作,不随意触动实训室设备设施。

(3)秩序方面,不许喧哗、打闹。

(4)环境方面,保持实训室卫生,不乱扔杂物。

(5)设备使用方面,严守设备操作规范,爱护设备设施,无故损坏要赔偿。

### (三)实训室开放管理办法

1. 什么是实训室开放

实训室开放是指各专业实训中心实训室在完成计划内教学前提下,利用现有师资、仪器设备、设施条件等资源,面向全校学生开放,为学生提供实践动手能力锻炼机会。

2. "我"能利用实训室开放做些什么

如果学生对某些职业技能项目感兴趣或某些课内实训项目感觉有欠缺,可以利用实训室开放的业余时间学习。

课余时间进入实训室学习的方式有三个:一是参加职业技能大赛集训;二是参加相关的校内社团活动;三是自主申请预约训练。

3. 实训室开放的预约流程

(1)各教研室,在学期初向本专业学生公布相关实训中心开放实训室及实训项目信息。

(2)教师、学生或学生社团依据相关实训室开放信息,提前一周向相关实训室提出申请,预约登记。

(3)开放实训室依据相关申请,做好开放实训安排,并组织实训。

#### 名人名言

通过实践而发现真理,又通过实践而证实真理和发展真理。

——毛泽东

#### 拓展训练

1. 与本专业教师交流,请说出本专业主要实训室的管理规范。

______________________________

______________________________

______________________________

2. 请说出学校实训室开放的预约流程。

______________________________

# 第六课　学生社团自主选择

学生社团是学生自我塑造、自我管理、自我服务的有效形式，是学校教育的有机组成部分，是校园文化的重要内容。

## 案例

学生二课堂是由学生依据兴趣爱好自愿组成的学生组织，被认为是课堂之外的第二大育人载体。学生社团活动之所以被认为是实施素质教育的重要途径和有效方式，其根本原因在于，社团能够培养学生与人相处、与人合作的能力，这对于提高学生综合素质、引导学生适应社会、促进学生成才就业，具有特别重要的意义。

图 2-16　学生社团

请你根据自己对学生二课堂这个概念的理解为我校制定一份二课堂策划。

## 相关知识

通过丰富多彩的社团活动的开展，一方面，有利于开阔学生视野，陶冶学生情操，启迪学生思维，发展学生个性特长，全面提高学生素质；另一方面，也有利于活跃校园生活，促进学风和校风的优化，推动学校课程建设。

通过组织多种社团活动，学生们可以根据自己的兴趣和爱好，自主地、有选择地参加舞蹈、文艺、体育、桌游、实训等方面的活动，以发展他们的兴趣和特长。

通过组织学生参加多种实践活动，使他们课内所学到的知识得到巩固和加深，同时获得更多展示的平台，增强自信心和表现力，为他们掌握课内基础知识提供广阔的智力背景。

培养学生健体审美能力，增长知识，发展智力，让学生在活动中学有所乐、有所获、学有所用。

通过引导学生参加富有教育意义的活动,使他们受到良好的思想品德教育,丰富校园文化。

各社团活动要确保五落实:组织落实、人员落实、场地落实、时间落实、辅导落实;每个活动社团认真组织,精心安排,确保安全事故为零。

安排好各社团活动小组负责人、活动地点、活动人员安排。

活动时间:每周三下午5、6节课为各班级活动和社团活动时间。确保做到计划、组织、辅导、活动内容的落实。

活动计划:每个活动小组负责人制定切实可行的培养目标,每学期制订活动计划(含学期活动进度表)。每次活动应严格按计划精心组织,并认真做好相关活动记录。上交一份备查,各社团负责人及其团支书不得私自更改活动计划。

学生管理:各社团不得私自增加学生,须经团干部批准同意方可增加。社团负责人及团支书要严格管理学生考勤,对于累计三次无故缺勤者以及自动退出社团的学生,应及时做好记录并上报学校或所在班级的班主任。班级活动缺勤扣除班级相应分数。

检查监督:团干部每周抽查课外社团小组的活动情况并记录,对于管理混乱松懈的课外社团小组,在考核时将酌情处理。

成果展示:各社团小组应在活动计划中明确本组活动成果的形式、展示时间和方式。成果形式可以是展览、汇报表演、技能展示、参加比赛取得名次等,要求每学期有一次成果展示。

## 一、学生社团的基本概念

学生社团是指学生为了实现会员的共同意愿和满足个人兴趣爱好的需求、自愿组成的、按照其章程开展活动的群众性学生组织,是学生自我塑造、自我管理、自我服务的有效形式,是学校教育的有机组成部分,是校园文化的重要内容。

### (一)社团活动的目的

通过社团活动将学生的娱乐与学习结合起来,丰富学生的课余文化生活。

### (二)社团活动的宗旨

立足校园,通过开展各种活动,丰富广大学生校园文化生活,完善校园文化体系,促进学生道德文化素质的提高。

### (三)社团活动的意义

(1)学生社团活动是课堂教学的有益延伸和补充。它能使学生在宽松、自由的环境中激发思想、熏陶品格、发展个性,巩固、深化、扩展课堂所学内容,而且特别注重知识的转化、运用和创新。

(2)学生社团活动是学生自我教育和同学间互相教育的良好形式。这种形式,有助于充分调动学生的主动性、积极性,培育其自主精神、独立品格,使其在活动中不断地认识自己、把握自己、发展自己,从而得到全面的考验和锻炼,得到深刻的启迪和教育。

(3)学生社团活动是校园文化建设的重要载体。丰富多彩的学生社团活动,能够促进校园文化建设向多渠道、深层次、高质量的方向发展，形成民主的思想环境、浓郁的学术氛围、健康的文化气息、蓬勃的创造精神。

## 二、学生社团的种类

学生社团是指学生为了实现会员的共同意愿和满足个人兴趣爱好的需求、自愿组成的、按照其章程开展活动的群众性学生组织。学生社团是我国校园文化建设的重要载体，是中国学校第二课堂的引领者。请根据社团的概念，列举出社团的种类都有哪些。

相关知识

社团是校园生活的重要组成部分，是一种有别于班级的跨年级、跨专业的组织。参与社团活动，对中职学生来说不仅是一种丰富学习生活的乐趣，更是一种发展特长、操练技能、培养沟通、增加见识、增强人际能力的综合实践活动。设计好社团的教育机制，组织好社团的特色活动，使其在中职学校中发挥更大的教育功效，促进中职学生全面职业能力的提高，具有重要的现实意义。

图 2-17　我校瑜伽社团活动

### （一）学生瑜伽社团

学生瑜伽社团每周进行一次的训练，专业教练为社团成员们讲解教授一些简单的瑜伽动作，纠正大家日常生活中一些不利于身体健康的习惯，同时还讲解一些有助于减肥的动作。

瑜伽社团作为学校众多社团之一，主要的目的是发展学生的兴趣爱好，增强学生的身体素质，提升学生外在与内在的气质。通过练习瑜伽的冥想、体位、呼吸、放松四个瑜伽的基本要素，学生们的身体和身心都得到很大的改变。练习冥想可以使学生减轻学习中和生活中的压力；呼吸的调整可以使学生的心灵得到进化；体位法的锻炼可以使他们拥有苗条、修长的身材；最后一部分的放松练习，可以使他们的精神得到极大的调整。可以说练习能改变一个人，包括外在的气质和内在的修养，可以使同学们得到彻底的放松，劳逸结合。

自社内会员反映，两个小时的瑜伽课程丰富而充实，不仅掌握了许多专业的瑜伽动作，而且达到了修身养性、放松身心的明显效果。许多同学在忙碌学业后，利用课余时间参与瑜伽运动，缓解了压力，锻炼了体魄，甚至达到了减肥瘦身的目的。瑜伽社鼓励大家遵循良好的作息时间，早睡早起，多做运动，利用周末的休息时间，在自然界里，在花香与鸟鸣的相伴下，与专业瑜伽老师共同深呼吸、促健康。

### （二）学生舞蹈社团

为了丰富学生的课余生活，学校开展了各式各样的社团活动。舞蹈社团是一个深受学生喜爱的社团，开展舞蹈社团可以丰富学生的课余文化生活，缓解紧张的学习气氛，培养一些文艺爱好者。它的成立为学生全面发展、展现自我才华又提供了一个良好的平台。随着人们生活水平的提高，在现代人们日常生活中，舞蹈可以陶冶精神、修身养性。在校园开展舞蹈社团可以培养同学们的体力、协调性、乐感；同学们可以从舞蹈中汲取灵感，将舞蹈的思维方式渗透到自己的生活乃至学习中。

图 2-18　我校舞蹈社团活动

开展舞蹈社团重在希望通过舞蹈的学习，培养学生注重加强形体美的展示，同时注重内在美。同时也加强了同学们对合作意识的理解，使同学之间的合作更加默契。舞蹈社团活动必须与音乐教育的基本任务合拍，坚持普及与提高相结合的原则，面向全体学生，做到在普及的基础上提高。凡参加舞蹈社团的学生，不论水平高低，要保护其积极性，使其认识到社团活动的意义和作用，从而主动积极地参加。在活动过程中，教师会精心组织，实施分层指导并采取多种形式，因材施教，因人而异，让学生产生强烈的求知欲和竞争感，使潜在的智慧和舞蹈才能得到自由地发展。

图 2-19　我校学生舞蹈社团在文化广场排练

### （三）学生合唱社团

学生合唱社团担负着提升校园文化、丰富学生课余生活的责任，通过学习、锻炼、展示等形式拓展学生特长，提升各项技能功能，深受我校师生的喜欢和认可。该社团成立于 2009 年，现有各年级学生团员 50 余人。在市团委多次组织举行的“纪念一二·九学生合唱比赛”当中，我校合唱团取得了中职组特等奖一次、一等奖若干次的优异成绩。

自该社团成立以来，合唱团便充分发挥学生艺术团体对校园文化的积极影响作用，吸引了许多热爱歌唱的同学和老师了解并参与合唱的过程，也让师生们认识并喜爱上这支闪耀在校园舞台上的队伍。凭借着对音乐、对合唱的真挚热爱，一届又一届团员辛勤付出薪火相传，秉持低调严谨的团队作风，踏实认真地参加训练，执着地追求心中最美丽的声音和情感。近十年历经风雨磨砺，长春职业技术学校学生合唱团已发展成为一支既具有独特风格又充满活力的年轻团队，不仅是中职校园艺术社团中首屈一指的精锐之师，更引领了良好的校园文化氛围。

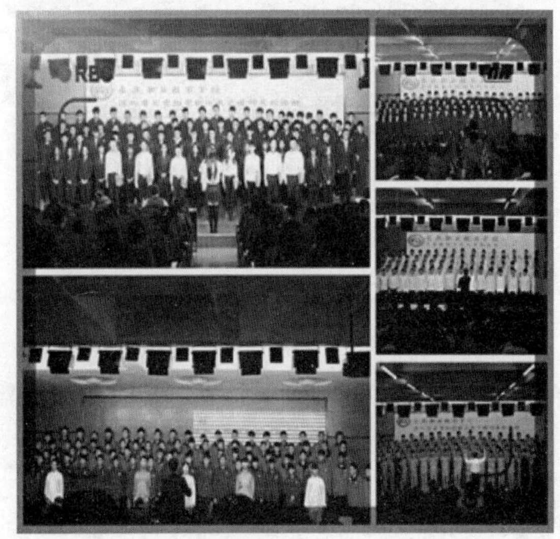

图 2-20　我校学生合唱社团

## （四）学生器乐社团

学生器乐社团是一个交流音乐的社团，是学生提高音乐素养的团体，是音乐爱好者展现自己的平台。其致力于提供一个音乐爱好者交流的平台，兼顾学校的艺术表演任务，逐步开展歌唱交流比赛等其他活动。

学生器乐社团是为了让音乐的爱好者，在课余之时，能够享受主宰音乐的快感。音乐可以调理情绪，不管你处于怎样的心理状态，通通交给音乐来梳理。社团正是希望同学能够借助音乐缓解沉重的学习压力，以良好的状态去学习。

学生器乐社团主要以音乐会的形式为主让大家了解音乐社，给每一位社员提供一个舞台让他们尽情展示他们的特长，每届音乐会都会以不同的主题为线索来展开活动，给观众耳目一新的感觉。每届音乐会都会邀请其他的友好社团来参与客串演出，邀请校领导来参加观赏。音乐，是人们抒发感情、表现感情、寄托感情的艺术，它能潜移默化地影响人的心灵，使之更多地得到美的滋润。著名钢琴家贝多芬曾说：音乐，是比一切智慧、一切哲学更高的启示。音乐社团正是以宣传音乐文化，提高学生音乐感受力和鉴赏力，丰富校园文化生活为目的的团体。在校内，有不少同学是一群热衷于音乐与校园生活的学生，他们有着对音乐执着的信念，并始终坚持着自己的梦想。该社团是校内唯一一个为这些同学提供广阔音乐交流平台以展示自我、发展自我、提升自我的独立音乐与校园文化相结合的学生社团。本社团以音乐表演和艺术交流为形式，以提高学生音乐表现力和鉴赏力以及探索音乐艺术真谛为最终目的，努力使同学们了解音乐、热爱音乐进而热爱生活。在本社中，从事音乐专业学习的同学将主动并无偿将自己所学习的音乐知识奉献给社员，并教导他们如何领悟音乐的真谛，感受生活的快乐。

图 2-21　我校学生器乐社团

### (五)学生篮球社团

学生篮球社团成立于2015年9月，隶属于长春职业技术学校团委所辖的学生社团。篮球协会以球会友，训赛结合，凭技称雄为宗旨。通过举办各种与篮球相关的文体活动和比赛，在学校内推广和普及篮球运动，团结全校的篮球爱好者，为广大学生提供开展篮球活动的理想平台，丰富同学们的课余生活，提高同学的篮球技术水平以及团队精神。社团以“掀长职校篮球风暴，展长职学子风采”为口号。学生篮球社团在每周二下午都会开展社内活动，投篮训练、上篮训练、运球联系、传球练习都是每周的必训项目。

图 2-22　我校学生篮球社团

学生篮球社团成立的三年中，每年一届的“友谊杯”与“迎新杯”篮球赛，均深受同学们的欢迎。“友谊杯”和“迎新杯”已成为长春职业技术学校的热门活动和品牌活动。随着参赛队伍的不断增加，比赛赛制不断完善，“篮球”在长职校影响很大，参与人员很多，效果非常明显。

### (六)学生足球社团

学生足球社团是热爱足球的学生们自己的足球平台，只要是喜欢足球，或者足球明星，都可以加入足协这个小窝。学生足球社团内部的氛围很有特色，因为几乎所有人都有自己支持的球队。除了丰富多彩的内部活动，学生足球社团的主要任务是举办校内足球比赛和趣味足球活动。

图 2-23　我校学生足球社团

### (七)学生沁墨莲文学社团

沁墨莲文学社团是长春职业技术学校团委老师及各优秀学生共同创办的一个兴趣爱好型社团。该社团成立于 2014 年 5 月，每周组织两次社团活动，时长分别为 2 小时(分别在周一、周三下午 2:40 开始)，周一：朗诵美文，学习和总结；周三：每人一篇周记。

沁墨莲文学社自从 2014 年成立以来，就坚持"丰富大学生活，提高文学素养，加强锻炼能力"为宗旨，努力为全校师生提供一个感受文学、品味文学和鉴赏文学的平台，让大家真切地感受到文学的魅力。

之所以取名"沁墨莲"就是希望，所有参与到文学社活动的学生都能像著名文学家周敦颐的《爱莲说》中所言："出淤泥而不染，濯清涟而不妖"一样。身处浊世，不与沾染，给人一种沁人心脾的芳香之感，以墨为中心思想，刚直、厚重、深沉，这是由内而外的气质散发。放眼观之世间万物，唯有"文学"二字可担此大任，塑造此等品格。

图 2-24　我校沁墨莲文学社团

### (八)学生舞龙舞狮社团

舞龙舞狮运动是中华民族的文化瑰宝，距今有 2000 多年的历史，舞龙舞狮象征着兴旺和吉祥，富有浓郁的民族色彩和独特的艺术性，是中华民族璀璨文化的精华。

学生舞龙舞狮社团成立于 2015 年，现有队员 20 余人，舞龙舞狮队在学校校内建成了舞龙舞狮基地。把舞龙舞狮融入社团活动中来，既锻炼了学生的体魄，培养了团队及配合精神,更弘扬了这中华几千年来的传统文化,把龙的精神浸润到学生的血液里、雕刻进他们的生命中,激发学生们爱国情怀,夯实学生们坚强拼搏的基础。

图 2-25 我校舞龙舞狮社团

让每个学生参与一项自己喜欢的学生社团,塑造自我,为学生打好艺术兴趣与爱好的基础。通过二课堂社团活动,营造浓郁的校园文化氛围,通过合作学习,开展社团活动,培养学生特长并服务于学生,通过分层次开展多种形式的学习、训练和展示,以特色项目吸引学生参与,在各项活动中上,人人有表现,人人有展示。

**名人名言**

不管一个人多么有才能,但是集体常常比他更聪明和更有力。

——奥斯特洛夫斯基

单个的人是软弱无力的,就像漂流的鲁滨孙一样,只有同别人在一起,他才能完成许多事业。

——叔本华

**相关链接**

## 你不可不知的世界三大学生组织

1. Enactus(创行)

Enactus(原 SIFE-Students in Free Enterprise),即创行,成立于 1975 年,是一个由 36 个国家超过 1700 所高校在校大学生和学术界人士以及来自全球 500 强企业的商界领袖组成的国际性非营利组织,总部设在美国,为全球三大国际大学生组织之一。通过践行企业家精神,共创更美好、可持续发展的世界。Enactus 的成员们用自身行动证明——具有企业家精神的实践行动能为人类社会带来巨大的积极影响!此外,Enactus 也致力于为学生创造学习和交流的机会,在 Enactus,学生、校友和寻找人才的企业之间建立积极的联系。Enactus 每年得到了包括戴尔、联合利华、拜耳、强生、宜信、周大福、赛默飞世尔科技、沃尔玛、联想、毕马威、普华永道等数以百计的公司企业的大力支持。这一网络汇集了教育工作者和商界领袖们的知识和专业技能,每年为全世界超过 75000 名大学生发挥热情和力量带来了积极的影响。截至 2016 年 5 月,Enactus 已经覆盖了中国的 265 所高校,获得了 60 余家中外知名公司的支持。众多高校也通过为 Enactus 设立学分、拨付专项基金和委派资深指导老师的形式给予积极支持。Enactus 项目主题覆盖包括市场经济、医疗健康、环境保护、文化艺术传承、农业发展、青少年教育、扶贫助困和商业道德等各领域。Enactus 学生根据各个社区及受助人群的独特需求，运用企业家的方式和积极的商业力量，自主运作创新公益项目，以帮助需要帮助的人们提高生活质量与水平！

2. AIESEC（国际经济学商学学生联合会）

AIESEC 是一个由高校或更高学术机构在校学生和新近毕业生运营的全球性、非政治性、独立、非营利性组织，是全球最大的学生组织。其成员关注世界议题、领导力及管理。AIESEC 不对种族、肤色、性别、性取向、信仰、宗教、国籍、民族和社会出身歧视。AIESEC 最大的优势之一是其有能力通过海外实习、国际国内会议和在线工具连接全球青年人与合作伙伴。最初于第二次世界大战结束前夕，在来自芬兰、瑞典、比利时、法国、挪威的几个学生的聚会上，他们讨论到了战争的起因，大家一致认为战争冲突的形成，是由于大家互相之间的不了解造成的。进一步讨论后，他们认为要从娃娃抓起，去培养未来将要主导社会的年轻人，培养未来领袖，同时建立一个不同国家的人能够互相认识了解的平台。于是他们各自回国后在 1948 年分别在欧洲 7 个不同的国家建立了 AIESEC，如今，它已经成长为一个覆盖 126 个国家地区的全球性组织。

3. JA（教育组织）

JA（Junior Achievement）是全球最大、发展最快的非营利教育组织，免费为青少年提供经济和商业教育项目，成立于 1919 年，目前在全球 120 多个国家开展教育项目，每年近 1000 万名学生受益、33 万名志愿者参与，它拥有来自世界顶级企业的超过 7000 名董事会成员，在志愿者管理领域拥有近百年的专业实践经验，它也获得联合国经济与社会理事会“特别顾问资格”。

在美国，50 人以上规模的企业中，1/5 的企业总裁曾经是 JA 的学生，1/4 的企业曾经参与过 JA 的活动。参与 JA 活动的商界、政界领袖有微软前董事长比尔·盖茨、波音前首席执行官 William Allen、美国前总统尼克松、美国前总统老布什、美国前国务卿鲍威尔。JA 中国创立于 1993 年，在北京、上海、广州、成都、西安设立了办公室，教育项目覆盖 20 余座城市。JA 与工商界和教育界合作，在大学、中学、小学开展一系列课程及活动，通过邀请一些企业的志愿者来给学生授课，让学生明白如今企业、社会需要的是什么类型的人才，并在志愿者的引领下提升自己，使自己成为“社会需要的人”。JA 帮助学生提升就业准备、创业创新、金融理财和可持续发展等各方面的综合素质，JA 所创办的课程弥补了学校教育的一个空白。自 JA 中国成立以来，受益的学生累计 500 余万，累计参加的志愿者人数有 6 万余名。

## 拓展训练

1. 同学们，你们知道学校有多少学生社团吗？请举例说明。

______________________________

______________________________

______________________________

2. 新生报到、军训已经结束,他们经过将近一个月的体验对学校的学习生活也有了一定的了解,9月中旬我校将针对新生进行一次学生社团宣传纳新活动,假设你是某学生社团的负责人,想要在新生中收取新的志同道合的社团成员,你想要如何介绍你的社团?并准备怎么设计你们社团新学期的活动?

______________________________

______________________________

______________________________

3. 学生社团活动为你的校园生活增添了新的内容,在这所学校学习感觉自己幸福吗?请举例说明。

______________________________

______________________________

______________________________

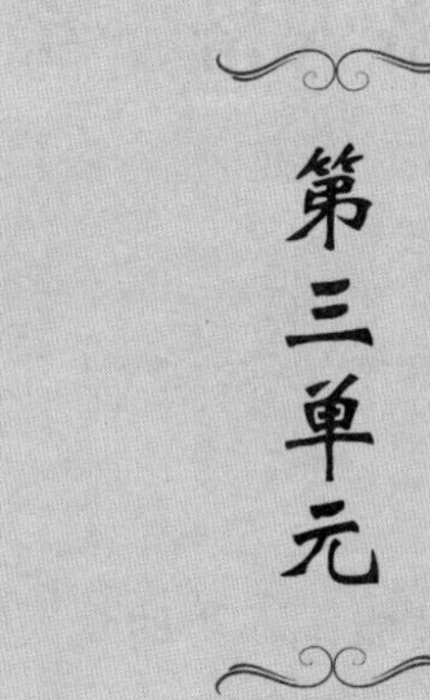


# 用己所长

# 第一课　规格人格　至精至善

名人名言

矩不正,不可为方;规不正,不可为圆。

——淮南子

学校注重养成教育,从"规矩、人格、技能、学历"的育人理念到"规格人格 至精至善"校训的凝练,使学校育人的灵魂得以升华。

## 一、"规格人格　至精至善"文化内涵

规矩既是规范、法则,也是标准、尺度。《管子·法法》说得好:"虽有巧目利手,不如拙规矩之正方圆也。故巧者能生规矩,不能废规矩而正方圆;圣人能生法,不能废法以治国。"所以,尽管规矩也需要视时立仪、与时俱进,需要不断地修改修订、创新完善,然而却不可以一日无规矩,更不能不懂规矩、不讲规矩、不守规矩。

传统文化意义上的规矩,主要体现在"礼"与"法"两个方面。礼者,履也,礼仪三百,威仪三千,文绉绉地,是软规矩。法者,刑也,人心似铁,官法如炉,威赫赫地,是硬规矩。礼无不敬,法无不肃。礼的核心是敬——敬重,敬畏,表现于对万物的尊重;法的核心是肃——肃然,肃杀,表现于对法律的戒惧。有道是,礼禁未然之前,法施已然之后。

中华文化特别注重做人,特别关注精神人格。学者钱穆认为:"中国的文化精神,应称为道德的精神。这一种道德精神乃是中国人内心所追求的一种做人的理想标准,乃是中国人所向前积极争取达到的一种理想人格。"这种理想人格,通常指君子人格,它代表着"自强""厚道""温情""诗意"和"优雅",是精神上的圆满。

职业学校的学生也应该不断强化自己的规则观念,注重自身人文素养和人格修养,以便形成良好的行为习惯。

案例1

在延安的时候,毛主席去医院看望关向应政委。两人愉快地在病房里交谈起来。护士进来说:"同志,医生吩咐,病人要安静,不能会客。"毛主席谦和地说:"对不起,小同志。"随即辞别关向应离开了病房。只有人人守规矩,生活才有好秩序。

案例2

有一次,刘少奇同志去散步,走到某炮兵阵地,想进去看看。站岗的战士不让进。随行人员上前对战士说:"少奇同志想去看看阵地。"战士认真地说:"上级有规定,要有上级指示才能看。"随行人员很生气,少奇同志却没有生气。反而笑着说:"回去吧!"说着就往回走。

一边走一边告诉随行人员："回去告诉那个战士的领导，不要批评他，他做得很对。"后来部队领导知道了，要批评那个战士，少奇同志再次让工作人员转告部队领导："这个战士认真执行规定制度，不但不应批评，还应该表扬。"

"至精"有二层含义：一是形意上的极致，意指一种极其精微神妙而不见形迹的存在。《吕氏春秋·君守》有云："天无形而万物以成，至精无象而万物以化。"二是程度上的精细，寓意精妙绝伦的人或事物。《易·系辞上》有云："有圣人之道四焉……其受命也如响，无有远近幽深，遂知来物，非天下之至精，其孰能与于此？"又《汉书·律历志上》："铜为物之至精，不为燥湿寒暑变其节，不为风雨暴露改其形，介然有常，有似于士君子之行。"学校办学之本质，正在于示人精华与精细的极致以教之。

"至善"语出《礼记·大学》："大学之道，在明明德，在亲民，在止于至善。"寓意为学的根本在于修明自身，用自己学问的道和德的成就，亲近人民而为之服务，最终达到完美的境界。它昭示的是一种永不止息、创新超越的"进取"心态，是一种对完善、完美的境界孜孜不倦追求的崇高精神，是一种以卓越为核心要义的至高境界的追求。

今天在校园里学习、生活，就是要自觉认识到学校优秀的理念和精神，要自觉通过学习和熏陶，不断完善自己、丰富自己，孔子有一个著名的"富而教之"的说法，就是说一个人物质上富足了，必须要加强文化修养，懂得道理才能心有所归。

在学生人生成长的关键时期，就是要让他们懂得获得幸福的钥匙，不断地在精神层面有所感悟并全力以赴去不断努力学习，练就过硬的本领，将来服务社会，报效祖国。

## 案例

初到东京者，一定会惊讶于日本人走路的速度。无论早上还是傍晚，街上尽是疾步如飞的上班族。更让人惊讶的，则是日本人对交通规则近乎顽固的恪守。即便在一个繁忙路口，红灯亮起没人越过半步、绿灯亮起人潮涌动的场面，会让初到东京者感到无比震撼。在日本，即便是再窄的马路，不管有没有车辆通过，你都不可能找到一个闯红灯者。日本人是怎么做到的？这源于他们从小就被教育要遵守交通规则。显然，闯红灯者缺少的并不是交通法规知识，而是规则意识，即发自内心的、以规则为自己行动准绳的意识。

在日本，大家生活在一个遵守规则的环境里，人人都具有强烈的规则意识。正因为如此，我们可以看到，交通规则被严格遵守，依次排队成为天经地义的事，垃圾分类得到近乎苛刻的执行……

我国伟大的教育学家叶圣陶老先生说过："什么是教育？简单一句话，就是要培养学生的养成习惯。"养成教育是关系学生一生的教育，是培养学生良好行为习惯的教育。通过养成教育，让学生的灵魂在养成教育中得到塑造，素质在养成教育中得到提高。学校深知肩负着提高民族素质、为我国现代化建设培养合格人才的光荣使命，因此在实施教育、培养人才的过程中，注重养成教育，尊重个性、尊重天性、尊重本性，培养学生养成政治规矩、生活规矩、职业规矩，培养学生的社会及家庭责任感，树立健康人格，使学生的行为更加规范、仪表更加文明、修养更加高尚。学校以规矩为依托，以习惯养成为途径，以人格培养为目的，以至精至善为效果，这样一条教育途径，必将为职业教育的持续发展打开一条光明之路。

## 二、培养和践行社会主义核心价值观

案例

从2002年开始，中央电视台每年都推出“感动中国”年度人物评选，从英雄航天员杨利伟到“杂交水稻之父”袁隆平，从人民公仆牛玉儒到乡村邮递员王顺友，从独臂英雄丁晓兵到最美教师张丽莉……他们的年龄不同、身份不同、经历不同，但他们的故事同样让人泪水充盈，他们的精神同样让人心情激荡。

这些“感动中国”人物身上的哪些事迹令我们感动和震撼？是什么力量支撑着他们为社会做出了突出贡献？

图3-1　“杂交水稻之父”袁隆平

图3-2　最美教师张丽莉

富强、民主、文明、和谐，自由、平等、公正、法治，爱国、敬业、诚信、友善，从国家、社会和公民三个层面概括了社会主义核心价值观的价值目标、价值取向和价值准则，是对社会主义核心价值体系的凝练与概括，是社会主义核心价值体系的内核和精髓。社会主义核心价值观是人生奋斗的梦想之舵，是中国民族的精神之钙，是当代中国的兴国之魂。

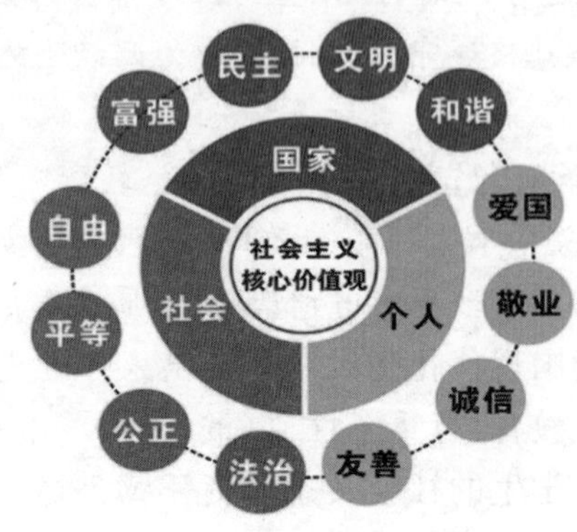


图3-3　社会主义核心价值观

## 相关链接

社会主义核心价值体系的内容很明确、很具体，就体现在社会成员的具体行为中，体现在现实生活里，和我们每个人都息息相关。它包括四个方面的基本内容，即马克思主义指导思想、中国特色社会主义共同理想、以爱国主义为核心的民族精神和以改革创新为核心的时代精神、社会主义荣辱观。

马克思主义指导思想，是社会主义核心价值体系的灵魂。中国特色社会主义共同理想，是社会主义核心价值体系的主题。民族精神和时代精神，是社会主义核心价值体系的精髓。社会主义荣辱观，是社会主义核心价值体系的基础。社会主义核心价值体系结构严谨，定位明确，层次清晰，是完整的、系统的，它坚持了社会主义又有中国特色，总结了成功经验又有新的提升概括，反映了现实的迫切需要又是能够通过努力实现的，可以最大限度地促进和形成全社会的共识。

一个国家的强盛，离不开精神的支撑；一个民族的进步，有赖于文明的成长。现阶段，我国正在发生广泛而深刻的变革，社会思想更加多样、社会价值更加多元、社会思潮更加多变，倡导和培育社会主义核心价值，彰显社会核心理念，可以使人们明确国家发展目标，确立基本道德规范，是激励我们全面建成小康社会的强大精神力量。

社会主义核心价值观，既有深厚的传统底蕴又有鲜明的时代特征，符合历史、合乎实践，贴近民情、顺乎民意，能够发挥出广泛的号召力、强大的凝聚力和持久的引导力。

## 案例

某中职学校，召开了由学生、家长、老师共同参与的“践行社会主义核心价值观”主题班会。

小张同学的爸爸说：我是一名“的哥”，我要向最美司机学习，安全驾驶，文明待客。

王老师说：我要向最美教师学习，爱岗敬业，热爱学生。

小李同学说：从现在起我就要提醒自己整洁仪表，举止文明，主动地锤炼吃苦耐劳的品质，我要做个最美护士。

……

图3-4　文明驾驶

请你参加他们的讨论，就如何成为“最美中职生”“最美劳动者”发表自己的看法。

中职学校的学生不仅要掌握专业知识，提高专业技能，还要形成正确的世界观、人生观和价值观。培育社会主义核心价值观，要分清价值主流与支流；践行社会主义核心价值观要从我做起，从生活与学习的实际做起，从点滴做起。要认真学习社会主义核心价值观的主要内容，首先做好学习者；其次要通过各种途径宣传好社会主义核心价值观的主要内容，做好宣传者；最后，要通过自己的言行做社会主义核心价值观的践行者。

学校坚持以“立德树人”为基本导向，切实把社会主义核心价值观融入学校教育全过程，培养良好的法纪观念，树立正确的世界观、人生观和价值观，形成健康的心理品质和健全的人格，遵循教育教学规律和学生身心发展规律，全面提高青少年学生的思想道德素质和文明礼仪素养，为他们文明生活、幸福成长奠定基础。

作为职业学校的学生，不仅要有人生理想与志向，还要有道德修养、仁爱处世的情怀，更要精专各项技能。

### 拓展训练

1. 请熟读并记住下面的名言。

①爱与善是幸福，也是真理，是世界上唯一可能的幸福与真理。

——罗曼·罗兰

②少年智则国智，少年富则国富，少年强则国强，少年独立则国独立，少年自由则国自由，少年进步则国进步，少年胜于欧洲，则国胜于欧洲，少年雄于地球则国雄于地球。

2. 在中华民族伟大复兴的征程中，中国青少年当挺起文化自信的脊梁，培养个人的自身修养，努力做一个文化底蕴厚重的中国人。

你作为一名在校学生，对此有怎样的想法？请记录下来。

______________________________

______________________________

______________________________

# 第二课　教学环境与生活环境

“幸福职教，全国名校”是我们的宏伟目标，就是以“立德树人”为教育宗旨，坚持“规格人格、至精至善”的育人理念，以“打造规矩、塑造人格、锤炼技能”为育人主线，把“学生在学习上感到幸福作为教育教学的出发点”，把“学己所想、用己所长、做己所望”作为对学生教育的落脚点，把“自尊、自信、自爱和遵纪守法”作为教育学生成长的支撑点，全面打造“幸福职教”中学生幸福的三要素。2015 年起，学校在教学环境和生活环境建设上，都本着“学生能做的事，不让老师做，老师能做的事，不让社会做”的理念，创造生产性实训条件和环境，为学生实现“用己所长”创造良好的教学环境和生活环境。

图 3-5　校园文化石——明德正气

## 一、网络设备高效畅通

图 3-6　校园网络建设

2007 年以来，长春职业技术学校校园网在学校领导的高度重视下，按照“整体规划，超前发展；充分利用，服务教学”的建网思路，努力打造一流校园网络，不断加强和完善基于校园网的各种应用，为建设“幸福职教，全国名校”奠定了坚实的基础。

1. 整体规划，超前发展，建成万兆校园网络

2013 年以来，我校先后共投入 800 余万元进行了校园网工程建设，完成 5000 余个分布在全校教学、办公楼宇、学生宿舍及食堂的信息点建设。

整个网络结构清晰——单核心万兆主干、千兆到楼栋、千兆到桌面，安全、高速、稳定。中心机房到中国电信出口带宽分别为 200 兆，实现到骨干网络的高速访问。全校联网计算机约 500 台，同时在线人数可达 300 余人。2012 年，学校还建成覆盖教学区的无线校园网络，满足师生移动教与学的需求。

从万兆校园网及无线校园网建设的完成，标志着我校的校园网硬件建设水平已达到吉林省职校先进水平。

2. 充分利用，服务教学，构筑内部控制管理平台

先进、完备的校园网硬件平台，为我校教育、教学及日常行政管理的数字化建设和管理奠定了扎实的基础。建立内容丰富的网站，并在校园网平台上运行了内部控制管理系统、资源中心、精品课建设及网络教学，改变了工作方法，提高了工作效率，节约了办公费用。此外，功能完善、设备先进的数字化监控系统，为学校的管理提供了方便快捷的管理平台。

3. 实名认证，科学管理，构建校园网安全体系

为了切实管理好校园网络平台，确保网络的正常运转及校园网信息的安全，我校从管理制度、管理手段等多方面入手，切实加强校园网的安全保障体系建设。学校购买了网络安全运营管理系统、网络身份准入门户系统、智能网络指挥官等管理软件。校园网出口部署出口路由、安全网关，服务器区部署防火墙。教职工上网实现了用户名、密码等关键信息的“绑定”，全部使用实名制。2017 年鉴于我校“幸福职教，全国名校”的建设目标，适应教育教学的发展及数字化校园应用的不断深化，我校对原有校园网络基础平台进行升级，补充了部分交换机和无线设备以覆盖我校部分信息孤岛。同时补充了网络应用加速设备、网络防攻击设备、堡垒机、网络运维管理和大数据安全分析平台并对原有的服务

长春职业技术学校
长春职业技术学校
CHANGCHUN VOCATIONAL SCHOOL OF TECHNOLOGY
BG-SU V4.60-0811　自助服务
认证方式　有线用户名密码认证
用户名　cuiyanmei
密码　******
服务　default
Language　中文
网卡　Intel(R) WiFi Link 1000 BGN
保存密码
连接　退出　消息管理　设置

图 3-7　校园网认证系统

器和存储设备进行扩容，更好地服务于我校的数字化校园建设和“幸福职教”的建设，为学生实现“用己所长”创造良好的网络环境。

## 二、理实一体教室设备先进

职业教育“理实一体”教学是最直接、最直观、最有效的方法，2015 年学校开始研究“理实一体”教学内容、标准等。2016 年部分专业、学科和教师基本按照标准实施理实一体教学。学校建有汽车、轨道、机加工、汽车钣金、物流、中型影棚、茶艺、会电、酒店、机电、电梯等 45 个理实一体实训室。理实一体实训室设备先进、功能完善，为学生实现“用己所长”创造了条件。

图 3-8　茶艺实训室

图 3-9　中型摄影棚

案例

2016 年年初，学校领导班子经过研究决定，在 2 号楼后边建设一个电梯实训中心。电梯实训中心于2016 年 7 月动工建设，2017 年 7 月投入使用。该中心占地面积约 800 平方米，由旧梯维保区、新梯调试区和电梯备赛区 3 部分组成，旧梯维保区 10 部实训电梯设备全部来自于吉林大学的友情赞助，整个中心的建设得到了长春市利达电梯有限公司的技术支持。

电梯实训中心是焊接技术应用专业、汽车车身修复专业、电气运行与控制专业和数字媒体技术应用专业4个专业师生7个多月协同奋战的成果。同时，它也是校校联合、校企合作、专业联动、师生共建最好的见证，真正体现了长春职业技术学校“学生能做的事不用老师做，老师能做的事不用社会做”的教学理念。

图3-10　各专业学生联动参与电梯实训中心建设

电梯实训中心设备总投入400余万元，包括旧梯、新梯、大赛指定电梯、自动扶梯及人行道共18部电梯，涵盖日立、奥的斯、三菱等10余种品牌，为学生核心技能的培养、专业技能的训练以及职业技能再提升提供必要保障，为学生高质量就业提供有力支撑。

长春职业技术学校电梯实训中心为省内最大、设备最多、品牌最全的电梯实训中心。该中心师生共建的过程得到了相关部门领导及同仁的一致好评，得到了行业企业的大力支持，得到了前来考察的家长及学生的高度认同。

电梯实训中心的矗立掀起了电梯维护与保养专业前所未有的形势咨询和报名热潮，吸引很多学生加入电梯维护与保养专业学习，吸引很多电梯相关企业参与校企合作。目前，该专业毕业生供不应求，并出现学生根据自己的意愿挑选就业单位的良好局面。有些公司为了吸引和留住我校电梯维护与保养专业的学生，已多次调整薪资待遇。

电梯实训中心建设带给每一位长职人更多的是自豪与期待，留给每一位建设者更多的是辛酸与感动。

图 3-11　电梯实训中心外景

图 3-12　电梯实训中心内景

## 三、班级环境功能齐全

环境可以改变人,也可以塑造人,良好的班级环境对于学生的成长起着不可低估的熏陶作用,在潜移默化中促成学生良好习惯的养成以及职业素养的内化沉淀。因此,学校为了给学生提供一个功能齐全、温馨和谐的班级环境,从教室布局、黑板到文化墙、图书角,都进行了优化设计,给学生一个积极而活跃、协调而融洽的催人向上的教育氛围。这样的班级环境,有助于提高和优化学生的思想水平和行为方式,有助于学生学习兴趣和心理健康的培养。

图 3-13　班级教室电子白板

为了推进课堂教学手段现代化、提高教育教学质量,学校给所有的班级都配备了电子白板交互式一体机。它既具备传统黑板的功能,又融合了现代多媒体的优势,能够给学生提供丰富的多媒体资源,有利于师生之间、学生之间的互动学习,不仅激发了学生的学习兴趣,而且使学生的学习变得更加容易、方便,大大提高了课堂教学效率。安装配备科学先进的电子白板交互式一体机成为学校打造幸福班级的重要内容之一。

教室是学生学习、交流的重要场所,良好的班级环境能够在潜移默化中丰富学生的情感体验,培养学生的审美态度。一个优质的班级环境首先应该是美的,是积极向上的。学生眼睛触及的每一处风景、每一个角落都是美好的、赏心悦目的,都是饱含情感教育的。身处其中,学生就会不自觉受其影响,提升自身的综合素养。因此,学校让班级学生根据自己的专业,自己动手设计班级文化墙,打造独特的班级文化。不同专业的学生在自己的教室分布了"优作园地""我们的故事""成长的足迹""专业特色""企业文化"等模块,对学生的优秀作文、书法作品、美术作品、摄影作品等在墙上进行展示,从而形成了每个班级、每个专业不同的人文氛围和专业文化。同时,学校还给每个班级制作了专业介绍、社会主义核心价值观、优秀传统文化的牌匾、挂图,营造了浓郁的文化氛围。

为了培养学生读好书、勤读书、好读书、会读书的良好读书习惯，营造班级中的书香氛围，每个班级内部都设置图书架，成立班级图书角。为了班级图书角的建设，学生们都将自己喜欢的、看过的、想要与同学分享的图书献给班级，把那些凝聚着知识和丰富营养的书籍作为一份珍贵的礼物捐给班级的图书角。同时，学校还在走廊和大厅设置电子阅览室，供学生随时查阅资料。每天早上的晨读、午休时间，同学们都尽情地品味着书香，在读书中快乐地成长，整个学校洋溢着浓浓的书香。这样也使学生放下手里的手机，加入阅读的阵营，丰富自己的精神世界，在阅读中，愉快地享受，快乐地学习，幸福地成长。

图 3-14　汽修专业个性化班级环境

图 3-15　电子阅览室

图 3-16　班级读书角

学校还注重对学生的人文关怀，给每个班级配备了充电柜，一次性可供全班学生的手机充电；还给学生免费发放饮水机和饮用矿泉水，缓解学生的生活压力等。

人创造环境，环境也同样创造人。幸福职教，注重学生的养成教育，而养成教育，注重以环境育人，在潜移默化中深入学生的心灵，直接指导他们的行为。因此，学校为学生创建良好的班级环境，使其贴近学生心灵，使班级成为学生小憩的驿站。班级环境功能齐全，每一处、每一角的建设都为学生服务，使学生真正成为班级的主人，使班级成为学生们展示自我、大胆表达的舞台。

## 四、校园环境特色突出

校园环境是学校的重要组成部分，是反映一所学校校风、学风乃至物质文明、精神文明建设总体水平的重要窗口。良好的校园环境，对于陶冶师生情操，促进学生在德、智、体、美、劳等方面的全面发展，有着十分重要的作用。学校以“自主选择、快乐成长、幸福生活”为目标，以“引导式”教育为抓手，全面建设“引领式”学校文化，学生全面参与校园文化的建设。

校园环境设计是一个整体工程，也是一个系统工程，校门设计是其中很关键的部分。按照中国的传统文化观念，大门是极具象征意义的，它是一个单位的形象及人文精神的集中体现。通过大门可以全面、深刻地展示学校的思想、文化和历史，展示学校的精神状态、管理经营水平，展示学校的特色、文化品位、学校的大学精神等，从而增强师生对学校的认同感，提升学校的社会价值。长春职业技术学校的大门是2007年合校时修建的，为了打造“幸福职教，全国名校”，学校的大门风格也要有“全国名校”的气魄。经领导研究决定，2017年重新修建学校的大门。在校长的亲自指挥下，由师生共同参与，完成建设集消防、保卫、监控等多种功能于一体的人车分流式校门。

图3-17 多功能人车分流式校门

案例

学校大门的建设，经历了3个月的工程建设期。从大门的设计到大门应该实现的功能，占地面积多大、建多高、怎么建、图纸怎么设计、采用什么结构、选用什么规格的材料、整体颜色如何搭配、室内如何布局、楼梯如何设计、工程怎么开展、设备如何摆放，整个建设过程都由校长、老师和学生亲自动手参与完成。大门建设的每一个过程都留下了他们的身影。

图3-18 各专业学生联动参与学校大门建设

大门1楼有消防控制室、保卫室、监控室、招生办公室。消防控制室，实现全校消防联动。保卫室，负责学校安全保卫工作，只要有人出入都要进行严格的登记，实现封闭式管理。监控室，由21块55英寸大屏组成，学校所有楼宇安装高清300万像素以上的摄像头，实现校园监控无死角。把招生办公室放在门卫，方便来学校访问家长咨询相关招生政策，对学校的招生工作有很大的好处。为了方便师生取送快递，学校专门在大门的东侧设计一个独立的房间，安装了5组配送柜，共可存放500个快递，方便了师生取送快递。

大门2楼设有学校物业和教师值班室。学校物业负责学校校园环境卫生及相关的维修维护工作。教师值班室是教师值班时工作的地方。

学校的大门是电脑自动识别升降门,可实现学校教职工车辆自动识别出入。

长春职业技术学校大门的整体架构没有用一个螺丝钉,开创了框架建设的先例,也为学校“幸福职教,全国名校”的建设目标奠定了基础。

走进大门,你就能感觉到精美雅致的校园环境,温馨和谐的校园文化,促学净思的校园氛围。学校围绕幸福职教的理念,以“引领式”思维来绿化、美化校园,打造校园环境文化,营造浓郁的特色读书氛围,以优美的校园环境让学生从心底产生幸福之感。校园内建有“立德树人”“匠之韵”“匠之摇篮”“中国梦”等文化石广场、社会主义核心价值观雕塑、灯箱、宣传画廊和汽车、焊接、机加、轨道交通 4 个文化广场。学校深知优质的育人环境能够潜移默化地促进学生身心健康发展,从 2016 年开始启动校园的美化改建工作,由学校相关专业学生亲自参与,陆续建成了校园文化广场、篮球场、排球场,校园内处处彰显社会文化、专业文化、人文文化氛围,正能量气氛充满整个校园。

图 3-19　汽车文化广场

图 3-20　舞动青春文化广场

图 3-21　“中国梦”文化石

图 3-22　职教发展“六字诀”

学校是传播知识的殿堂,是教书育人的摇篮,也是精神文化追究的园地。优良的校园走廊环境设计可以给师生提供更多的创造空间和动力,提升教学与学习的效果,激发学生的求学兴趣,陶冶学生情操,构建健康人格,对学校培育出面向未来、全面发展的学生具有重要的熏陶作用。因此,学校重视走廊文化设计,由数媒师生共同完成走廊文化、楼梯文化的设计与制作。在营造书香校园的文化氛围中充分融入中国传统文化的优秀内容,创造性地建设自己的走廊文化特色，突出学校的文化氛围，使书香气息浓郁。我国现代教育家陶行知指出："天然环境和人格陶冶有着密切关系"。因此，学校走廊的设计，可以使学校更富有文化性、教育性和时代性，淋漓尽致地发挥"环境育人"的效用。

图3-23　楼梯文化

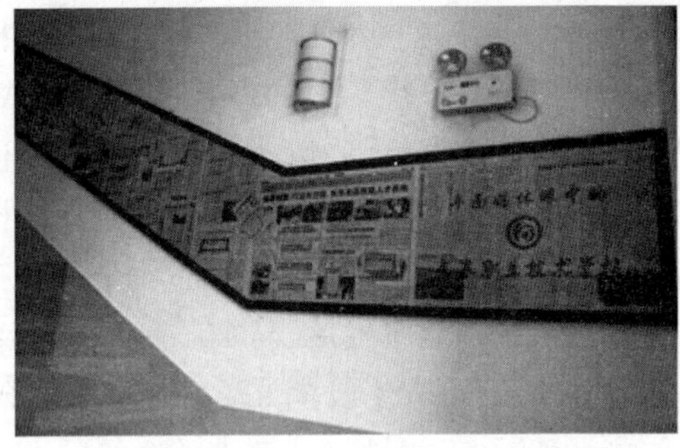
图3-24　走廊文化

总之，学校肩负着振兴职业教育，为社会培养高技能人才的重任。我们始终站在这个高度上，在有限的资源条件下，打造良好的教学环境和校园环境。我们长职人用自己的智慧和双手，使校园不断焕发文化的魅力，使人受到美的熏陶，产生奋进的力量。幸福职教是干出来的！相信长春职业技术学校在领导班子的带领下，在全校师生的共同努力下，"幸福职教，全国名校"的目标一定会实现！

# 第三课　师资培训　能力提升

在美国，有一本叫《幸福》的杂志，家喻户晓，其中有一期杂志的封面上，醒目地写着一行大字："要么学习，要么死亡！"这句话引发了人们广泛而深刻地思考。因为它揭示出这样一个道理：在知识经济时代，学习才是"生存"与"发展"的重要条件，学习才是我们每一个人乃至整个社会开启繁荣富裕、文明幸福之门的金钥匙。教师只有不断学习，才能更好地进行教育教学；学校只有重视教师的终身学习，为教师提供多层次、全方位的培训平台，才能真正实现幸福职教的建设目标。

## 一、师资培训，为幸福职教"加油"

《中国教育改革和发展纲要》明确指出："振兴民族的希望在教育，振兴教育的希望在教师。建立一支具有良好政治业务素质、结构合理、相对稳定的教师队伍，是教育改革和发展的根本大计。"抓住职业教育的发展，就等于抓住了经济发展的关键；抓住了职业教育师资培训，就等于抓住了重中之重。因此，大力发展职业教育，加强职业教育师资培训是大势所趋，势在必行，意义重大。

名人名言

只有保留和造就最优秀的教师，这个国家才能摆脱他所陷入的困境。

——美国卡内因基金会的报告

合格的教师队伍是保证教育质量的关键。幸福职教，为的是实现学生全面健康成长，教师科学幸福工作，学校和谐跨越发展。因此，在全力打造幸福职教的同时，学校也认识到师资培训对建设幸福职教、提高师生幸福感所起到的重要作用，非常重视师资队伍建设。学校现有教职工318人，其中专任教师288人，专任专业教师195人，基础课教师93人，“双师型”教师182人，专任教师占总人数90.56%，“双师型”教师占专任专业教师的93.3%。

通过不断开展师资培训，传授新观念、新教法，成为受益者的不仅仅只是教师，还有在学校里为了实现人生理想而刻苦学习的莘莘学子。通过让教师不断“加油”的方式，让骨干教师不仅是一花独放，而是带起百花满园，真正发挥其示范、辐射的作用，从而让更多教师及学生都享受到培训带来的教学教法的改变，让学生享受到先进的教学模式和课堂效果，真正让学生体验幸福、创造幸福、给予幸福。

## 二、系统培训，提升教师核心素养

学校致力于打造一支师德高尚、具有较高学术修养、富有创造力的教师队伍，不断加强师资培训工作，确保教师教学水平跟上行业技术发展的需要。

名人名言

学而不已，阖棺而止。

——孔子

吾生也有涯，而知也无涯。

——庄子

1.校本培训

校本培训是在科学的教育理论指导下，由学校发起与组织，充分利用学校内外的实践实训中心，以解决学校教育教学发展和改革所面临的实际问题为中心，从而有效促进教师专业发展与学校跨越式发展，实现学生幸福的培训模式。

校本培训主要采取请进来的方式，利用每个假期确保满两周的时间请行业专家、名师和技术能手来到学校，根据行业发展和教学急需知识对全体教师进行培训。

校本培训的目标总体上希望在4个领域提高教师的层次和水平。

(1)在学科与跨学科专业领域，提高教师学科和学科整合素养，优化其专业知识结构。

(2)在课堂教学研究领域，提高教师业务素养，优化教学质量。

(3)在师德建设领域，提高强化教师责任意识，树立正确的职业道德观，坚持职业操守。

(4)在信息技术与工具领域，加强现代教育技术应用培训，提高教师信息技术水平，借助网络平台优化教学质量。

校本培训在开展理论学习和技能培训的同时，根据行业发展和教师需求，在课程安排上加入职业教育理念、教学技能、教研教改和沟通协作等培训；在培训方式上，通过理论讲解、实训操作等方式，以模块化教学和项目教学为依托，采取专题讲座、模拟教学、交流研讨、技能训练等多种形式开展。通过培训，每一位教师在思想、认识上都获得了新的启迪，为渐觉困怠的教学补充了新鲜血液，增添了课堂活力，提高了学生的学习兴趣。

图 3-25　学校教师参加校本培训

2. 国培、省培和市培

为了提高教师的业务能力水平，打造幸福职教品牌，学校积极鼓励骨干教师足额参与国培、省培和市级培训。几年来，学校把培训工作作为展示学校实力、宣传学校形象、促进学校发展的重要工程。从国家级培训到省市级培训，从骨干教师培训到教师岗位培训，初步形成了全方位、多层次的培训格局。近几年，学校共派出 5 人参加国家级培训，34 人参加省级培训，137 人参加市级培训。

无论是基础文化课教师，还是专业课教师，都积极参与到各级培训中来，旨在提高自身的实践能力、技术开发能力和技术创新能力，突出实训的专业技术，提高实际操作能力。许多参加培训的教师回校后，承担起建设本校重点专业甚至是新专业的重任，并且其中一部分教师培训的学生也多次在国家、省市级技能大赛中获奖。

图 3-26　学校教师参加国家级培训

除了参加国内的各级培训之外，为了扩大学校与国际职业教育的合作交流，建设具有国际视野的职业学校骨干教师队伍，学校每年还选拔骨干教师去国外交流学习，使教师在“读万卷书”的同时，也“行万里路”。学校多次派出骨干教师赴德国、韩国等国家的职业院校、教育机构、行业企业进行访问学习，通过集中授课、现场观摩、企业参访、对口交流等方式，了解和学习国外职业教育的发展现状以及办学理念、专业建设、教学改革、校企合作等方面的经验做法。在此过程中,提高了骨干教师的教学水平,加快了建设高素质专业化教师队伍的步伐,也为实现幸福职教的目标提供了人才保障。

例如,有的教师在参加了德国行动导向教学法培训学习后表示,培训结束后会好好进行总结,把德国的职教理念、教学方法结合学校教育教学的实际,在学生中进行推广和实践。同样也有去德国参加专业培训的教师,在感受到德国职业教育独有的特色之后,对学校如何建设幸福职教也提出了许多有效的建议,比如建立有效的考评机制是建设幸福职教的关键,恰当地引入企业元素是建设幸福职教的重点,实现校企深度融合是建设幸福职教的难点等。可见,师资培训,是教师职业生涯的加油站,为教师不断补充新的能量,也为幸福职教的建设添砖加瓦。

图 3-27　学校教师赴德国、韩国培训

3. 国家职教学会培训班

国家职教学会自成立以来,为了全面贯彻国家教育方针,推进职业技术教育改革与发展,尊重职业技术教育规律,遵循“百花齐放,百家争鸣”的方针,就职业教育的热点和难点等大家关心的问题组织职业院校进行培训、研讨等活动,为全国的职业院校开展国际、国内的合作办学、教学交流铺路、搭桥。

图 3-28　学校教师参加职教学会培训班

学校主动参加国家职教学会举办的各类职业教师培训班,让教师跟上全国一流学校的教学水平。通过对各类培训的参与,一方面,教师们在专业建设、课程建设、实践教学等领域都得到了很多感悟和反思;另一方面,培训加强了学校与国内一流职业学校的交流与合作,交流了经验,增进了友谊。在新形势下,对于提高教师教学水平、促进学校发展、建设幸福职教都具有十分重要的意义。

4. 校企共培

职业教育,肩负着培养多样化人才、传承技术技能、促进就业创业的重要职责。幸福职教,在发展职业教育事业的同时,还注重让每个人都有人生出彩的机会。因此,学校让更多青年教师走进行业、深入生产第一线，在实践中学习、锻炼、提升，这已经成为幸福职教建设的重要路径之一。

抓住校企合作机会，开展校企共培，让青年教师深入企业实践，提高教师业务能力。通过组织教师在企业一线实践，加强“双师型”教师队伍培养，帮助教师学习所教专业的新知识、新技能、新工艺、新方法，增进对企业生产和产业发展的了解，以此来结合企业实践改进实践教学。

**名人名言**

纸上得来终觉浅，绝知此事要躬行。

——陆游

在培训实施过程中，企业实践基地注重让教师了解企业的工作流程、岗位知识与技术能力要求，培训内容和方式围绕企业生产概况、业务流程介绍、典型岗位实践操作、企业关键核心技能等，通过企业业务讲座、操作模拟、岗位实践、项目体验交流等方式，针对教师的专业实践需求开展个性化的培训，从而改进培训效果。

当企业与课堂“碰撞”，激发出优秀教师的创新火花，更为幸福职教的未来，积淀着可持续发展的力量。要让学生掌握岗位上能用的技能，那么教师就必须先了解并掌握企业当下生产工艺，甚至是未来可能需要的技能。这就需要教师走出课堂、走进企业，从一线实践中收获切身体会，并通过教学研究实现课堂转化，提升教育教学品质，最终让学生受益，提高学生的幸福感。

这种校企共培模式对于一线教师来说意义深远。参与培训的教师在具备一般教师应有的学科知识和基础能力的基础上，还获取了最新的行业知识，提高了专业实践能力，这才是中职教师资深专业化发展的核心竞争力。更值得关注的是，由此带来的创新课堂，将为幸福职教的发展注入满满活力。

**案例**

学校汽车教研室的王老师是刚刚入职一年的新教师，学校一直非常关注青年教师的成长，所以给王老师创造了入企培训的机会，派他去丰田4S店进行为期三个月的培训。王老师也十分珍惜这次宝贵的学习机会，培训期间，始终坚持多听、多看、多问、多学、多练的原则，严格要求自己，认真做好笔记，并坚持主动学习。在现场师傅的亲自教导之下，学会了汽车基本零部件的拆装（包括前保险杠、后保险杠、车门、裙板）、保险杠的修复、钣金修复机等各种汽车钣金工、常用仪器的使用方法，还学会了钣金基础技术、车身的测量与校正技术和车身涂装等。这些课程的学习对他日后的教学工作起到了良好的指导作用。

校企共培这种培训模式，在提高教师技能的同时，也更新了王老师的学习观念。他表示，在整个培训过程中体会到了如何提高自己，那就是不断地学习，更新自己的知识。作为青年教师，应该马上行动起来，投入到学习中去，让学习成为生命活动中不可或缺的组成部分。另外将学习成果在自己的工作岗位上踏踏实实地付诸实践，为学校的发展尽自己最大的努力。

图 3-29　王老师在丰田 4S 店学习实践

5. 院企校打造“三师”研究生

当今社会，中等职业学校的师资队伍学历层次在逐渐提高，高学历决定了他们专业理论基础扎实，学习能力相对较强。然而也仍然有一部分年轻教师是大学本科毕业后就直接走上了职教的讲台。青年教师们也意识到，在科学技术迅速发展的今天，必须不断学习、不断提高才能跟上时代发展的步伐，不断更新授课内容，才能将最新的知识传授给学生。为此，学校计划为青年教师搭建继续教育的发展平台，与高等院校、企业合作打造“三师”研究生，系统安排青年教师参加高校研究生学习和企业生产实践，以提高教师的业务能力水平。例如，学校近期计划与长春师范大学、中车长春动检中心合作，联合培养讲师、技师、工程师“三师型”硕士研究生。教师通过国家考试录取后，由学校提供学费，帮助教师继续学习深造。

希望通过“三师”研究生的培养，提高教师的专业理论水平、职教理念、实践技能及就业指导能力，提升师资队伍水平，打造一支“讲台上能讲、实训室里能做、就业能指导”的教学团队，提高教学质量，为社会培养更多的高技能应用型人才。

**拓展训练**

同学们，通过这一课，我们了解了培训对于教师的重要性。其实，对于大家来说，尤其是对于即将毕业的同学来说，以后在就业过程中也会面临各种各样的培训，应该如何甄别和选择呢？你会参加什么类型的培训呢？

______________________________

______________________________

______________________________

# 第四课　就业环境与就业模式

**案例**

第四学期临近期末，同学们接到学校实习就业部门通知：期末考试后，同学们将到企业参加顶岗实习。尤其是高星级饭店管理专业的学生,他们每个人有好多的选择机会,而且都是五星级酒店,甚至还可能到政府部门参加政务服务的顶岗实习。学校采取岗位推荐综合积分制,学业成绩和操行考核成绩综合评定排名靠前的同学优先选择单位。

图 3-30 高星级饭店运营与管理专业的学生参加顶岗实习

知识讲解

## 一、就业环境

我国劳动力资源丰富,当前和今后一个时期,就业再就业形势依然严峻,劳动力供大于求,供需结构性矛盾仍然很突出。总体上看,职业学校的就业形式优于高校学生,并具有很多优势。

1. 职业学校学生的优势

近几年来,随着城市化和工业化的快速推进,尤其是制造业和服务业的发展,各级政府和教育行政部门都普遍意识到发展职业教育、培养各级各类应用人才的重要性和必要性,并采取各种切实措施,使职业教育已经具备了相当规模。

职业学校有独特的价值——培养中等技术人才,为社会提供生产一线的熟练工人和初级职员,使社会的各个领域,拥有经过培训、懂得技术、起薪又不太高的劳动大军。作为衡量职业学校办学质量的一条重要标准,就是学生的就业状况,而每年平均95%以上的就业率让职业学校和主管部门都感到非常欣慰。

2. 职业学校就业优势的成因

(1)职业学校具有良好的软硬件条件。

软件方面,职业学校对教师的要求,一方面要求教师专业知识很强,另一方面要求教师技术操作能力也很强,学校会定期对专业教师进行培训,掌握相关的技术操作技能,同时各个学校都会组织本校教师参加各种专业技能比赛,促进院校之间的交流,提升教师的专业技能,形成良好的竞争环境。硬件方面,职业学校比普通高中多了实习大楼、专业操作车间等实习基地，这是职业学校的办学特色，注重学生的技能培养，每学期都有固定的实习时间，有专门的实习教师带领学生实习，参加技能比赛，锻炼自己的动手能力，增强操作技能。

（2）职业学校定位准确。

职业学校办学的一大特色就是瞄准社会需求方向。职业学校的办学理念就是针对社会需求开设相关专业，以就业为导向，面向社会、面向市场办学，适应社会和市场对人才的要求。我们国家现在正大力发展第三产业，职业学校的大力发展符合这个大的社会背景。

（3）校企合作、顶岗实习促进了就业。

校企合作，一方面给学生提供良好的学习专业知识的环境，另一方面以企业作为平台进行技术培养。这样不但能直接了解企业对人才的要求，同时也第一时间掌握了现在社会的技术发展程度，使学校能紧跟社会的发展脚步。校企合作，整合了学校和企业两大资源形成优势互补的发展模式，即把课堂搬到工厂、把车间搬到校园。顶岗实习，是职业学校的又一大办学特色。学生在毕业前就到企业顶岗实习，比其他求职者抢先一步占领就业资源。如果学生符合企业的用人要求，毕业后顺理成章地转为正式员工，正所谓“近水楼台先得月”，这大大提升了职业学校的就业率。针对职业学校的就业情况，还有很大的改进空间，应该加强就业指导，让学生对自己有全方位的认识，对于进一步提高就业率有指导意义。转变学生对于就业的一些观点看法，改变“一步到位”的传统思想，树立先就业再择业的全新就业理念，加强职业道德的培养。学校是集教书、育人于一体的，对于职业道德的培养，比专业技能提高更加重要，养成学生热爱劳动、热爱专业、热爱本职工作，尽职尽责的良好品质，使其真正成为有理想、有道德、有文化、有纪律的受企业欢迎的劳动者。

## 二、就业模式

### （一）学校推荐仍然是中职毕业生就业的主要渠道

2016 年，全国中等职业学校毕业生人数为 474.71 万，就业人数为 459.15 万，就业率为 96.72%。对口就业率为 75.60%。

从就业去向看，数据（以下均不含技工学校）显示，到机关、企事业单位就业的占就业人数的 45.49%；合法从事个体经营的占 13.85%，表明在国家鼓励创新创业大形势下，不少毕业生选择了创业就业道路。升入各类高一级学校就读的占 25.10%，比 2015 年增加 5.08 个百分点。这充分表明，中高职衔接立交桥不断拓宽，为更多中职毕业生接受更高层次教育提供了机会。

图 3-31　中职毕业生对口就业

从就业结构看，从事第一产业的占直接就业人数的 8.55%；从事第二产业的占 31.43%；从事第三产业的占 60.02%，比上年增加 4 个百分点，表明服务业成为中职毕业生就业的主渠道。从专业大类看，能源与新能源类、加工制造类、教育类、医药卫生类、旅游服务类、轻纺食品类、交通运输类、石油化工类、休闲保健类等 9 大类专业对口就业率均超过平均对口就业率,其中能源与新能源类专业对口就业率高达 81.60%。这表明,越来越多的毕业生实现了对口就业,中职专业建设越来越契合经济社会发展需求。

从就业地域分布看,185.48 万人在本地就业,占直接就业人数的 67.26%;0.94 万人在境外就业,占 0.34%;89.37 万人在异地就业,占 32.40%,比上年增加了 3.49 个百分点。各地中职毕业生就业形势总体向好,地区差距不断拉近。这表明,中职毕业生就业地域仍然以本地就业为主,成为地方产业大军的主要来源和经济社会发展的重要人才支撑。

从就业质量看,在直接就业学生中,签订劳动合同的比例达 88.68%,就业稳定性较高。就业月平均起薪 2001 ~3000 元的占 37.70%,3000 元以上的占 15.76%,比 2015 年增加了 3.74 个百分点,有社会保险的就业毕业生达 84.61%,毕业生的薪金待遇和社会保障状况有较大改善,毕业生对就业表示不满意的仅占毕业生总数的 3.38%。

从职业指导看,毕业时取得资格证书的占毕业生总数的 76.92%。在直接就业学生中,经学校推荐就业的占总数的 70.67%;经中介介绍就业的占 6.47%;经其他渠道就业的占 22.86%。可见,学校推荐仍然是中职毕业生就业的主要渠道。

### (二)学校推荐就业的主要模式

1. 专业联动分流培养就业平台模式

专业联动分流培养模式是专业教育采用的一种教学模式,这种教学模式的意义和目标是,采取专业联动先进行公共课程的学习,根据不同条件、不同素质、不同特点的学生,再进行分流培养,以实现育人成才、人人就业的目标。

2. 校企合作订单培养就业平台模式

**案例**

汽车专业“订单班”学生最近很忙,大家在准备参加理论知识考试的同时,还在课余时间积极锻炼身体,原来是汽车厂马上要到学校组织校园招聘考试了,大家都很期待。因为只要理论考试合格,并通过体能测试,“订单班”的学生下学期开学就可以到汽车厂工作了。

图 3-32　汽车“订单班”学生就业

知识讲解

校企合作订单模式是职业学校办学的重要模式，即学校与企业合作，企业根据自身的岗位需要，与学校签订人才培养协议，毕业后学生到企业就业的一种模式。

3. 现代学徒制就业平台模式

案例

新生入学咨询会上，家长向学校老师询问数控技术应用专业学生的就业情况。老师建议家长：学生入学后，可以参加“现代学徒制实验班”，学校通过“引企入校”，在学校实训中心引进模具制造企业，校企共建校内模具制造实训基地，采取边生产边教学的方式，培养学生模具制造相关职业技能。如果学生掌握数控加工技术后，能够通过验收考核，在上学期间就可以被企业提前录用。所以，家长根本不必担心学生就业的问题，而且随着技能的不断成熟，工资会越来越高。

图 3-33　“现代学徒制”实验班新生入学咨询会

相关知识

现代学徒制是教育部于 2014 年提出的一项旨在深化产教融合、校企合作，进一步完善校企合作育人机制，创新技术技能人才培养模式。

现代学徒制是通过学校、企业深度合作，教师、师傅联合传授，对学生以技能培养为主的现代人才培养模式。与普通大专班和以往的订单班、冠名班的人才培养模式不同，现代学徒制更加注重技能的传承，由校企共同主导人才培养，设立规范化的企业课程标准、考核方案等，体现了校企合作的深度融合。

现代学徒制有利于促进行业、企业参与职业教育人才培养全过程，实现专业设置与产业需求对接、课程内容与职业标准对接、教学过程与生产过程对接、毕业证书与职业资格证书对接、职业教育与终身学习对接，提高人才培养质量和针对性，是企业培养人才、选择人才的重要途径，是学生就业的重要途径。

4. 集团化办学平台模式

集团化办学平台模式是借助职业教育集团平台内成员企业的自身优势，安置学生就业的一种模式，学生可根据自身专业特点选择适合自己的企业去工作，同时学生亦可在集团内不同企业相应岗位申请调整，以便学生更好地发展。

5. 终身教育就业平台模式

终身教育就业平台模式是学校幸福职教的重要内容，学校建立学生终身教育档案与教育目标，学生可根据自身的发展，在自己的生涯规划中随时调整职业方向，再回到学校进行学习，学校提供全面培养后再就业的一种模式。

## 名人名言

伟大的事业是根源于坚韧不断的工作，以全副精神去从事，不畏艰苦。

——罗素

## 相关链接

### 关于进一步做好新形势下就业创业工作的意见（节选）

国发〔2015〕23号

各省、自治区、直辖市人民政府，国务院各部委、各直属机构：

就业事关经济发展和民生改善大局。党中央、国务院高度重视，坚持把稳定和扩大就业作为宏观调控的重要目标，大力实施就业优先战略，积极深化行政审批制度和商事制度改革，推动大众创业、万众创新，创业带动就业倍增效应进一步释放，就业局势总体稳定。但也要看到，随着我国经济发展进入新常态，就业总量压力依然存在，结构性矛盾更加凸显。大众创业、万众创新是富民之道、强国之举，有利于产业、企业、分配等多方面结构优化。面对就业压力加大形势，必须着力培育大众创业、万众创新的新引擎，实施更加积极的就业政策，把创业和就业结合起来，以创业创新带动就业，催生经济社会发展新动力，为促进民生改善、经济结构调整和社会和谐稳定提供新动能。现就进一步做好就业创业工作提出以下意见：

#### 一、深入实施就业优先战略

（一）坚持扩大就业发展战略。把稳定和扩大就业作为经济运行合理区间的下限，将城镇新增就业、调查失业率作为宏观调控重要指标，纳入国民经济和社会发展规划及年度计划。合理确定经济增长速度和发展模式，科学把握宏观调控的方向和力度，以稳增长促就业，以鼓励创业就业带动经济增长。

（二）发展吸纳就业能力强的产业。创新服务业发展模式和业态，支持发展商业特许经营、连锁经营，大力发展金融租赁、节能环保、电子商务、现代物流等生产性服务业和旅游休闲、健康养老、家庭服务、社会工作、文化体育等生活性服务业，打造新的经济增长点，提高服务业就业比重。加快创新驱动发展，推进产业转型升级，培育战略性新兴产业和先进制造业，提高劳动密集型产业附加值；结合实施区域发展总体战略，引导具有成本优势的资源加工型、劳动密集型产业和具有市场需求的资本密集型、技术密集型产业向中西部地区转移，挖掘第二产业就业潜力。推进农业现代化，加快转变农业发展方式，培养新型职业农民，鼓励有文化、有技术、有市场经济观念的各类城乡劳动者根据市场需求到农村就业创业。

（三）发挥小微企业就业主渠道作用。引导银行业金融机构针对小微企业经营特点和融资需求特征，创新产品和服务。

（四）积极预防和有效调控失业风险。

#### 二、积极推进创业带动就业

（一）营造宽松便捷的准入环境。深化商事制度改革，进一步落实注册资本登记制度改革,坚决推行工商营业执照、组织机构代码证、税务登记证“三证合一”,年内出台推进“三证合一”登记制度改革意见和统一社会信用代码方案,实现“一照一码”。继续优化登记方式,放松经营范围登记管制,支持各地结合实际放宽新注册企业场所登记条件限制,推动“一址多照”、集群注册等住所登记改革,分行业、分业态释放住所资源。

(二)培育创业创新公共平台。落实科技企业孵化器、大学科技园的税收优惠政策,对符合条件的众创空间等新型孵化机构适用科技企业孵化器税收优惠政策。

(三)拓宽创业投融资渠道。

(四)支持创业担保贷款发展。

(五)加大减税降费力度。

(六)调动科研人员创业积极性。探索高校、科研院所等事业单位专业技术人员在职创业、离岗创业有关政策。

(七)鼓励农村劳动力创业。支持农民工返乡创业,发展农民合作社、家庭农场等新型农业经营主体,落实定向减税和普遍性降费政策。

(八)营造大众创业良好氛围。

## 三、统筹推进高校毕业生等重点群体就业

(一)鼓励高校毕业生多渠道就业。把高校毕业生就业摆在就业工作首位。完善工资待遇进一步向基层倾斜的办法,健全高校毕业生到基层工作的服务保障机制,鼓励毕业生到乡镇特别是困难乡镇机关事业单位工作。

(二)加强对困难人员的就业援助。合理确定就业困难人员范围,规范认定程序,加强实名制动态管理和分类帮扶。

(三)推进农村劳动力转移就业。结合新型城镇化建设和户籍制度改革,建立健全城乡劳动者平等就业制度,进一步清理针对农民工就业的歧视性规定。

(四)促进退役军人就业。

## 四、加强就业创业服务和职业培训

(一)强化公共就业创业服务。健全覆盖城乡的公共就业创业服务体系,提高服务均等化、标准化和专业化水平。

(二)加快公共就业服务信息化。

(三)加强人力资源市场建设。

(四)加强职业培训和创业培训。顺应产业结构迈向中高端水平、缓解就业结构性矛盾的需求,优化高校学科专业结构,加快发展现代职业教育,大规模开展职业培训,加大创业培训力度。

(五)建立健全失业保险、社会救助与就业的联动机制。

(六)完善失业登记办法。在法定劳动年龄内、有劳动能力和就业要求、处于无业状态的城镇常住人员,可以到常住地的公共就业服务机构进行失业登记。

## 五、强化组织领导

(一)健全协调机制。

(二)落实目标责任制。

(三)保障资金投入。

(四)建立健全就业创业统计监测体系。

(五)注重舆论引导。

各地区、各部门要认真落实本意见提出的各项任务,结合本地区、本部门实际,创造性地开展工作,制定具体方案和配套政策,同时要切实转变职能,简化办事流程,提高服务效率,确保各项就业创业政策措施落实到位,以稳就业惠民生促进经济社会平稳健康发展。

### 拓展训练

1. 如果你是一名即将毕业的学生,你知道的就业途径有哪些?

2. 对就业单位的考察方式有哪些?

3. 你参加顶岗实习后能直接就业么?

# 第五课　助学工作　收获幸福

为了让每一个困难家庭的孩子都能读得起书,掌握从业技能,顺利就业,学校不忘初心,肩负起社会责任,做好助学工作,实施人格教育、素质教育,为学生规划更广阔的升学和就业途径,让每一个贫困家庭的学生感受社会大家庭的温暖,感受幸福。

### 案例

林同学是单亲家庭的孩子,不幸的是,在他初中二年级的时候,母亲得了乳腺癌,为了给母亲治病,家里的所有积蓄都用完了,他面临辍学的困境,可是母亲不愿看到自己的孩子早早失去学习的机会,在社区帮助下,来到长春职业技术学校咨询入学事宜,学校了解情况后,与社区联系为他办理了“金秋助学”资助，他成功到学校汽车运用与维修专业就读。

图 3-34　受助学生接受媒体采访

相关知识

## 一、助学的含义

所谓“助学”，顾名思义就是国家和社会通过某种形式来帮助家庭生活有困难的学子完成学业。例如，国家在各地执行的国家助学贷款申请，某社会团体和机构资助活动，以及各地方学校实施的奖、助学金，这些或多或少地帮助学生家庭减少了不少求学所需的费用，给每个家庭有求学需要的学子提供了一个继续求知深造的机会，即完成和实现“助学”“筑梦”“铸人”的人生历程。

## 二、助学的目的

学校开展助学活动的目的，一方面是在贯彻和落实国家有关助学政策体系，解决困难家庭子女上学难、就业难问题；另一方面是立足职业教育，促进教育平等，维护社会和谐稳定，发挥学校的优势资源，资助城市、农村家庭困难学生入校学习并优质就业。本着以资助贫困学生、提升困难家庭生活质量的目的，减免贫困学生学费、书本费、住宿费等学习费用。开展助学活动以来，数千名贫困学子从活动中受益，90% 以上的学生从学校毕业走上工作岗位或升入高等职业院校，使学生真实感受到了在学校学习生活的幸福。

## 三、助学项目及具体的做法

为了贯彻落实习近平总书记提出的“扶贫必扶智”的扶贫方略，服务长春幸福职教建设大局，实现幸福职教的总体目标，学校建立“助学超市”，切实解决困难职工及困难农民工和寒门学子上学难和就业难问题，实现“培养一个孩子，帮扶一个家庭，幸福一家人”的目标，从而更好地服务于大众教育需求。

1. 工会、学校、企业联合助学项目

作为联合助学活动唯一指定的中职学校，学校与长春市总工会举行“金秋助学”活动，帮扶系统档案中的困难职工和困难农民工子女就读学校的相关专业，并减免学生3年学费、住宿费。学校与省内多家知名企业签订培训就业意向，使学生实现求学和就业的有效连接，做到学以致用。

与长春市总工会联合举办的“金秋助学”活动，自2012年至今已开展6年，受惠总学生人数达681人，有500余名学生从学校毕业走上工作岗位或升入高等院校。只要是长春各地区工会困难职工的子女，均可参加由长春市总工会与长春职业技术学校联合组织的“金秋助学”活动，受惠学生可享受减免学费和杂费特殊免费政策，工会助学学生每年补1000元伙食费、1000元文化用品费，优先安置就业。这样做既可以减轻学生的经济负担，让学生可以安心地学习，又可以让学生懂得去感恩，从而认真努力地去学习。

**长春职业技术学校对学生减免费用情况**　表3-1

| 减免项目 | 减免金额(每年) | 减免年限 | 入学后共计减免金额 |
|---|---|---|---|
| 学费 | 3500～6000元 | 3年 | 10500～18000元 |
| 书费 | 300元 | 3年 | 900元 |
| 医疗保险 | 40元 | 3年 | 120元 |
| 校服费 | 375元 | 1年(次) | 375元 |
| 生活补贴 | 第一年2000元，第二年1000元 | 2年 | 3000元 |

每位同学因专业不同共计可减免14895～23395元。

**案例**

金同学家住在当地的农村，家中田地较少，父亲重病，家里没有钱让她读书。因为是农村户口，“金秋助学”给了她继续学习的机会，成为我校一名轨道检修专业的学生，“金秋助学”不但免去了她的学费，还免去了书本、保险、校服等费用。她立志一定要好好学习专业知识，将来凭自己的能力回报社会，回报那些关心她、帮助她的老师同学们。这就是金同学——一个家境贫困意志顽强的好孩子。

图3-35　“会校企”联合助学

名人名言

真正的才智是刚毅的志向。

——拿破仑

2. 国家减免学费项目

学校对所有农村及县镇、城市涉农学生和部分家庭困难学生免除学费。对长春市区户口学生每年免收1000元,共免3000元。农村(含县镇)及城市家庭困难学生(占在校生总数的10%)可享受2年共计4000元助学金。

案例

王同学,长春乐山人,是我校14级数控一班的学生,这几年来对国家的助学政策感受特别深刻。他的心里有说不出的高兴,每年免收的4800元的学费不仅帮助他或多或少地解决了经济困难,更表明我国的教育事业正逐步赶上国际水平。人们得到高素质的教育,这是有利于个人、社会以及国家的。他说:"其实,许多人都错了。学校的学费是贵,一年的学杂费也许是农村一大家子人一年辛勤劳动也挣不来的。但是,他们忘记了还有国家,国家的助学政策是不容许任何一个有志青年因为经济的原因而辍学的。国家出台了许多切实可行的政策来帮助经济困难的学生,如国家免学费、国家助学金等。我与我周围的同学就是鲜活的例子。在接受国家助学金的同时,我们的心里是极不平静的。古语有云,无功不受禄。还是学生的我们没有为社会、为国家做出一丁点儿的贡献,这样就接受了国家的一笔资金,心里当然是不安的。但是,想想看,我们也无须如此地庸人自扰,因为若干年后,相信凭借自己的知识和能力,是可以为国家做出自己的贡献的。我们有信心,这个信心来自国家、来自学校,也来自我们辛勤付出的父母。我们相信,个人的力量汇集起来,是可以发挥出巨大的能量的。"目前王同学已经到一汽集团工作,在工作中得到了领导和同事的一致好评。

名人名言

感情有着极大的鼓舞力量,因此,它是一切道德行为的重要前提,谁要是没有强烈的志向,也就不能够热烈地把这个志向体现于事业中。

——凯洛夫

3. 精准扶贫项目

此项目针对长春地区"建档立卡"的贫困家庭实施精准扶贫,免除学费、教材费、职业资格认证费、公寓费、公寓备品费、校服费、城镇居民基本医疗费,每年补助各种费用共计7200元。

案例

精准扶贫是爱心工程,15级数控技术应用"3+2"衔接长春工大班的刘同学,出生在一个不富裕的农民家庭,家中父亲靠打零工维持生活,母亲病重常年卧床。本就无太多收入,而刘同学自出生起就体弱多病,那时年幼,家人带着他四处求医问药,他也因此整日药不离口,常年与病魔为伴……在县政府的指导下,村委会为他的家庭填写了扶贫手册,每年对他的家庭进行补助。精准扶贫也是爱心接力,来到本校后学校为他免除学校各项费用的同时还对他进行了补助,让他们家轻松了些。刘同学说:"一定要好好报答国家,报答学校,报答那些帮助我、关心我的老师同学,是他们为我本来平凡而又黑暗的生命带来了温暖和阳光。今后我一定要做一个对社会有用的人。"现在他已经衔接到长春工业大学读书。工业大学还会继续接力,让同学们感受到家的幸福。

图3-36　受助学生代表发言

4. 学校提供奖励政策

学校对贫困生从情感上贴近他们,从学习上关心他们,有的放矢地化解他们心中的困惑,使他们保持积极向上的健康心理。

学校表彰奖励那些学习成绩突出、励志成才的优秀学生。为此,学校设立奖励机制,种类有学校奖学金、技能大赛奖学金、学校助学金等。

图3-37　学生王智民与指导教师

**案例**

2017年4月6日，吉林省职业院校技能大赛—中职组—计算机辅助设计（工业产品CAD）大赛在吉林信息工程学校成功举办。来自省内的6个学校的学生参加了这次大赛。本次大赛有三维模型生成、渲染、工程图、装配体、爆炸图、零件的外形设计、装配体的创意设计几大部分，要求同学们具有一定的机械专业的知识，并能熟练操作软件。历时4个小时，由我校杨朝霞老师指导的王智民同学获得了本次大赛的第一名，95.7分的好成绩，获得了晋级国赛资格，实现了历史性的突破！学校奖励了5000元。我校为在技能大赛奖表现突出的同学拿出了50多万的资金，惠及了40多位同学。

**名人名言**

生活赋予我们一种巨大的和无限高贵的礼品，这就是青春：充满着力量，充满着期待志愿，充满着求知和斗争的志向，充满着希望信心和青春。

——奥斯特洛夫斯基

5. 名企励志奖学金项目

卓展、吉林智晟汽车模具等多家就业企业设立专项奖学金，名企励志奖学金的作用和意义远不是几千块钱或者一个证书本子那么简单。有了这个奖励证书，对学生是一种鼓励，奖励你在学业上取得的优异成绩，担当得起重任，并且由于家境贫寒，将会能够肯吃苦、不怕脏、不怕累，勤勉上进。这些都是企业在录用人才时的选择条件。此项目已表彰品学兼优的学生达40余名。

**案例**

14级财会专业（卓展订单班）的王同学已经在卓展集团工作半年了，因为是我校卓展订单班的学生，不但毕业后直接进入卓展集团工作，而且因为品技兼优，每个月都会比其他同事多挣500元。她十分庆幸能够来到长春职业技术学校学习，是学校给了她学习工作的机会，是学校让她能够比其他同事工资更高。因为是订单班，学校每个假期都会安排学生到卓展社会实践、顶岗实习，卓展对表现优异的同学都会给予一定数额的奖励，让同学们在学习与工作中更加有动力。

6. 普助项目

为了普遍减轻学生生活负担，使学生感受到家的温暖，提升在校学习的幸福感，学校采取生产性实习实训教学模式，所有实习用料都是以应用为主，变消耗性实习为实践型实习，各专业均为学生提供实习实训内容，解决了学生用料问题，在此基础上，免收学生班费、学生活动经费，为学生提供学习用品、饮用矿泉水，减轻学生的压力和负担，为学生顺利完成学业提供了有利条件。

## 四、助学效果

在学生技能大赛中，很多贫困家庭的学生由于学习刻苦，用心钻研技能，在技能大赛中取得了骄人的成绩。一个营造“接受爱心、传递爱心、共享爱心、奉献爱心”的氛围正在形成。

### 五、助学工作对社会的积极影响

在社会保障体系尚不完善的今天,帮助贫困家庭的孩子实现上学梦,就是帮助他们在不远的未来走向富裕。学校的各项助学活动,不仅温暖了每位同学的内心,照亮了学习生涯,而且展现了学校的责任与担当。

#### 案例

为进一步了解“会校企”联合助学活动的运行情况及受助学生的思想、学习、生活和工作情况,市总工会与学校召开了“会校企”联合助学活动座谈会,了解学生入学后的思想、学习、生活状态。

学校建立了贫困学生家庭档案。对孤残学生、父母丧失劳动能力学生、单亲家庭经济困难学生、农村绝对贫困家庭学生、享受城镇居民最低生活保障政策家庭、因突发事件导致家庭经济困难学生予以优先资助,形成了一个比较系统、完善的资助体系。

#### 拓展训练

1. 你能说一说享受国家免学费政策需要满足的条件吗?

2. 你或你身边的学生是否享受过贫困资助?你对于学校助学工作岗位了解多少?

3. 马克思曾说过:在选择职业时,我们应该遵循的主要方针是人类的幸福和我们自身完善,你怎样理解这其中的深意?

# 第六课　工匠精神　发扬传承

“天下难事必作于易,天下大事必作于细”,古往今来,有成就的人,都是在不断实践中提升自身的能力,守望最初的梦想。

作为一名中等职业学校的学生，就要有崇尚精技的心态，追求坚定、踏实、精益求精的工匠品质。

案例

郭英平，长春职业技术学校机电教研室电气组组长，电子与通信工程领域硕士研究生，讲师，“电子仪器、仪表装调工”技师，长春市骨干教师，省级“双师型”教师，国家职业技能鉴定电工考评员，长春市首届“长春工匠”称号获得者。

2009年开始，郭老师参加个人教师比赛同时指导学生参加技能大赛。在吉林省中等职业学校教师组电子产品装配与调试项目中分别获得三等奖(2009年)、优秀奖(2010年)，单片机项目二等奖(2011年)；指导学生参加吉林省职业院校学生技能竞赛电子产品设计与制作项目，分别获得优秀奖(2011年)、二等奖(2012年)、一等奖(2013年)，省级优秀指导教师奖(2013年)，并于2013年获得电子产品设计与制作项目国赛三等奖。

为了电梯专业的长远发展，他查阅资料，深入行业企业调查研究；对行业状况、人才需求、就业形势、职业发展等方面进行归纳；通过自学、向行业企业专家和一线师傅们请教，他在最短的时间内调整了自己的专业方向；制订了电梯专业人才培养方案(2016版)；编写了《电梯运行与控制》《电梯安装与调试》《电梯控制技术与技能》《电梯维护与保养》4门专业课程的课程标准。

响应学校“学生能做的不用老师做，老师能做的不请社会做”的号召，郭老师带领13名15级电气运行专业的学生，在一名企业技术员的指导下，用2个月时间完成了电梯实训中心9部电梯恢复的工作。

工匠精神是一种怎样的精神？对国家和企业有何意义？工匠精神如何去发扬传承？

相关知识

## 一、工匠精神的解读

匠之精神是中国人从古及今孜孜以求的境界。

“匠”字是会意字。外框“匚”是口朝右可以装木工用具的方口箱子，“斤”就是木工用的斧头，所以在上古只有木工才叫“匠”。

《说文解字》将“匠”解释为：“匠”木工业。如：“匠石运斤成风。”(《庄子·徐无鬼》)意思是：一位姓石的木匠抡起斧头生成一阵风。到了后来，具有专门技术的人都可以称为“匠”，如《韩非子·定法》：“夫匠者，手巧也，而医者齐药。”意为：那些匠人都是手巧的人，而医生能够配药才行。

《诗经》中，对骨器、象牙、玉石的加工，形象地描述为“如切如磋”“如琢如磨”。朱熹在《论语》注中解读为“治之已精，而益求其精也。”

《庄子》中“庖丁解牛，技进乎道”以及贾岛关于“推敲”的斟酌，都体现了古代中国的匠人精神。

中国古代工匠，匠心独运，他们把对自然的敬畏、对作品的虔敬、对使用者的将心比心，连同自己的揣摩感悟,全部倾注于一双巧手,创造出令西方高山仰止的古代科技文明。

图3-38 “匠”之精神文化石

例如:长沙马王堆的素丝禅衣——薄如蝉翼,轻若鸿毛,重量却仅有四十九克;越王勾践剑——因剑身上被镀上了一层含铬的金属而千年不锈;都江堰水利工程,两千多年来一直发挥着防洪灌溉的作用,是世界文化遗产;开封寺塔——历经三十七次地震,十八次大风,十五次水患,巍然屹立。

图3-39 素丝禅衣

图3-40 开封寺塔

工匠精神,是指工匠对自己的产品精雕细琢,使之精益求精、日臻完美的一种精神理念。工匠精神可以概括为四个方面:精益求精、持之以恒、爱岗敬业、守正创新。

精益求精是工匠精神最可赞之处,具备工匠精神的人,对工艺品质有着不懈追求,以严谨的态度,规范地完成好每一道工艺,小到一支钢笔、大到一架飞机,做好每一个零件、每一道工序、每一次组装。

持之以恒是工匠精神最为动人之处。具备工匠精神的人是向内收敛的,他们隔绝外界纷扰,凭借执着与专注从平凡中脱颖而出。他们甘于为一项技艺的传承和发展奉献毕生才智和精力。

爱岗敬业是工匠精神的力量源泉。爱岗敬业是中华民族的传统美德,正是爱岗敬业精神激励着一代代工匠匠心筑梦。

守正创新彰显了工匠精神的时代气息。工匠们在传承传统品德的同时,也要追随时代的脚步,锐意创新。善于运用新理论,新技术、新工艺、新方法,将工作推上一个新台阶。

工匠精神在不同的国家所表现出的突出精神特质略有不同,如工匠精神在日本表现为注重细节和传承的职人精神,在德国表现为注重标注和品质的工程师精神,在美国表现为注重创新的工匠精神。

工匠精神的目标是要求打造本行业最优质的产品和服务,将产品或服务的品质,不仅从60%提高到99%,更是要追求从99%提高到99.99%,并且通过持续不断地改进自己的工艺和创新,实现打造其他同行无法匹敌的卓越产品或服务。

## 二、工匠精神的内涵

从职业层面,工匠精神体现爱岗敬业、一丝不苟、专业专注、认真负责、精益求精、追求卓越、创新的职业态度与修养。

1. 爱岗敬业

中华民族历来有敬业乐群、忠于职守的传统。敬业是中国人民的传统美德;爱岗指热爱自己的工作岗位,热爱自己从事的职业,用恭敬严肃负责的态度对待工作,敬重自己从事的事业。爱岗是敬业的基础,敬业是爱岗的具体表现。

图3-41　学生在实训室认真打磨零件

爱岗敬业是对从业人员工作态度的基本要求,是职业道德的基础与核心。只有爱岗敬业才能忠于职守,认真负责地做好本职工作,进而精益求精,勇于创造取得更大的成绩。

工匠精神的本色就是敬业精神,就是锲而不舍地追求高品质,对产品质量的要求不断提升,对每一个工作岗位上的每一件事都不放松。

工匠精神体现为四种能力:一是不断开拓学习领域的能力;二是善于运用所学的知识的能力;三是多思的能力;四是多心的能力。

**案例**

小陈在一家快运公司负责递送快件,时间一久,他开始厌倦自己的工作。经理建议他换一种方式——用“心”去工作,与客户分享快乐。

他把一些格言、祝福语、笑话、天气预报等写在纸条上,贴在快件上,客户接过快递时看到这些纸条,都格外高兴,由衷地对他表示感谢,而他自己也从中分享到了工作的乐趣。

请问,你是不是有这样的经历,做某件事情一开始很感兴趣,时间一久就感到厌烦了?小陈是如何从工作中挖掘出乐趣的?如果将来对工作产生厌倦,你会怎么办?

## 相关知识

爱岗敬业,不能仅仅是一个口号、一个概念,更是一种实际行动。当把敬业变成一种职业习惯并能从中学到更多知识,积累更多经验,还能从全身心投入工作的过程中找到快乐。因此,爱岗敬业就要做到乐业、勤业、精业。

乐业要求我们对所从事的工作,培养起浓厚的职业兴趣,激发出强烈的崇敬感和自豪感,树立起神圣的事业心和责任心,保持乐观向上的工作态度。还要求我们在职业实践中体味和享受职业之乐。

乐业,还要求我们在职业实践中体味和享受职业之乐。乐趣总是源于职业奋斗。规划自己的职业生涯是快乐的,工作顺利、日有精进的时候是快乐的,战胜了困难、超越了自我会拥有更多的快乐。一个乐观的人,必须学会在发展中领略职业之乐,在奋斗中感觉职业之乐,在竞争中体味职业之乐,在专注中享受职业之乐,在成功中分享职业之乐。工作的乐趣要靠自己一点一滴去体会,当我们辛辛苦苦、保质保量地完成一项工作任务时,那种满足感不是仅仅用金钱可以换来的,这就是成就感,正是这些成就感的积累,使我们的生活更充实、对工作更热爱。

## 相关链接

有一份报纸曾经进行过一次有奖征答活动,题目是:“在这个世界上谁最快乐?”报社从数以万计的答案中评选出四个最佳答案,它们是:作品刚完成,自己吹着口哨欣赏的艺术家;正在筑沙堡的儿童;忙碌一天,为婴儿洗澡的妈妈;千辛万苦做完手术,终于挽救了患者生命的医生。由此可见,工作着的人才是最快乐的。工作中不缺少乐趣,缺少的是我们感知乐趣的心态。

## 案例

小胡在一个建筑工地打杂。每天早来晚走,勤奋工作,而不管分内分外,有无报酬,整个工地被他收拾得干干净净,工具、材料安排得井井有条。三个月后,老板让他看管工地,并负责收料。

小胡更加努力地工作,干脆搬到工地上住了下来。他处处留心,了解工地上的每一个角落,了解施工的每一个环节,熟悉施工队里的每一个人。由于他工作认真负责,管理细致到位,一年下来,为工程节约了因跑冒滴漏造成的损失几万元。老板把他提升为财物总管。

请问,小胡为什么能得到提升?小胡有什么过人之处?在学习和班级工作中,你能做到像小胡那样吗?请举例说明。

勤业,要求我们有忠于职守的工作责任心、认真负责的工作态度和刻苦勤奋的工作精神。忠诚、认真、勤奋是成功的金科玉律,敷衍、马虎、懒惰是对成功最大的威胁。

刚进职场的年轻人,很少马上就被委以重任,往往是先做一些琐碎的工作,从最基层做起。但不要小看它们,更不要敷衍了事。如果你对小事都不马虎,认真勤奋做好,别人对你的评价就会越来越高，领导自然就会信任你，慢慢地把重要的事情交给你处理。

精业是爱岗敬业的高层次，要做到精业必须不断学习。不仅在学习期间要认真学习专业知识和职业技能，掌握过硬的本领，即使将来走向工作岗位，还要不断学习，及时掌握新知识、新技术、新工艺和新方法。要做到精业，必须对工作精益求精、追求卓越、不断创新、争创一流。

**相关链接**

每一个从业者都要把高超的技能、纯熟的业务应用于工作实践，把细节做到极致，把大事小事都做精做美。不出次品，不出废品，既是对顾客和公司负责的表现，也是对个人负责的表现。创新是现代企业决胜市场的王牌。能够主动寻找创新方法的员工，是企业最宝贵的财富。

乐业、勤业、精业三者相辅相成，相得益彰。乐业是一种良好的职业情感，是爱岗敬业的前提；勤业是一种优秀的工作态度，是爱岗敬业的重要体现；精业是一种高超的职业能力，是爱岗敬业的升华。干一行、爱一行、专一行，是我们对待工作的正确态度，是爱岗敬业题中应有之义。中职学生要成为高素质的劳动者，成为中国工匠，一定要理解爱岗敬业的意义，培养干一行、爱一行、专一行，积极的职业态度。

**名人名言**

谁肯认真地工作，谁就能做出许多成绩，就能超群出众。

——恩格斯

2. 一丝不苟

**案例**

麦当劳规定，牛肉饼出炉后十分钟、薯条炸好后七分钟若没有卖出去，就要扔掉。

请问，这是一种什么精神？

**相关知识**

严谨、不投机取巧的工匠精神，必须确保每个部件的质量。对产品采取严格的检测标准，不达要求绝不轻易交货。从个人层面讲，指的是对待工作谨慎、注重细节、一丝不苟。严谨、一丝不苟，反映了工匠精神重视细节、遵循质量标准的职业要求。

3. 专业专注

**案例**

六小龄童先生曾经这样评价自己的事业：一生做好一件事儿，把一件事做好的前提则在于坚持。宁向西去一步死，绝不东归半步生。

请问，这是一种什么精神？

图 3-42　六小龄童与其扮演的孙悟空

相关知识

专注有两层含义：其一是专注于一个领域、一个行业、一门儿技术；其二是专注于一件事，认真不分心，一生专心做好一件事。

专注就是内心笃定而着眼于细节的耐心、执着、坚持的精神，这是一切“大国工匠”所必须具备的精神特质。从中外实践经验来看，工匠精神都意味着一种执着，即一种几十年如一日的坚持与韧性。“术业有专攻”，一旦选定行业，就一门心思扎根下去，心无旁骛，在一个细分产品上不断积累优势，在各自领域成为“领头羊”。在中国早就有“艺痴者技必良”的说法，如《庄子》中记载的游刃有余的“庖丁解牛”、《核舟记》中记载的奇巧人王叔远等。

案例

小野二郎是全球最年长的米其林三星大厨，在日本被称为“寿司之神”。许多来自世界各地的饕客慕名而来，只为品尝“寿司第一人”超过 50 年的精湛技艺。让人惊讶的是，他的餐厅只有 10 个座位，小小的店面也从来没有扩张过，坚持“一根筋”半个多世纪。慕名而来的顾客都得提前几个月预订。但凡吃过的人都会感叹，这是“值得一生等待的寿司”。

图 3-43　小野二郎

这是一种追求极致的精神，专业专注的精神。一生专注做一事，珍视“身后名”，不贪“眼前利”。

工匠大师，在成为大师之前均要承受几年甚至十几年默默专注，并坚守事业的过程。如著名的喜剧演员周星驰在成名之前相当长时间内在电影里充当跑龙套的小角色。

4. 责任心

责任心是工匠精神体现职业素养的重要表现。

**案例**

当福特敲门走进董事长办公室后，发现门口地上有一张纸，于是弯腰捡起来，便顺手扔进废纸篓，然后才到董事长办公桌前说："我是来应聘的福特。"董事长说："很好，很好！福特先生，你已被我们录用了。"

**案例**

拿破仑有一个士官很不拘小节，所以他就给这个士官讲了一个故事：以前有个国王要出去打一场关乎国家存亡的仗，于是就命令马夫给他的马换马掌，但是到后来发现马掌少了一个马蹄钉，但是又一时间找不到，于是国王就骑着这匹少钉了一个马蹄钉的马出兵了。在拼杀冲刺的时候国王骑的这匹马的这个马掌因为少了一个钉子就掉了，马就摔倒了。敌人的马冲刺过来践踏踩死了这个国王，使得这场战争输了，这个国家也就亡了。

请问，两个案例中福特成功而国王失败的原因是什么？

5. 精益求精

**案例**

胡双钱从普通钳工成长为一名"首席"，足足用了35年的时间，他亲手加工过数十万个精密零件，没有出现过一个次品。当然，并不满足于此的他，不断提高技艺，精益求精，如今用手打磨出的零件，精密程度堪比现代化数控车床加工出来的零件，着实让人惊叹。

图3-44 胡双钱

从这位首席钳工身上，我们看到了可贵的工匠精神。他从不满足于一点点成就，在漫长的岁月里不断探索加强，精益求精。

**相关知识**

精益求精是工匠精神的精髓。精：完美；益：更加；求：追求。事物已经非常出色了，却还要追求更加完美。这种精神是早在古代就流淌在人们的血液中的，当然更是我们这个时代所需要的。要达到这样的境界，需要工匠首先要有对这种境界的强烈追求；其次也需要工匠有持之以恒的精神；再次是工匠要找到追求这种境界的正确的方法和途径。

作为一名企业员工，要想具备工匠精神，要保持着对工艺品质的不懈追求，以严谨的态度规范地完成每一项工作。每一个零部件、每一道工序、每一次组装对产品的工序质量的追求，永远都不能满足。精益求精是一种精神，是一种境界。

6. 创新

"工匠精神"强调执着、坚持、专注，甚至是陶醉、痴迷，但绝不等同于因循守旧、拘泥一格的"匠气"，其中包括追求突破、追求革新的创新内蕴。这意味着，工匠必须把"匠心"融入生产的每个环节，既要有对职业的敬畏之心，又要富有追求突破、追求革新的创新活力。事实上，古往今来，热衷于创新和发明的工匠们一直是世界科技进步的重要推动力量。

新中国成立初期，我国涌现出一大批优秀的工匠，如倪志福、郝建秀等，他们为社会主义建设事业做出了突出贡献。改革开放以来，“汉字激光照排系统之父”王选、“中国第一、全球第二的充电电池制造商”王传福、从事高铁研制生产的铁路工人和从事特高压、智能电网研究运行的电力工人等都是“工匠精神”的优秀传承者，他们让中国创新重新影响了世界。

案例

高凤林是中国航天科技集团公司的一名特种熔融焊接工高级技师。他灵活而又创造性地将所学知识运用于自动化生产、智能控制等柔式加工中，为国防和航天科技现代化、为型号的更新换代做出了杰出贡献，给企业带来巨大效益，多次获得党和国家领导人的亲切接见。2015 年他被评为全国劳动模范。

图 3-45　高凤林

中国掌握焊接技术的工匠不计其数，能够达到高凤林的技术水平的工匠也并不少见，但是能够对自己的产品达到“精心雕琢”甚至像“金娃娃”一样用心呵护的工匠却凤毛麟角。他们有着自己明确的精神价值追求和较高的人生境界，既不满足于一时的成事，也不满足于世俗的所谓成功，而是用生命演绎传奇，体现自己的人生价值，追求自己的人生梦想。

请问，工匠精神对国家和企业有何意义？

“工匠精神” 重点在“精神”二字。有些产品我们做不出来，恰恰是因为缺乏用心钻研、勇攀高峰的工匠；有些产品我们做出来却没有竞争力，也正是因为缺乏把工作当责任和使命的工匠。用“心”才会创新，有使命感才会赢得市场的信任。这就是提倡工匠精神的意义所在。

相关链接

国务院总理李克强 2016 年 3 月 5 日作政府工作报告时说：“改善产品和服务供给要突出抓好提升消费品品质、促进制造业升级、加快现代服务业发展三个方面。鼓励企业开展个性化定制、柔性化生产，培育精益求精的工匠精神，增品种、提品质、创品牌。”

相关知识

## 三、工匠精神的意义

“工匠精神”出现在政府工作报告中，让人耳目一新，有媒体将其列入“十大新词”予以解读。从传播学角度讲，一个词语的风行，一定是契合了某种社会需求。

工匠精神之所以出现在政府工作报告中并引发强大共鸣，确实是契合了现实需要。

### （一）工匠精神对国家的意义

工匠精神在国家层面有着重要现实意义：发展新理念、劳动新风尚、制造业升级。

发展新理念：培育和弘扬工匠精神，显然有利于将创新、协调、绿色、开放、共享的发展新理念落实落细，是民族复兴大业的有力推手。

劳动新风尚：工匠精神是践行社会主义核心价值观，弘扬劳模精神、劳动精神的具体实践；进一步激发广大劳动者的劳动热情，通过诚实劳动来实现人生的梦想、展示自己的人生价值，推动形成良好的社会风尚制造业升级；工匠精神还是推进供给侧结构性改革、实现从制造大国向制造强国转变的重要推手，也是提高职工就业创业能力、实现全面发展的重要动力。

### （二）工匠精神对企业的意义

1. 企业有工匠精神，才能在长期的竞争中获得成功

当其他企业心浮气躁热衷于“圈钱、做死某款产品、再出新品、再圈钱”的循环时，坚持“工匠精神”的企业，依靠信念信仰，看着产品不断改进完善，最终通过高标准要求历练之后，无论成功与否，这个过程，他们的精神是完完全全的享受，也是正面积极的。

很多企业的产品质量为什么搞不好？原因虽然很多，但最终可以归结到一个方面上来，就是做事缺乏严谨的工匠精神。中国的产品质量不如日本和德国，重要原因之一就是人家做事比我们更严谨，更具有工匠精神。

2. 企业没有工匠精神，就不可能打造金字招牌的中国制造

今天中国正在打造经济升级版，中国制造要走进世界市场，品牌、技术、标准、质量等一定要建立国际比较优势。这其中人才建设，特别是形成一批新一代的“工匠”是重要的因素。如果把提高科技创新水平、提升信息化与工业化融合能力等看作我国制造业转型升级的“硬件”，那么广大劳动者身上的工匠精神就是必不可少的“软件”，缺少软件支撑的硬件，犹如断弦之弓，发挥不出任何价值。任何科技的创新都不能取代劳动者的双手，从制造业大国迈向制造业强国的过程中，需要一大批具备工匠精神的劳动者挥洒汗水，实现由制造业大国向制造业强国的跃升，离不开大国工匠精神的坚实支撑。

### （三）工匠精神对个人的意义

1. 工匠精神在个人层面，是一种认真精神、敬业精神

工匠精神的核心是不仅仅把工作当作赚钱养家糊口的工具，而是树立起对职业敬畏、对工作执着、对产品负责的态度，极度注重细节，不断追求完美和极致，给客户无可挑剔的体验。将一丝不苟、精益求精的工匠精神融入每一个环节，做出打动人心的一流产品。

与工匠精神相对的，则是“差不多精神”——满足于90%，差不多就行了，而不追求100%。我国制造业存在大而不强、产品档次整体不高、自主创新能力较弱等现象，多少与工匠精神稀缺、“差不多精神”显现有关。

2. “工匠精神”是个人成长和进步的内在驱动力

无论是从事哪个行业、哪个岗位，无论是久经历练的职场老手还是初入职场的新人，“工匠精神”都是个人成长和进步的内在驱动力。

唯物辩证法强调,内部因素是事物发展的主导因素,外部因素只有通过内部因素才能起作用。个人的成长也是如此,只有心中有着强大的进步驱动力,才能让我们不断进步、不断成长,才能肩负起更重要的责任和使命。工匠精神强调的敬业爱岗、追求卓越的精神,正是我们成长所需要的驱动力。

3. 工匠精神是一种精益求精、追求卓越的精神

工匠精神在不同的行业会有着不同的要求,这是随着行业的性质而决定的。

在生产制造行业,就是要求对产品的品质有着不懈的追求,兼顾效率与现实条件限制的前提下,围绕提升品质做制度、流程、材料、技术等各方面的改进。

在销售行业,工匠精神就是要求要有开拓精神,要立足本岗做好老客户维系、新客户开发;要根据现实情况用好新技术、新方法来做好市场推广工作。

在技术类行业,工匠精神就是要求要有严谨、创新的精神,在保障可靠性的同时为市场、为客户提供最新的技术产品。

4. 见贤思齐,学习工匠精神榜样

**案例**

沈阳高铁工务段钢轨打磨专修队队长郑明皓正带领他的队员们顶着燥热的空气在哈大高铁上忙碌着。这个打磨团队完成了137组道岔打磨任务,整治了470件病害问题,郑明皓和队友们保质保量地完成了任务,他所创新的打磨方法得到了段领导的认可,并在铁岭西车间召开了现场会,还分别制作了《道岔打磨作业一次流程》专题片和宣传片,在全段得到推广。这个段还计划组建由郑明皓担任组长的钢轨打磨工作室,研制更加科学的高铁钢轨打磨方法,进一步破解高寒高铁线路、道岔磨损问题。

图3-46　工作中的郑明皓

请问,我们应该从哪些方面去向他学习?

每个人都有自己尊崇的职业道德榜样,每个行业和企业也都有自己树立的道德楷模。道德榜样以其崇高的道德理想和道德境界、高尚的道德人格和道德品质、巨大的道德魅力,感染人、激励人、召唤人。

树立职业道德榜样,充分发挥榜样的示范引导和感召作用是进行职业道德教育的重要方式,也是培养职业道德修养的有效方法。见贤思齐,学习先进可以净化人的心灵,丰富人

的文化涵养，提高道德素养，提升道德境界。

学习职业道德榜样，首先要善于发现榜样，正确选择榜样。要准确把握榜样体现出来的道德内涵，要把榜样的精神内化为我们内心深处的道德信念和意志，转化为克服困难的决心和动力，与岗位工作学习相结合，把学习榜样的愿望转化为实实在在的工作业绩。

5. 积善成德，从小事做起，培养职业道德

**案例1**

阿霖在一家百货公司做营业员，她的柜台前有一道不起眼的台阶，时常有顾客经过时不小心被绊。所以每当有顾客经过时，阿霖总是善意地提醒一句："请小心台阶。"一天，公司老总巡视，阿霖习惯性地提醒说"请小心台阶"。老总听了，脸上露出赞赏的笑容。很快阿霖因工作表现突出被提升为柜台组长。

**案例2**

晓梦去应聘工作时，随手将走廊上的纸屑捡起来，放进了垃圾桶，被路过的主考官看到了，她因此得到了这份工作。

请问，阿霖和晓梦的做法对我们加强职业道德修养有哪些启示？

**相关知识**

一切美德都蕴含在平凡小事之中，积久成习，良好道德行为习惯的养成是一个循序渐进的过程。从小事做起，涵养职业道德学习和修养，必须立足岗位、脚踏实地，从我做起、从现在做起、从点滴小事做起，把每一个细节做好。

6. 躬行践履，在实践中养成良好的职业道德和职业行为习惯

图 3-47　学生在进行实训

请结合上图说说如何养成良好的职业行为习惯？

**相关知识**

实践是职业道德修养的根本途径。我们要注意在实践中培养良好的职业道德品质，形成良好的职业道德和职业行为习惯。

养成良好的职业道德和职业行为习惯既离不开在校时的专业训练，更离不开工作后，在

实际岗位上的正规强化训练。

养成良好的职业道德和职业行为习惯更要高标准、严要求、勤反思、戒反复，贵在坚持，持之以恒。

在道德榜样的感召下，从小事做起、从细节做起，坚持实践训练，逐步养成优秀的职业道德品质，形成良好的职业道德和职业行为习惯，是我们中职学生工匠精神形成的有效途径。

**名人名言**

见贤思齐焉，见不贤而内省也。

——孔子

## 四、幸福职教与工匠精神的养成

**相关链接**

长春职业技术学校与长春卓展公司已建立十几年合作关系，已经成为长春卓展公司重要的战略合作伙伴和人才培养基地，卓展成为长春职业技术学校会电等专业重要的校外人才培养基地和就业基地。2016 年 5 月，双方成功申报了市级现代学徒制试点项目，采用现代学徒制培养模式，共同实施职业与专业、岗位与课程的对接和融合，共同培养具有更高职业能力的技能型人才。

**相关链接**

吉林省汽车维修行业协会秘书长吴东风等各位专家被聘为长春职业技术学校客座教授，他们以讲座、指导、引领参观企业等方式为在校生授课，不但引导学生提升主动自觉学习的意识，而且帮助学生更为全面客观地了解汽车产业格局发展的前沿信息。

图 3-48　吉林省汽车维修行业协会职业教育工作委员会成立

**相关链接**

本校汽车车身修复专业是省内最大最专业最具影响力的特色专业，教学中遵循实践为主、理论为辅的原则。理论课实行理实一体化教学，一对一、手把手地对每一个学生进行示范、教学。

思考：作为幸福职教的学生，感受一下学校为你们创造了哪些学习技能的条件？这对于培养工匠精神有何重要意义？

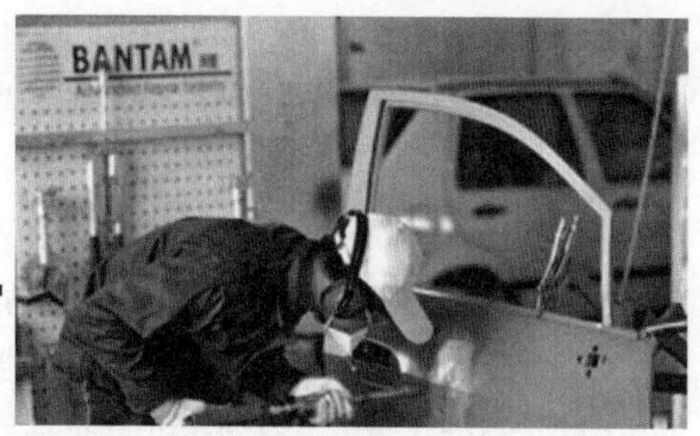

图3-49　学生正在进行车身修复实践学习

相关知识

(1)畅通职业培养机制。

学校在幸福职教建设过程中，始终把改革创新现代职业教育作为办学方向，不断创新教育教学改革的新思路，加快专业发展与社会技术进步相统一，打造为吉林省地方经济服务与社会需求相适应，产、教、学深度融合的现代职业教育，大力弘扬“工匠精神”，培养数以万计的高素质技能型人才。在教育实践中，传承并实践着中国传统文化中的“师徒制”教育传统，以“心传身授”的教学方式，建设现代“学徒制”，这些做法，是让我们的学生在实践中不断磨炼技艺，体验并形成精雕细琢、精益求精、严谨专注的职业精神。特别是，“学徒制”中形成的“亲师合一”关系，注重“手把手”“一对一”的言传身教，把那些非物质传统技艺的传授和“工匠精神”的养成合二为一。

(2)学习身边的榜样。

案例

图3-50　现代学徒制优秀学生颁奖

图3-51　优秀学生发言

2017年11月8日，长春职业技术学校和长春卓展时代广场百货有限公司的会计电算化专业现代“学徒制”明星学员和优秀学员表彰大会隆重举行。此次大会主要表彰在2017年8月—9月在长春卓展时代广场百货有限公司实践中表现优异的学生，表彰这些在实习中爱岗敬业、精益求精的同学。

应该从哪些方面向这些优秀的同学学习？说一说自己心目中的学习榜样。

工匠精神不是停留在表面上的一句口号，它存在于每一个人身上，植根于我们每个人的心中。长久以来，正是由于缺乏对精品的坚持、追求和积累，才让我们的个人成长之路崎岖坎坷，个人发展之路充满荆棘；也正是缺乏持之以恒的信念，才会让创新变得异常艰难，更让具有大师级的工匠成为凤毛麟角……

习总书记指出：培育和践行社会主义核心价值观，贵在坚持知行合一，坚持行胜于言，在落细、落小、落实上下功夫。对于我们职业学校学生而言，掌握一门技艺更需要长期扎实的历练。

今天，重提工匠精神、重塑工匠精神，无论是对于个人还是对于国家而言，都有着十分积极的意义，在幸福职教建设发展的进程中，作为一名中职学生，有幸见证并体验学校如何重视工匠精神的养成教育，为在校幸福地学习生活、毕业后具有职业竞争力奠定坚实的基础。每个人需要把工匠精神运用到职业活动中，为国家、社会提供优质的产品和服务。

## 拓展训练

1. 写出你最敬仰的工匠及其技术。

______________________________

______________________________

______________________________

2. 自己理想职业中，分析具有工匠精神从业人员的工作、学习态度，找出自己与他之间的差距，拟采取哪些措施缩小差距？

______________________________

______________________________

______________________________

3. 在幸福职教的建设过程中，感受到哪些工匠精神的事例？

______________________________

______________________________

______________________________

# 做己所望

# 第一课 终身就业服务

案例

30岁的黎铭是学校10年前的毕业生，最近单位效益不好，他又回到母校的就业服务指导中心，虽然现在这里的老师他一个都不认识，但他觉得老师一定会真诚地帮助他。当他进入学校就业服务指导中心，老师热情询问他有什么需求，并请他填写了一张就业推荐表。第二天，他就接到了老师的电话，通知他到一家企业参加面试。

图4-1 我校毕业生黎铭

相关知识

## 一、就业服务概念及内容

1. 就业服务概念

指就业服务主体为劳动者实现就业和用人单位招用劳动者提供的社会服务。

2. 就业服务内容

主要包括就业登记、职业指导、职业介绍、生产自救与以工代赈等。

(1)就业登记。就业登记是指职业介绍机构依法对有就业需求的劳动者和有用人单位需求的用人单位，就其基本情况所进行的登记。它包括求职登记和用人登记等。

(2)职业指导。职业指导是指就业服务机构根据劳动力供求双方的需要，依法为劳动者选择职业、用人单位选择劳动者和培训机构开展职业培训，提供服务。

(3)职业介绍。职业介绍是指有关部门和机构依法为劳动者和用人单位提供沟通和咨询，从而促成劳动者就业和用人单位招工的一种就业服务。

图 4-2 我校学生在企业工作

(4)生产自救。生产自救是指在自愿的基础上组织失业人员在正式就业前参加有收入的过渡性社会劳动以取得生活主要来源。

(5)以工代赈。以工代赈是指组织失业人员参加社会公共工程,并支付维持劳动者本人及其家庭最低生活保障工资的一种形式。

图 4-3 我校学生在企业工作

## 二、就业服务原则

(1)采取“公开、公正、公平”的原则;

(2)具备毕业生资格推荐就业的原则;

(3)依据择优推荐就业的原则;

(4)采取供需双方见面、双向自主选择就业的原则;

(5)为毕业生提供全方位的就业服务的原则;

(6)鼓励毕业生自主就业、自我创业的原则。

图 4-4 校园招聘会

## 三、就业服务流程

### 1. 学生自主就业流程图

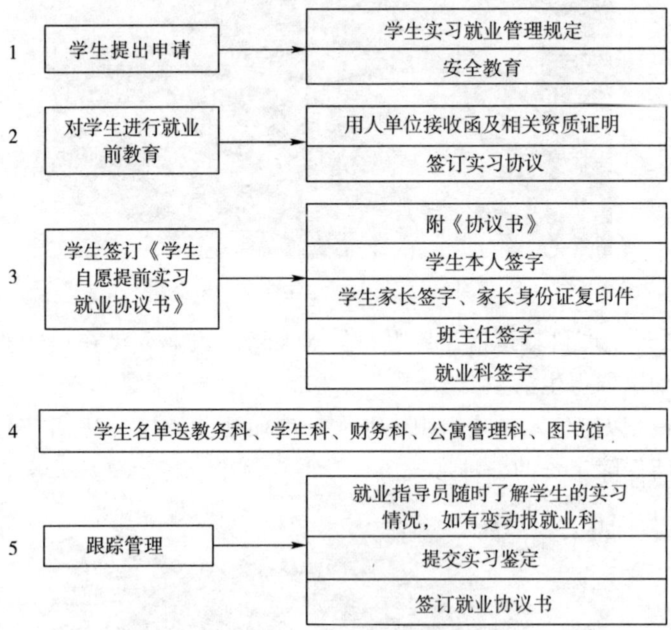


图 4-5　学生自主就业流程图

### 2. 学校推荐就业流程图

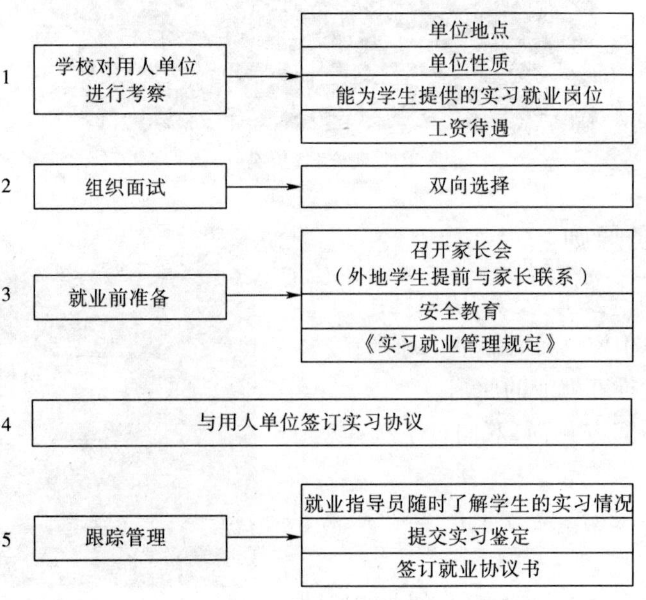


图 4-6　学生自主就业流程图

名人名言

通过苦难,走向欢乐。

——贝多芬

相关链接

## 国务院关于大力发展职业教育的决定(节选)

国发〔2005〕35 号

各省、自治区、直辖市人民政府,国务院各部委、各直属机构:

2002 年全国职业教育工作会议以来,各地区、各部门认真贯彻《国务院关于大力推进职业教育改革与发展的决定》(国发〔2002〕16 号),加强了对职业教育工作的领导和支持,以就业为导向改革与发展职业教育逐步成为社会共识,职业教育规模进一步扩大,服务经济社会的能力明显增强。现就大力发展职业教育作出如下决定:

一、落实科学发展观,把发展职业教育作为经济社会发展的重要基础和教育工作的战略重点

(一)大力发展职业教育,加快人力资源开发。

(二)明确职业教育改革发展的目标。进一步建立和完善适应社会主义市场经济体制。

二、以服务社会主义现代化建设为宗旨,培养数以亿计的高素质劳动者和数以千万计的高技能专门人才

(三)职业教育要为我国走新型工业化道路,调整经济结构和转变增长方式服务。

(四)职业教育要为农村劳动力转移服务。

(五)职业教育要为建设社会主义新农村服务。

(六)职业教育要为提高劳动者素质特别是职业能力服务。建立职业教育与其他教育相互沟通和衔接的"立交桥",使职业教育成为终身教育体系的重要环节,促进学习型社会建立。

三、坚持以就业为导向,深化职业教育教学改革

(七)推进职业教育办学思想的转变。坚持"以服务为宗旨、以就业为导向"的职业教育办学方针,积极推动职业教育从计划培养向市场驱动转变,从政府直接管理向宏观引导转变,从传统的升学导向向就业导向转变。

(八)进一步深化教育教学改革。

(九)加强职业院校学生实践能力和职业技能的培养。

(十)大力推行工学结合、校企合作的培养模式。

(十一)积极开展城市对农村、东部对西部职业教育对口支援工作。

(十二)把德育工作放在首位,全面推进素质教育。坚持育人为本,突出以诚信、敬业为重点的职业道德教育。

四、加强基础能力建设,努力提高职业院校的办学水平和质量

(十三)建立和完善遍布城乡、灵活开放的职业教育和培训网络。

（十四）加强县级职教中心建设。

（十五）加强示范性职业院校建设。

（十六）加强师资队伍建设。

五、积极推进体制改革与创新，增强职业教育发展活力

（十七）推动公办职业学校办学体制改革与创新。

（十八）深化公办职业学校以人事分配制度改革为重点的内部管理体制改革。

（十九）大力发展民办职业教育。

六、依靠行业企业发展职业教育，推动职业院校与企业的密切结合

（二十）企业要强化职工培训，提高职工素质。

（二十一）要认真落实“一般企业按照职工工资总额的1.5%足额提取教育培训经费，从业人员技术要求高、培训任务重、经济效益较好的企业，可按2.5%提取”的规定，足额提取教育培训经费，主要用于企业职工特别是一线职工的教育和培训。

（二十二）行业主管部门和行业协会要在国家教育方针和政策指导下，开展本行业人才需求预测，制订教育培训规划，组织和指导行业职业教育与培训工作；参与制订本行业特有工种职业资格标准、职业技能鉴定和证书颁发工作；参与制订培训机构资质标准和从业人员资格标准；参与国家对职业院校的教育教学评估和相关管理工作。

七、严格实行就业准入制度，完善职业资格证书制度

（二十三）用人单位招录职工必须严格执行“先培训、后就业”、“先培训、后上岗”的规定，从取得职业学校学历证书、职业资格证书和职业培训合格证书的人员中优先录用。

（二十四）全面推进和规范职业资格证书制度。

八、多渠道增加经费投入，建立职业教育学生资助制度

（二十五）各级人民政府要加大对职业教育的支持力度，逐步增加公共财政对职业教育的投入。

（二十六）要进一步落实城市教育费附加用于职业教育的政策。

（二十七）建立职业教育贫困家庭学生助学制度。

九、切实加强领导，动员全社会关心支持职业教育发展

（二十八）各级人民政府要加强对职业教育发展规划、资源配置、条件保障、政策措施的统筹管理，为职业教育提供强有力的公共服务和良好的发展环境。要从严治教，规范管理，引导职业教育健康协调可持续发展。

（二十九）各级人民政府要切实加强对职业教育工作的领导，把职业教育工作纳入目标管理，作为对主要领导干部进行政绩考核的重要指标，并接受人大、政协的检查和指导。

（三十）逐步提高生产服务一线技能人才、特别是高技能人才的社会地位和经济收入，实行优秀技能人才特殊奖励政策和激励办法。

## 拓展训练

1. 请熟读并记下下面的名言，写出自己的感受。

①人有了物质才能生存，人有了理想才谈得上生活。你要了解生存与生活的不同吗？

动物生存而人生活。

——雨果

②我需要理想，但是需要人的符合自然规律的理想，而不是超自然的理想。

——列宁

2. 作为一名已经毕业三年的毕业生，你如何向学校提出再就业申请？

3. 就业信息获得的最佳途径是什么？

# 第二课　毕业生成功引导

## 案例

小张、小刘、小王是某中职学校的同学，毕业后在不同单位工作，但都遇到了一些与劳动合同有关的问题。这一天，他们三个人聚集在一起谈起这些问题。小张说："单位与我订了一年的试用期。"小刘说："我才干了2个月，不知什么原因就被解雇了。"小王说："我才不想签什么劳动合同，签订合同会束缚自己的自由，影响自己将来跳槽。"

中职学生在签订劳动合同时应注意哪些问题？

## 相关知识

劳动合同：劳动者与用人单位确立劳动关系、明确双方权利和义务的协议。签订劳动合同是确立劳动关系的标志，明确劳动者与用人单位双方的责任、权利和义务，使劳动关系双方合法权益都能依法得到切实保障。订立劳动合同必须遵循合法、平等、自愿、协商一致、诚实信用的原则。

劳动合同签订要经历两个阶段。第一阶段是招收录用阶段，公布招聘简章、自愿报名、全面考核、择优录用；第二阶段是签订劳动合同阶段，提出劳动合同草案、介绍内部劳动规则、商定劳动合同内容、签名盖章。

劳动合同签订中常见的侵权行为：在一无所知的情况下签订劳动合同；用人单位扣押身

份证、要求提供担保;签订劳动合同时要求先交押金规定;签订的劳动合同由单位保管,员工不能留有合同;规定试用期内不能享有劳动合同期限内享有的权利;用人单位任意与劳动者约定违约金;合同中约定“发生伤亡事故公司概不负责”;约定如果因工作需要,单位可以无条件要求员工加班;合同中约定用人单位可以根据自己的需要,随时解除劳动合同。

相关链接

第十条　建立劳动关系,应当订立书面劳动合同。已建立劳动关系,未同时订立书面劳动合同的,应当自用工之日起一个月内订立书面劳动合同。用人单位与劳动者在用工前订立劳动合同的,劳动关系自用工之日起建立。

第十九条　劳动合同期限三个月以上不满一年的,试用期不得超过一个月;劳动合同期限一年以上不满三年的,试用期不得超过二个月;三年以上固定期限和无固定期限的劳动合同,试用期不得超过六个月。

——《中华人民共和国劳动合同法》

劳动合同中必须明确劳动合同的变更、解除、终止的条件。劳动合同的变更,主要是指劳动合同内容发生变化,不包括当事人的变化。劳动合同的解除,是指劳动合同期限届满以前,由于出现某种情况,导致当事人双方提前终止劳动合同的法律效力,解除双方的权利和义务关系。劳动合同解除可以是单方解除,也可以是双方解除,但都须遵守一定规则。劳动合同的终止,是指终止劳动合同的法律效力。从狭义上讲,劳动合同的终止是指劳动合同的双方当事人按照合同所规定的权利和义务都已经完全履行,且任何一方当事人均未提出继续保持劳动关系的法律行为。

## 一、明确劳动者的权利与义务

案例

马克思说:“任何一个民族,如果停止劳动,不用说一年,就是几个星期,也要灭亡。”

我国宪法规定:“中华人民共和国公民有劳动的权利和义务。”“劳动是一切有劳动能力的公民的光荣职责。”国家提倡社会主义劳动竞赛、奖励劳动模范和先进工作者。

思考:我国宪法为什么规定公民有劳动的权利和义务?

劳动是劳动者脑力和体力的支出,是物质财富和精神财富的创造活动。劳动者是生产活动的主体,在生产力发展中起主导作用。劳动是人类文明进步发展的源泉。要尊重和保护一切有益于人民和社会的劳动,一切为社会主义现代化建设做出贡献的劳动都是光荣的,都应该得到承认和尊重。

案例

小张的母亲病了。小张四年未休过探亲假,这次他向单位提出休假探亲,单位以他已在本地结婚为由不批准他休探亲假。小张工作的工厂既有刺耳的噪声,又有刺眼的电焊强光,工人向厂长要求发放劳动安全卫生防护用品,改善劳动条件,遭到厂长拒绝。单位只给部分资格老的职工办理社会保险,小张等不在其中。

小张的哪些合法权益受到了侵害?

小张应该怎么办?

1.劳动者的权利

《中华人民共和国劳动法》(以下简称《劳动法》)规定了劳动者在劳动关系中的各项权利,主要有以下几个方面:

(1)劳动者有平等就业的权利。是指具有劳动能力的公民,有获得职业的权利。劳动是人们生活的第一个基本条件,是创造物质财富和精神财富的源泉。劳动就业权是有劳动能力的公民获得参加社会劳动和切实保证按劳取酬的权利。公民的劳动就业权是公民享有其他各项权利的基础。如果公民的劳动就业权不能实现,其他一切权利也就失去了基础。

(2)劳动者有选择职业的权利。是指劳动者根据自己的意愿选择适合自己才能、爱好的职业。劳动者拥有自由选择职业的权利,有利于劳动者充分发挥自己的特长,促进社会生产力的发展。劳动者在劳动力市场上作为就业的主体,具有支配自身劳动力的权利,可根据自身的素质、能力、志趣和爱好,以及市场资讯,选择用人单位和工作岗位。选择职业的权利是劳动者劳动权利的体现,是社会进步的一个标志。

(3)劳动者有取得劳动报酬的权利。随着劳动制度的改革,劳动报酬成为劳动者与用人单位所签订的劳动合同的必备条款。劳动者付出劳动,依照合同及国家有关法律取得报酬,是劳动者的权利。而及时定额地向劳动者支付工资,则是用人单位的义务。用人单位违背这些应尽的义务,劳动者有权依法要求有关部门追究其责任。获取劳动报酬是劳动者持续行使劳动权不可少的物质保证。

(4)劳动者有权获得劳动安全卫生保护的权利。保证劳动者在劳动中生命安全和身体健康,是对享受劳动权利的主体切身利益最直接的保护。这方面包括防止工伤事故和职业病。如果企业单位劳动保护工作欠缺,其后果不仅是劳动者某些权益的丧失,而且使劳动者健康和生命直接受到伤害。

(5)劳动者享有休息的权利。我国宪法规定,劳动者有休息的权利,国家提供并完善劳动者休息和休养的设施,规定职工的工作时间和休假制度。

(6)劳动者享有社会保险和福利的权利。疾病和年老是每一个劳动者都不可避免的。社会保险是劳动力再生产的一种客观需要。《劳动法》规定劳动保险包括:养老保险、医疗保险、工伤保险、失业保险、生育保险等。但目前我国的社会保险还存在一些问题,社会保险基金制度不健全,国家负担过重,社会保险的实施范围不广泛、发展不平衡、社会化程度低,影响劳动力合理流动。

(7)劳动者有接受职业技能培训的权利。我国宪法规定,公民有受教育的权利和义务。所谓受教育既包括受普通教育,也包括受职业教育。公民要实现自己的劳动权,必须拥有一定的职业技能,而要获得这些职业技能,越来越依赖于专门的职业培训。因此,劳动者若没有职业培训权利,那么劳动就业权利也就成为一句空话。

(8)劳动者有提请劳动争议处理的权利。劳动争议是指劳动关系当事人,因执行《劳动法》或履行集体合同和劳动合同的规定引起的争议。劳动关系当事人作为劳动关系的主体，各自存在着不同的利益，双方不可避免地会产生分歧。用人单位与劳动者发生劳动争议，劳动者可以依法申请调解、仲裁、提起诉讼。劳动争议调解委员会由用人单位、工会和职工代表组成。劳动仲裁委员会由劳动行政部门的代表、同级工会、用人单位代表组成。解决劳动争议应该贯彻合法、公正、及时处理的原则。

2. 劳动者的义务

根据《劳动法》规定，劳动者的义务包括：完成劳动任务、提高职业技能、执行劳动安全卫生规程、遵守劳动纪律、遵守职业道德。

**相关链接**

在现实生活中，常见的劳动侵权行为有：

1. 入职时交押金扣证件

很多公司要求刚入职的员工缴纳工作服押金，或者配备笔记本电脑的押金等。《中华人民共和国劳动合同法》规定：用人单位招用劳动者，不得扣押劳动者的居民身份证和其他证件，不得要求劳动者提供担保或者以其他名义向劳动者收取财物。

2. 年假过期作废

有的公司规定员工每年 12 月 31 日前，年假未休完的将自动清零。《职工带薪年休假条例》规定：单位确因工作需要不能安排职工休年假的，经职工本人同意，可以不安排职工休年假。但单位应当按照该职工日工资收入的 300% 支付未休年休假工资报酬，其中包含用人单位支付职工正常工作期间的工资收入。

3. 试用期内不给缴纳社保

为了节省用人成本，公司往往出于侥幸心理，不为员工在试用期内缴纳社保。《中华人民共和国劳动合同法》规定：未依法为劳动者缴纳社会保险费的，劳动者可以解除劳动合同并由公司承担经济补偿金。

4. 对女职工和未成年工未给予特殊劳动保护

我国劳动法律法规规定，不得安排未成年工从事矿山井下、有毒有害、国家规定的第四级体力劳动强度的劳动和未成年工禁忌劳动范围的劳动。

5. 不按规定支付劳动报酬

6. 工伤事故处理中恶意侵权

**名人名言**

劳动是社会中每个人不可避免的义务。

——卢梭

劳动者享有权利，以履行劳动者义务为前提，自觉履行劳动者的义务是获得权利、维护利益的基础。我国大力倡导热爱劳动、尊重劳动、崇尚劳动的社会风尚，劳动者在享有权利的同时，要切实增强依法履行义务的意识。

拓展训练

图 4-7　遵守职业道德

图 4-8　践行职业道德

图 4-9　恪守劳动纪律

1. 结合上述图片，谈谈劳动者应该履行哪些义务。

2. 劳动者履行这些劳动义务对单位和劳动者个人有什么重要意义。

## 二、依法维护劳动者的权利

劳动者要依法维护自己的合法权益，必须学习相关法律知识，增强依法保护自己合法权益的意识。我国的宪法、劳动法、合同法、民法、社会保障法等都是维护劳动者权益的重要法律，从不同方面规定了保护劳动者权益的具体内容。

相关链接

### 毕业生推荐

为了规范我校毕业生就业推荐工作，体现"公开、公正、公平"的原则，确保毕业生就业推荐工作真正实现择优推荐，以此激发学生积极向上、刻苦学习的精神，提高毕业生的综合素质，以实现就业率高、就业稳定率高、就业质量高的工作目标，制定本规定。

(一)就业推荐原则

1. 毕业班学生就业推荐工作体现"公开、公正、公平"的原则。

2. 凡经学校推荐的毕业生，必须具备毕业生资格。

3. 毕业生就业工作通过供需见面、双向选择的办法，落实毕业生就业方案。

4. 根据择优推荐的原则，各专业学生按综合积分排序择优推荐就业。

5. 鼓励学生自主择业、创业。

6. 凡是在校期间有以下情况之一者，学校原则上不予推荐。

(1)受到处分并且就业推荐前未撤销处分者。

(2)在读期间有四次补考现象。

(3)操行考核总评不及格者。

(4)实习实训成绩不合格或无相应职业资格证书者。

(5)有欠费现象。

7. 学校提供终身教育及就业帮扶政策。学生毕业后,可继续参加学校组织的各类职业技能培训,并实行就业登记制度,免费提供再就业机会。

(二)毕业生就业推荐工作有关规定

1. 规范填写《毕业生就业推荐表》

(1)毕业班学生每人均需填写《毕业生就业推荐表》(一式两份,下同)。

(2)凡不需学校安排就业的学生除填写《毕业生就业推荐表》外,还需填写《自主择业申报表》。

(3)《毕业生就业推荐表》中的毕业班学生及其家庭信息由学生如实提供,在校表现由班主任负责鉴定,鉴定要求如实反映学生的各方面表现,并由学生科审核。

(4)《毕业生就业推荐表》中的考试、考查课程科目及学习成绩由教务科负责填写并加盖教务部门印章。

(5)在校奖励情况指在校期间获得的各种奖励。填写时必须写明获奖时间、获奖项目、是否有证书等。

(6)在校从事社会工作指由学校组织开展的各种社会工作。填写时必须写明任职时间与担任职务及任职业绩。

(7)受学校处分或延迟毕业的学生,其《毕业生就业推荐表》暂由学生科扣发至处分撤销或延迟期满为止,领取《毕业生就业推荐表》时,须持审批同意的申请书。

(8)学费或其他款项尚未交清的学生,其《毕业生就业推荐表》暂由就业科保管至款项交清为止,领取《毕业生就业推荐表》时需出具学校财务部门的交款凭证。

(9)《毕业生就业推荐表》要妥善保管,原则上不得补办,确因遗失等原因要求补办者,必须由本人提出书面申请,就业科、学生科、教务科同意批准后方可补办。

(10)没有《毕业生就业推荐表》的毕业生,不享有就业推荐资格。

2. 就业推荐积分统计办法

(1)就业推荐积分由理论成绩、实习成绩、操行量化考核三部分组成。即把学生在校每一学期的各项成绩进行累加,毕业时按积分高低排序,学校依序向用人单位按比例推荐。

(2)理论成绩按总分计算占50%、实习成绩占30%、操行考核占20%。

(3)当积分相等时按以下顺序推荐:

有技能等级证书(参加各类竞赛获奖者优先);

优秀学生会干部;

三好学生,优秀团员(毕业前最后学年获得者优先);

表现突出的班委会、团支部干部;

荣获各项荣誉表彰的优秀学生;

操行量化考核表现突出的学生。

(4)就业推荐积分核算由班、教务科、学生科负责,结果上报就业科备案。

(5)原则上按学期核算积分并及时在学校公布，以接受全校师生的监督。

(三)推荐程序

1. 就业科负责公布用人单位招聘信息，并及时通知班主任做好推荐准备。

2. 班主任根据学生报名情况按积分高低上报参加面试的人员名单，就业科根据积分的高低严格把关，安排面试。

3. 面试准备工作由就业科负责，面试时由就业科将推荐名单报送给用人单位。

4. 经推荐并被用人单位录用的学生，不再享受被推荐的资格；未被录用者继续享有被推荐的资格。

5. 在事先征得就业科同意的情况下，被推荐的学生有权根据个人就业志向及用人单位的情况放弃面试的机会，享受下一次被推荐的资格；否则将被视为已推荐，其积分排序列入下一轮。

6. 推荐参加面试的人数由用人单位决定，否则以用人单位录用人数的2~5倍为限。

7. 参加用人单位面试名单与面试结果由就业科及时公布，接受师生监督。

8. 为了鼓励毕业生自谋职业，对通过非学校推荐渠道找到工作单位的，其就业推荐排序依然给予保留。

9. 自主择业的毕业生，必须出具用人单位的接收函，本人提出书面申请，签订实习协议，上报就业科，就业科上报主管校长审批同意后方可离校，否则，将视为擅自离校，并根据学校有关规定给予严肃处理。

10. 凡被用人单位录用的毕业生，必须在规定时间内办理离校相关手续，审查保险手续。

11. 被推荐的毕业生，必须按规定的时间上岗工作，遵守企业安全生产等有关规定。

12. 学生顶岗实习参照本规定执行。

## 拓展训练

1. 熟读并记下下面的名言，写下自己的感受。

①我既然在寻找世界上需要的东西，我就一直找下去，并且试着创造它。

——爱迪生

②不要失去信心，只要坚持不懈，就终会有成果的。

——钱学森

2. 你是如何在实际行动中掌握一技之长的？

____________________

____________________

____________________

3. 易中天在《品三国》中说：“曹操会用人，这在历史上几乎是公认的，曹操可以说是深知用人之道的。”请结合《三国演义》谈谈你的阅读体会，谈一谈曹操的“用人之道”。

____________________

____________________

____________________

# 第三课　职业礼仪树形象

用人单位在招聘员工时,不仅注重求职者是否具备一定的专业知识和专业能力,更注重求职者是否具备良好的思想道德和礼仪修养。职业礼仪是职业素养的直接展现,是通往职场的“名片”,是个人事业成功的重要条件,是企业增强竞争力的重要保障。作为一名中等职业学校的学生,你是否了解职业礼仪?职业礼仪又蕴含着怎样的道德意义?我们应该如何提高遵守职业礼仪规范的自觉性呢?

相关知识

## 一、“礼”从何而来

“礼”是中华民族的基础,是中国传统文化的特征与标志。《礼记》中记载:“凡人之所以为人者,礼仪也”。“礼”是区别人与动物的标志,是最高的自然法则,是治国安邦的根本,是一切社会活动的准则。中国古称“礼仪之邦”,反映出“礼”在中国政治、社会中的地位。那么,中国的“礼”从何而来?是怎样形成与发展的呢?

### (一)礼仪的演进过程

1. 古代礼仪的产生

(1)产生于物质文明的发展

古代礼仪的孕育时期 —— 尧舜时期。古代尧舜时期,已经有了成文的礼仪制度,即“五礼”:

图4-10　古代礼仪

吉礼:祭祀之事;
凶礼:丧葬之事;
宾礼:宾客之事;
军礼:军旅之事;
嘉礼:冠婚之事。

(2)产生于生活习俗

在原始社会,人类过着群居生活,为了适应环境,逐渐形成了一定的生活习惯。从最初的穴居野外赤身裸体,到将树叶或动物皮毛披在身上御寒遮日,从穿衣打扮,到审美观念逐渐形成,再到走上礼仪之路。

尧舜时期制定的礼仪,经过夏、商、周这三个时代1000余年的总结、推广而日趋完善。周朝还在朝廷设置礼官,专门掌管天下礼仪,使礼仪趋于完备。

在这个时期,礼仪被打上了阶级的烙印。为了维护自己的统治地位,奴隶主开始将原始的宗教礼仪发展为符合奴隶社会政治需要的“礼制”,并将礼仪制度化,形成了典章制度和刑典法律。

例如:商朝的甲骨文中出现了“礼”,有了礼仪典籍,明确开始规范人们的行为;周朝时制定《周礼》《仪礼》《礼记》,开始区分贵贱、尊卑、顺逆、贤愚等人际交往准则。

由此可见,礼仪在形成时期,从治理国家到家庭生活进行了全面规范,开始形成古代正式的礼仪。

2. 古代礼仪的变革

古代礼仪的变革主要发生在春秋战国时期,诸子百家争鸣,礼仪也产生了分化。礼仪制度成为国礼,民众交往的礼俗逐渐成为家礼。

《管子·牧民》中有“大礼”和“小礼”之说,注释为“礼其大者在国家典章制度,其小者在平民日用居处行为之间。”

以孔子、孟子为主的儒家学说,系统地阐述了礼的起源、本质和功能,第一次在理论上全面而深刻地论述了社会等级秩序划分及其意义;道家崇尚自然无为,主张废除一切礼仪;法家推崇强权政治,主张以法代礼;墨家主张平等、博爱、利他、以义代礼。

礼制的形成,对后世治国安邦、施政教化、规范人们的行为、培养人们的人格起到了不可估量的作用。

3. 古代礼仪的强化

从秦汉到清末,纵观封建社会的发展历程,可以说历代统治者都十分重视礼仪;自秦汉以后的历代统治都推崇儒家来治理国家。

秦朝:以儒家学说为主导的封建礼教。

汉武帝时期:“废黜百家,独尊儒术”的治国方略确定之后,礼仪作为社会道德、行为标准、精神支柱,其重要性被提高到了前所未有的高度。

宋朝:提倡“三纲五常”“三从四德”。

明清:家庭礼制逐渐完善。

**名人名言**

人无礼则不生,事无礼则不成,国家无礼则不宁。

——荀子

**案例**

一则笑话:有个人做东请人吃饭,他见客人还未到齐,便自语道:“该来的没来。”闻此言,有人便不悦而走。他见有人走了,便又自语道:“不该走的却走了。”闻此言,余下坐着的也纷纷走了,席间只剩下了一个人。那个人好心开导他:“你不该这样讲话。”于是他委屈地叹道:“我也不是在说他们。”话音刚落,最后一个人也转身走了。

请问,来的客人为什么都走了?

相关知识

（二）礼仪的含义

“礼仪”= 礼 + 仪；

“礼”是指礼节和礼貌（一种态度）；

“仪”是指仪表、仪容、仪态和仪式（一种表现形式）。

“礼仪”一词由“礼”“仪”两个字组合而成，既包括礼貌、礼节的表达，又包括程序、规范的遵守。礼仪是在人际交往中，以一定的约定俗成的程序、方式来表现的律己、敬人的过程。

礼仪是人类为维系社会生活而要求人们共同遵守的基本道德规范。人们在长期的共同生活和交往中逐渐形成了礼仪规范，并以文化传统、风俗习惯的方式固定下来，是人们尊重自我、恭敬他人的表现形式和行为技巧，是人们立身处世、赢得人脉、塑造形象、赢得竞争的工具。

从广义上看，礼仪即儒家提倡的“礼”，包括宗教、法律、风俗、礼仪、制度、教育；从狭义上看，礼仪是指人际交往中为了维护正常的社会秩序而逐渐形成的一系列行为规范，具体包括礼貌、礼节、仪式。

礼貌，即尊重之心，是人们在社交过程中维系关系、避免冲突的心理态度。

名人名言

礼貌像只气垫，里面可能什么也没有，但是却能奇妙地减少颠簸。

——斯宾塞·约翰逊

礼节，即尊重之度，是人们在社交场合中相互尊重、表示友好的惯用形式。

仪式，即方式程序，是人们为了表示尊敬与隆重而专门举行的、具有特定程序与规范的活动，如：迎送仪式、签字仪式、颁奖仪式、庆典仪式、开幕式、闭幕式等。

礼仪以礼貌为内涵，以礼节、仪式为表现，是人们在一定社会环境下共同遵守的交际准则与行为规范。

在社会交际活动中，礼仪的内涵不因地域环境、社会发展的变化而变化，而礼仪的表现，会因风俗习惯、时代发展的不同而不同。

## 二、生活处处需有礼

“礼”最具有中华文化的原始性与普遍意义，兼有生活方式、伦理风范、社会制度的一体化内容，是传统文化的载体之一。在幸福职教建设过程中，学校大力提倡弘扬传统文化，让中华优秀传统文化走入校园，正是由于礼的内容繁多，涉及我们日常行为和活动，渗透到我们生活的方方面面，大到治理国家，小到衣食住行，不胜枚举。接下来介绍一些常见的礼仪。

### （一）见面之礼

我国人与人之间十分讲究见面之礼，既要态度热情又要彬彬有礼，无论是朋友会面还是洽谈事宜，见面都要行礼，表示友好或敬意。

### (二)座次之礼

《史记·项羽本纪》中“鸿门宴”的座次顺序可以说是室内礼节的真实写照。座位次序是中国封建社会里区别尊卑的一种重要礼俗:左为尊,右为次;上为尊,下为次;中为尊,偏为次;面朝大门为尊。这种礼节性位次影响很广泛。

### (三)成人之礼

少男少女达到成人年龄时举行的象征迈向成人阶段的仪式。仪式意味着懂得成人的责任、履践美好的德行、承担社会角色;正视肩上的责任、完成角色的转变、宣告长大成人。

### (四)校园之礼

在人际交往中,人们的感情流露和交往经常要借助于人体的各种姿态,这就是我们常说的体态语言。

1. 规范的站姿

正确的站姿有它的基本要求,比如,站要端正、自然、亲切、稳重。

(1)前腹式——两脚微微叉开,呈 V 字形,脚跟靠拢,两膝并拢,双手是右手在上,交叉放在小腹部,挺胸收腹,两肩展开,头正目平,微收下颌,面带微笑,站成左丁字步和右丁字步。

(2)侧放式——两脚微微叉开,呈 V 字形,两脚叉开大约与肩同宽,两手自然下垂,放在腿部两侧,挺胸收腹,头正目平,微收下颌,面带微笑。双手自然下垂,放在腿部两侧。

2. 正确的步姿

宁静且优雅。正确的步姿要求“行如风”,即走起路来像风一样轻盈、从容、稳重。应注意以下几点:

(1)行走时,两眼目视前方,肩部水平放松,两臂自然摇摆,前后摆动的幅度为 15° ~ 30°,标准的步度是本人的一脚之长。

图 4-11　前腹式站姿

图 4-12　侧放式站姿

(2)在走廊,靠右侧通行,遇到老师时主动问好,并主动让路,如:“老师好!请您先走”。

(3)如有急事要超过前面的行人,不要跑,可以大步超过,并转身向被超过者道歉:“对不起!先生,我有急事先行一步!”

(4)走路时,身体挺直,不要左右摇摆或晃肩。

(5)走路时,不要低头或后仰,更不要扭动臀部。

(6)不要将双手插在兜内走路。

图4-13　正确的步姿

3. 优雅的坐姿

要轻柔舒缓,面带微笑,大方自然。所谓“坐如钟”,就是要坐得像钟一样稳重挺拔。

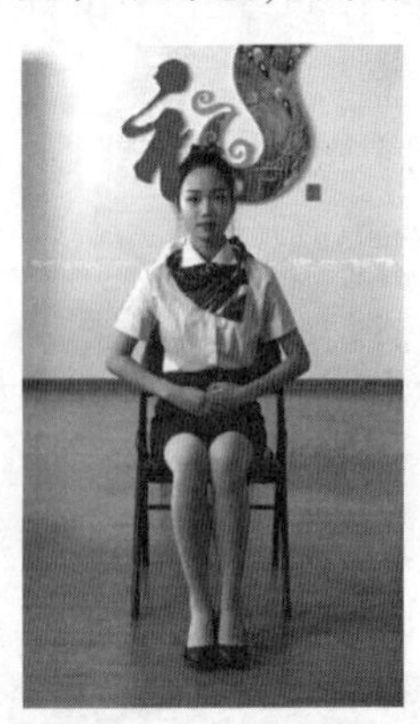

图4-14　优雅的坐姿

入座时要走到椅子前转身,右脚向后退半步,稳稳地坐下,左脚再慢慢收回。落座时要注意,身体前倾不要过大,要坐在椅子的三分之二处,坐姿都要端庄稳重,不要猛坐猛起,弄得桌椅乱响,不能跷起二郎腿,不要前仰后合或抖动手脚,这是缺乏教养和傲慢的表现。

4. 礼貌的语言

一个人的语言要谈吐文雅,表达得体,既要做到语音标准、音质甜润、语气诚恳、语速适当,还要讲究语言艺术,正确使用敬语、谦语、雅语等礼貌用语。

在日常生活和学习中,我们要经常运用“五声十字”,即:“您好、请、谢谢、对不起、再见”。例如:您好,欢迎光临,里边请;谢谢惠顾;请慢走;对不起,打扰一下;欢迎下次光临,再见!

平时,我们遇到老师应主动问候:“老师好!”在问候的时候,我们可以采用“七色问候”,或在问候时加上老师的姓名,例如,下午好,李老师!上午好,张老师!加上姓名更显得亲切,而且显得尊重和重视。

5. 文明的举止

举止是一种不说话的"语言",能在很大程度上反映一个人的素质、受教育的程度及能够被别人信任的程度。在社会交往中,一个人的行为既体现他的道德修养、文化水平,又能表现出他与别人交往是否有诚意,更关系到一个人形象的塑造。冰冷生硬、懒散懈怠、矫揉造作的行为,无疑有损于良好的形象。相反,从容潇洒的动作,给人以清新明快的感觉;端庄含蓄的行为,给人以深沉稳健的印象;坦率的微笑,则使人赏心悦目。因此,我们在交往中应该使自己成为举止优美的人。

校园里、日常生活中所使用的优美动作,比如:蹲下捡东西、取低处物品或拾起落在地上的东西时,不要弯腰翘臀,而是两脚稍稍分开,站到要拣东西的旁边,屈膝下蹲,慢慢低下腰部拿取。

引领客人时,应在客人前方两三步的位置,随着客人的步度前行,在转弯处或遇到台阶时,应向客人示意,比如:"陈小姐,请这边走,请注意台阶。"

进门前要轻敲3下门,如没有回应,间隔3~5秒之后,再敲3下。如果门是半掩着或开着的,也要轻敲3下门,得到允许后再进。

握手时身体与地面相互垂直,也可以身体稍微前倾,以示谦虚和恭敬,不要用一只手握手,另一只手插在兜里;不要一只脚在门里、另一只脚在门外就与别人握手;更不要掌心向下和别人握手,那是不尊重人的表现。

上下楼时主动靠右侧通行,乘坐有人操作的电梯陪同人员要后进后出,乘坐无人操作的电梯陪同人员要先进后出,并控制电梯。

传递物品时要双手递送并将物品及字样的正面朝向别人,然后有礼貌地说:"先生,这是您的书!"传递铅笔、剪刀等带尖的物品时,尖的部位要朝向自己,不要朝向别人。

不要当众化妆、打喷嚏、抠鼻子、擤鼻涕,剔牙时要朝向一旁,捂住口、鼻,把声音降到最低程度。

正确的手势在人际交往中同样可以锦上添花。手势运用要自然优雅、规范得体,切忌日常生活中的一些动作,例如:指点他人、单手摆动示意、点头召唤他人,此类动作都不要使用,另外在课堂上举手发言时,右手抬起,手腕伸直,手指不宜过高,到头部就可以了。

良好的习惯不是天生的,而是日积月累的,它能体现一个人高贵的品质、广博的学识。在日常生活中时刻保持微笑,代表积极乐观的人生态度。一个人礼仪修养的形成是长期的、循序渐进的过程,在日常的学习和生活中要按照标准不断磨炼、陶冶,相信大家都能成为一个有着良好礼仪修养的人。良好的习惯决定着行为,行为又决定着性格,性格则决定一个人的命运!

## 三、职业礼仪树形象

### (一)职业礼仪的基本要求

**案例1**

一位老年顾客到商场去买鞋,因看不清标签上的定价,便问售货员:"请问,这双鞋多少钱呀?”售货员只看了他一眼,张口就说:“好几百呢!”话外音含有“你买得起吗”的意思,这位老年顾客大为不悦,本来想买也不买了。

案例2

一位商场优秀服务员,在实践中总结了接待顾客从语言上要做到“五声”:宾客到来有问候声,遇到宾客有招呼声,得到协助有致谢声,麻烦宾客有致歉声,宾客离开有道别声;禁忌“四语”:不尊重宾客的蔑视语,缺乏耐心的烦躁语,自以为是的否定语,刁难他人的斗气语。

上述镜头中的服务人员同为商场服务员,但接待顾客的态度不同,分别违背和体现了职业礼仪的什么要求?

相关知识

职业礼仪,主要指人们在职业生活和商务活动中要遵循的礼节,是一般礼仪在职业和商务活动中的运用和体现。它包括:商务活动礼仪、职业场所礼仪、求职面试礼仪、社会服务礼仪等。

职业礼仪的基本要求是:爱岗敬业、尽职尽责,诚实守信、优质服务,仪容端庄、语言文明。

比如服务行业,提供服务坚持信誉第一、保质保量、公平交易。想服务对象之所想,及服务对象之所急,热情耐心,细致周到,不厌其烦。遇有顾客投诉或发生纠纷,服务人员应以冷静、克制、忍让的态度向客户解释、道歉,并积极帮助解决问题,切忌争辩、怠慢或推卸责任。

服务人员修饰仪容以自然为美,以淡妆为宜,行、站、坐体态合乎标准。有行业服装的应着行业服装,做到整洁、美观、协调。服务时多说“请”“您好”“谢谢”“对不起”“请您稍等”“欢迎再来”等礼貌用语,多以温馨的微笑、亲切的目光与客人进行沟通,努力缩短与服务对象之间的距离。

### (二)职业礼仪的道德意义

案例

某公司经理解释为什么要录用一个没有任何人推荐的小伙子时说:“他神态自然,服装整洁;进门时在门口蹭掉了脚下带的土,进门后随手轻轻地关上了门;当他看见残疾人时主动让座;进了办公室,其他的人都对我故意放在地上的纸屑视而不见,而他却很自然地俯身捡起并放在垃圾桶里;他回答问题简洁明了,干脆果断。这些难道不都是录取他最好的介绍信吗?”

请问,经理指出的“介绍信”中包含了哪些职业礼仪方面的要求?这些要求蕴含了哪些方面的道德意义?

相关知识

任何一种职业,要直接或间接地面对公众,都有对外交往的任务,自然都会涉及礼仪问题。职业道德是人们在职业活动中应该遵守的规范和准则，其中包括了在职业活动中应该遵守的礼仪规范和准则。

敬业与实干是职场最重要的礼仪范畴。只有对本职工作怀有高度的责任感和自豪感，在思想上、业务上对自己从严要求，努力学习业务知识，全面掌握职业技能，才能赢得职业上的成功。

比如，工商行业，要遵守商业礼仪。从事工商活动，生产者要同销售者交往，使销售者认同自己生产的产品；销售者要同消费者交往，使消费者认同自己销售的产品，接受和购买产品，从而实现经济效益和社会效益。为此，就要通过商务礼仪活动，树立企业的形象和产品的形象。生产人员要实在、诚恳，讲究质量和信誉；销售人员要热情、大方、周到、细致；生产现场要整洁、规范、安全、有序；销售环境要宽敞、明亮、整齐、干净；商务洽谈要守时、真诚、融洽、宽容。

再比如，企业员工拨打和接听电话的方式就体现一个人的素质和水平。注意语气，微笑着平心静气地接打电话，会给对方温暖亲切之感。不要认为接听电话的对方看不到自己的表情，其实，从打电话的语调中已经传递出了是否友好、礼貌、尊重他人等信息了。也许正是因为你不经意的冷淡和鲁莽，就会失去一个潜在的客户，使企业利益遭受不必要的损失。

职业礼仪是一个职业人道德素质的外在表现，体现职业人对自己、对他人、对工作负责任的态度。恪守职业道德，遵守职业礼仪规范，是每一位职业人应当具备的素质。

**相关链接**

职场中的人格魅力，是其道德风范、知识修养、心理素质、仪表风度等方面的综合体现，也是一种对他人的影响力。具有人格魅力的人，表现出较强的亲和力、感召力和凝聚力。人格魅力不是与生俱来的，需要在实践中通过不断磨炼而提升。人格魅力中的重要一条就是自尊和敬人。即使是很简单的礼节，比如见面点点头、问个好，也表现了对对方的尊重。要想事业有成，就离不开与他人合作，离不开互相尊重。如果以得体的言语、举止和发自内心的微笑来对待领导、同事和所有接触到的人，就会很快赢得别人的好感。举止有礼还是一种标志，意味着受过良好的教育，有较强的工作能力，这从而得到对方的信任，对工作非常有利，唯我独尊、粗暴无礼的人是很难与别人合作的。

**相关知识**

敬业作为职业礼仪基本要求的首要内容，要求待人礼貌客气、诚恳尊重、和气谦让。奉献是职业礼仪的最高境界。敬业奉献是职业礼仪外显行为方式的重要方面，是职业道德建设的重要内容，也是职业人实现人生价值的重要途径。

### （三）遵守职业礼仪的作用

**案例**

小殷与小冷是职校同学，毕业后到同一家企业工作。小殷在工作中非常注重自己的形象，对待同事彬彬有礼，细致周到，大家都很喜欢她，乐意与她合作。而小冷不大讲究自己的形象，经常与同事开些不恰当的玩笑，令人感到难堪，同事们都不愿意与她来往。两年后，小殷当上了部门主管，小冷却不得不离开单位另谋出路。

请问，小殷和小冷不同的经历说明了什么？

**相关链接**

中职学生进入企业实习，需要注意以下实习礼仪：

(1)要严格遵守实习单位的规章制度，上班不迟到、不早退，有事要事先请假。

(2)要虚心好学，尊重领导、尊重师傅和同事，遇到不懂的问题，应主动向老员工请教，对他人的帮助和指导要及时道谢。

(3)要主动多承担自己力所能及的工作。

(4)要注意保持工作场所的卫生，及时清扫垃圾，创造良好的工作环境。

(5)不打听、不议论同事的私事，对于同事的工作情况不评头论足。

(6)工作期间不接打私人电话，未经同意不得使用单位电话聊私事。

请结合具体事例，说明职业礼仪对个人求职的作用。

**相关知识**

讲究职业礼仪，有助于个人求职成功。求职者除了要具备良好的专业素养外，掌握一些职业礼仪的起码要求也是必要的，有时这些礼仪形式甚至会起到举足轻重的作用。

职业礼仪是职业人员自我推销的工具，是职业人员进入社会从事活动的“通行证”。有礼仪修养的职业人员，给人以有教养、有能力、有风度的感觉，备受社会公众的尊敬和欢迎，能获得更多的理解、帮助和支持。用人单位除了看应聘者是否具备相应的专业知识和潜力外，还要看其在别人面前的言行举止如何，是否具有良好的礼仪修养等。作为一名求职者，在求职过程中，要注意自己的行为举止，表现出自己良好的专业基础和礼仪修养，这是获得成功的第一步。

**相关链接**

## 求职面试时的建议

首先要设法了解你希望就职的那个公司或单位尽量多的情况。其次要尽可能全面地了解你自己，应认真考虑一下你究竟想在业务上干出什么名堂，该工作是否有助于你实现个人目标，还应想一想通过何种途径可以证明你以前的经历能使你胜任未来的工作。并且记住以下建议：

(1)准时赴约，切不可让招聘人等候。

(2)要等接见者请你就座时才能按指定位置入座，一般以对面为佳，并注意坐姿的优美与神情表现。

(3)服饰打扮要稳重正式，衣着要整洁得体，头发要疏理，皮鞋要擦亮。

(4)带上个人简历、证件、介绍信或推荐信等必要的材料，见面时，一定要保证不用翻找就能迅速取出所需材料。

(5)讲话时要充满自信,回答提问尽量详细,但不要展开发挥,要按接见者的话题进行交谈,大胆询问有关未来的工作。

(6)及时告辞,有些接见者以起身表示面谈的结束,另一些人则用“同你谈话我感到很愉快”或“感谢你前来面谈”这样的辞令来结束谈话,对此,面试者应十分敏锐,及时起身告辞。

(7)要有礼貌。面试过程中应始终遵守礼仪准则,告辞时应同接见者握手,面带微笑地表示感谢。

相关知识

讲究职业礼仪是塑造和维护良好组织形象的需要。良好的组织形象,意味着该组织具有较高的知名度和美誉度,并可以提高组织的竞争力,在市场中占有更多优势。

职业活动中,我们每时每刻都离不开与人交往。要使人际交往有效、高效,我们必须善于建立良好的沟通渠道。讲究职业礼仪,就是打通人际交往的阻碍,构建良好的沟通渠道,把尊重、重视、真诚和友好传达给交流的对方,促进职场人们的沟通交流与业务的拓展。

讲究职业礼仪,能有效地提升个人素质,塑造良好的个人职业形象,有利于人际沟通与交流,有利于工作的开展和效益的提高。

**(四)职业礼仪展风采**

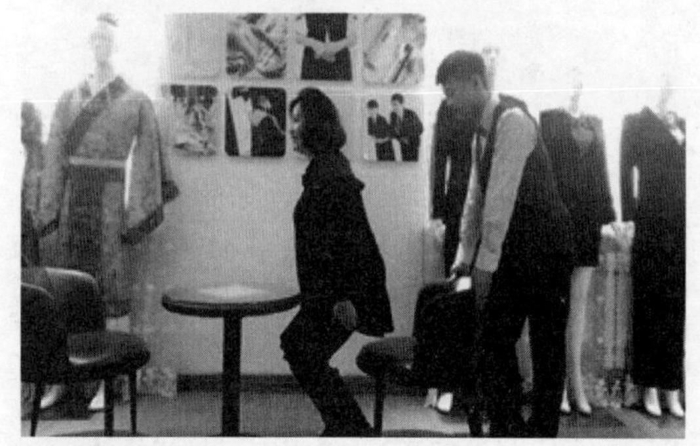

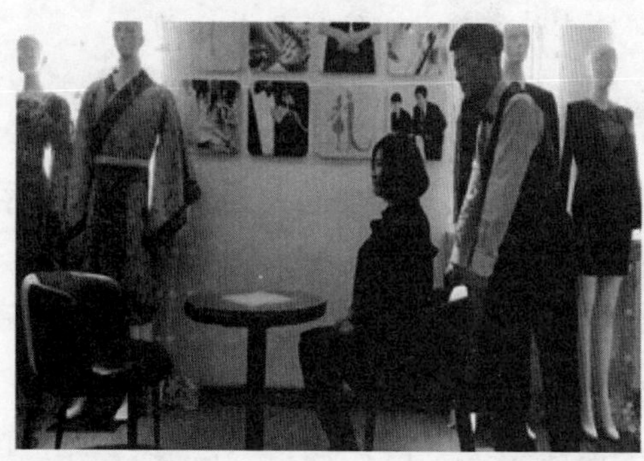

图4-15　中职学生在进行职业礼仪培训

案例1

公司开展礼仪教育活动,特别邀请了一位礼仪教育专家给大家做学术报告。报告的内容非常精彩,大家都听得聚精会神,会场十分安静,不时响起掌声。突然,“嘻唰唰,嘻唰唰……”一阵俏皮的流行音乐从会场中响起,原来是小王新买的手机“唱歌”了,大家齐刷刷地把目光投向小王。小王恨不得打个地洞钻进去。

案例2

某中职毕业生小艾去某公司公关部应聘。面试过程中并不复杂,他准备也很充分。但是公关部经理最终并没有录他。公关部经理认为,他的仪表方面没有问题,但是不注意修剪指甲、剪短鼻毛等细节,因而不太适合做公关礼仪工作。

对上述现象进行分析判断,从职业礼仪角度给小王和小艾提出合理化建议。

**相关知识**

提高遵守职业礼仪规范的自觉性。作为中职学生,今天我们在学校学习,明天我们将走向职业生活,成为职场的一名员工。我们要将所学的职业礼仪知识自觉运用到职业生活中,提高遵守职业礼仪规范的自觉性,并以此伴随我们今后的职业生涯。

提高遵守职业礼仪规范的自觉性,要处理好个人与社会的关系。

学习职业礼仪,必须打破自我中心意识,增强社会和集体意识。作为职场中的一员,我们不能让个人好恶、个人习惯、个人意志来左右自己的行为,而是要服从社会和集体的交往需要这个大局,以职业礼仪树立形象,为社会做出更大的贡献。

**相关链接**

在旅游者心目中,导游往往是一个地区、一个民族乃至一个国家的形象代表,因此导游在不断提高自身职业技能的同时,应自觉加强礼仪修养:

(1)自觉维护国家利益和民族尊严,不得有损害国家利益和民族尊严的言行。

(2)着装整洁,礼貌待人,尊重旅游者的宗教信仰、民族风俗和生活习惯。

(3)应当严格按照旅行社确定的接待计划,安排旅游者的旅行、游览活动,不得擅自增加、减少旅游项目或终止导游活动。

**相关知识**

做讲文明、有礼仪的人,提高遵守职业礼仪规范的自觉性,要处理好工作单位内外部关系。作为工作单位的一员,在工作交往中,通过礼仪的方式,对内尊重同事和领导,合作友爱;对外加强联络,礼貌待人,讲究诚信,这样可以树立良好的组织形象,增强与公众的感情,营造事业发展的良好外部环境。

**相关链接**

某中职学校学生会向全体同学发出了《做讲文明、有礼仪的人》的倡议:在家做孝顺父母、关心亲人、勤俭节约、热爱劳动的好帮手;在社会做热爱祖国、文明礼貌、诚实守信、遵纪守法的好公民;在学校做团结友爱、互相帮助、尊重他人、善于合作的好学生;在公共场所做爱护公物、讲究卫生、保护环境、遵守秩序的好卫士;在独处时做心胸开阔、心理健康、勤奋自立、勇于创新的好主人。

结合上述倡议的内容,检查自己是否有以下行为,并谈谈中职学生如何做"讲文明、有礼仪"的人。

1. 教室里

上课时不认真听讲,交头接耳、看小说、睡觉、玩游戏、吃东西、不服从课堂管理、顶撞老师。

迟到、早退、逃课，迟到后推门而入、横冲直撞，无视老师和同学的存在。

经常讲粗话、脏话，或给老师、同学起绰号。

2. 寝室里

休息时间在宿舍内喧哗、打电话、打牌、唱歌，影响他人休息。

寝室“夜话”，大谈“色情类”话题。

私用“热得快”等学校明文禁止的电器。

3. 餐厅里

买饭不排队，就餐先占座，拥挤无序。

饭后不收拾餐盘，浪费现象严重。

### 相关知识

一个人的良好形象，是通过文明的言行体现出来的；文明的言行也折射出一个人良好的道德品质。我们要养成讲文明、懂礼仪的好习惯。

当一个小孩在你身边摔倒时，没有谁要求你必须把他扶起来，但你还是这样做了，因为你心里有这样一个信念：要帮助比你弱小的人。心中这样的信念多了，道德素质也就随之形成了。在与人交往时，起码不要妨碍别人，不要影响别人的正常生活，在此基础上能够做到尊重体谅理解别人、同情关爱帮助别人。这样的要求，往往通过文明礼仪体现出来。比如，两个人发生了小摩擦，如果一方能歉疚地道声“对不起”、一方大度地回一句“没关系”，这样的礼貌语言，就会成为人际关系的“润滑剂”，如果恶语相向、拳脚相加，不仅缺乏文明、不讲道德，还违法违纪。

做文明礼仪知识的学习者。我们要认真学习文明礼仪知识，积极参加文明礼仪实践活动，不断丰富知识、拓展视野、陶冶情操、净化心灵，养成文明礼仪的好习惯。

做文明礼仪知识的传播者。我们要弘扬传统美德，积极传播礼仪知识，不断

增强文明礼仪意识，倡导健康文明的礼仪，让文明礼仪进班级、进宿舍、进家庭、进社区，努力营造文明礼仪氛围。

每个人都希望自己在社会交往中能够谈吐文雅、举止大方、彬彬有礼，能够引起人们的关注，获得他人的好感。但礼仪绝不仅仅是一种简单的外在表现形式，它与自身的道德修养和行为习惯养成密切相关。我们要注重礼仪的外在表现形式，更要在道德修养和行为习惯养成方面下功夫，在勤奋的求知和道德的内化中不断地充实自己，在日常的实践中不断提高自己的礼仪水平。

### 相关知识

做文明礼仪活动的实践者。对个人来讲，礼仪是一个人思想道德水平、文化艺术修养的外在表现；对社会而言，礼仪是精神文明建设的重要组成部分，是社会文明程度、道德风尚的反映。文明礼仪重在实践，从点滴做起。我们要积极倡导社会公德、职业道德、家庭美德，从文明学习、文明生活、文明集会、文明着装做起，从不随地吐痰、不乱扔垃圾、不乱贴乱画等文

明行为做起，从现在做起，从身边的小事做起，提高文明礼仪修养。

作为一名即将走上工作岗位的中职生，礼仪有可能关系到你能否获得一份理想的职业，关系到你的事业能否取得成功。所以，了解并掌握一定的职业礼仪，是为了顺应市场经济发展对现代职业人员素质和能力的迫切需要，它有助于提升从业人员的职业形象，促使从业人员熟练运用人际交往的技巧，展示沟通艺术，有利于完善从业人员的综合素质，增强工作能力，增进职业竞争能力；同时也有利于从业人员处理好同事之间的关系，为自己营造和谐幸福的工作环境。

**名人名言**

习惯如果不加抗拒，很快变成必需品。

——奥古斯丁

**拓展训练**

1. 结合自己所学专业和将来的就业方向，写一封求职信。要求书写规范、谦恭有礼、情真意切、言简意赅。

______________________________

______________________________

______________________________

2. “寻找身边的职业礼仪”。同学们在课后选定一个职业对象，观察并记录其在工作岗位上所体现的职业礼仪及有失职业礼仪的地方。

______________________________

______________________________

______________________________

3. 宴席上首席为尊末席为卑，奉茶八分为宜，走路不要走在路中间……这些中国传统生活礼仪，被我们的祖先视为社会生活的基本规矩，作为中职生的你，怎样理解日常生活中的这些规矩？在现实生活中是否应该保留我国传统的生活礼仪？

______________________________

______________________________

______________________________

# 第四课　职业生涯规划

时代为每个人提供了实现人生理想与人生价值的机遇，同时也产生了各种挑战。对于个人来说，最大的挑战莫过于就业的难题。

“凡事预则立，不预则废”，职业生涯也如此。即将走上工作岗位的同学要想把握好自己的人生,那就应尽早规划自己的职业生涯。职业生涯规划是你实现职业理想、美梦成真、相伴终身的好朋友。人人都希望拥有成功的职业生涯,那就应该“走一步,看两步,想三步”。职业生涯规划可以帮助你合理规划未来,在人生旅途中少走弯路,正如苏格拉底所说:每个人身上都有太阳,只是要让它发光……职业生涯规划如何设计呢?成功的人生就从你的职业生涯规划开始吧。

**相关知识**

## 一、职业与职业生涯

### (一)职业及内涵

职业是个人在社会中所从事的、有稳定收入的工作,既是人们实现人生价值、为社会做贡献的舞台,也是人们在社会中生存、发展的手段。

人生在世,谁都想成就一番事业。然而事业的成功,并非人人能如愿以偿,问题何在?在你填写中考志愿的时候,或许还没有认真地思索你今后的职业,那么,当你走入职业学校的校园,选择了你的专业之后,这个问题就实实在在摆在你的面前了。

“职业”这个话题听起来未免太大,具体来说需要考虑,如何给自己的职业定位,怎样朝着自己的理想走得更近、走得更好。作为一名职业学校的学生,你有自己选择的专业,你的职业发展方向已经有了目标,这个时候再谈这个话题,更有其实际意义。

职业包括4个要点:

(1)稳定的收入。职业是有报酬的劳动,有稳定的收入是职业区别于其他劳动的主要特征。稳定的收入是指所从事的工作有一定的连续性,其报酬构成从业者赖以生存的主要经济来源。但是,收入必须合法,从事违法活动的人,必将受到法律、法规的制裁。

(2)要承担相应责任。护士的责任是为患者提供优质服务,公共汽车司机的责任是把乘客安全送到目的地。所有职业都是这样,在获得稳定收入的同时,必然要承担相应的责任。

(3)是实现人生价值和自我完善的途径。人们通过职业活动完善和发展自我,获得精神上的愉快和满足。

(4)是个人与社会相互联结的纽带。现代社会的职业如同一张网,把不同的人联结起来。职业是社会分工的产物,社会通过人们的职业活动才能正常运转,人们通过职业活动才能在社会中和谐共存。

**名人名言**

人世间的美好梦想,只有通过诚实劳动才能实现;发展中的各种难题,只有通过诚实劳动才能破解;生命中的一切辉煌,只有通过诚实劳动才能铸就。

——习近平

### (二)职业生涯与人生

人的生存、生活离不开职业,职业是人生发展的载体。围绕职业,人的一生大致可分为三个阶段：从业准备阶段、从业阶段、从业回顾阶段。

从婴儿开始，直到完成学校的学习，开始从事某种职业以前，均属于从业准备阶段。中职生进入职业学校以后的活动，几乎都是为职业生涯发展做准备的。不仅为首次就业做准备，而且为今后的职业生涯发展奠定基础。

从业阶段是人生的主要阶段。职业生涯长短与个人的职业能力、健康状况等有关。职业与人生的关系集中体现在三方面：一是人们通过职业活动满足多种需要，其满足的程度反映出职业生涯发展的程度；二是人的职业生涯发展是一个不断学习、不断积累、不断提升、不断发展的终身学习的过程；三是把自己的梦不断融入中国梦的过程。

人生的第三阶段是从业回顾阶段，通常也是人生的最后阶段。此阶段人与职业的关系主要表现为两个方面：一是依靠从业阶段的积蓄和社会保障的回馈，安度晚年；二是通过回顾职业生活，以讲授、写作、聊天等多种方式，不同程度地指导和影响着年轻人的职业生涯发展。

## 二、职业生涯规划及重要性

**游戏**

(1)在白纸条上画一个长线段。在起点上写上你的出生日期和年龄0岁，在终点上标注出你自己预测的死亡年龄。

(2)在线段的适当位置上标注出你现在的年龄，并将这之前的线段撕下来。

(3)然后在剩下的线段上写出你认为今后的人生中最迫切想要实现的三件事。

(4)在线段的适当位置上标注上你想功成名就的年龄，然后经这以后的线段撕下来。

(5)剩下的部分有多少？你手中拿的这段时间是什么，有多少？(我们可以用来努力学习和工作的时间)

面对这张纸，你有何感受？那仅有的可以用来努力学习和拼命工作的时间，我们又该怎样利用呢？

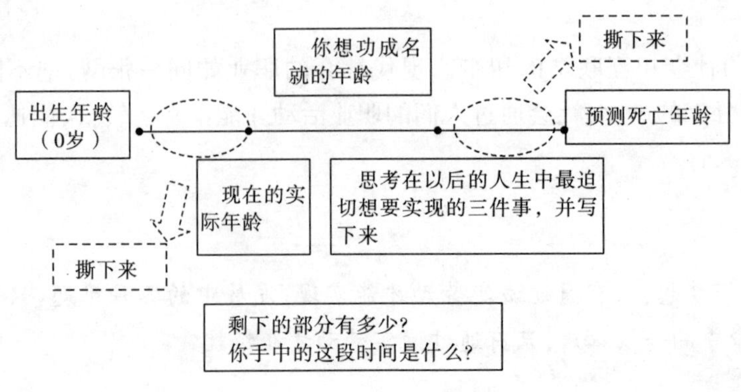


图4-16　游戏示意图

相关知识

职业生涯规划是"圆梦"的计划,是个人对自己一生职业发展道路的设想和谋划,是对个人职业前途的展望,是实现职业理想的前提,它包括选择什么职业,以及在什么地区和什么单位从事这种职业,还包括在这个职业团队中担负什么职务以及实现这些设想的措施等内容。

问题聚焦

有些中职生是由于下列原因进入学校某个专业学习的:

中考失利:由于学习基础差或在考试时发挥不理想,无可奈何地进入中等职业学校。

盲目从众:跟随热点,盲目随大流,或凭着从报刊、电视、网络等媒体得到的印象选择专业。

省心省事:选择与自己认为最容易从事的职业有关的专业,希望学习时不费劲儿,工作后也不会太辛苦。

拜金主义:哪行挣钱多就学与哪行有关的专业。

回忆一下自己在中考报名时有过类似的想法吗?现在是否有了新的想法?

相关知识

**(一)帮助我们目标明确地发展自己**

青年人"有梦"才能奋发向上、孜孜以求;目标明确地"追梦",才能通过脚踏实地、勇往直前、拼搏实干去"圆梦"。

目标即想要达到的境地或标准。目标明确会让自己少走弯路,更快地实现目标。职业生涯规划应围绕"促进个人发展"来制定自己的目标。人人都追求幸福,而幸福会在我们追求目标的过程中到来。

职业生涯规划帮助我们中职生从所学专业出发,在真正了解自己、了解所学专业、了解即将从事的职业的基础上,确立既实事求是又催人奋进的目标,制定实实在在的发展措施,为获得成功的职业生涯做好准备。只有在职业发展道路上目标明确,并不断追求的人,才有可能成为成功者。

**(二)帮助我们扬长补短地发展自己**

一个链条,最脆弱的一环决定其强度;

一只木桶,最短的一片决定其容量。

名人名言

不想成为将军的士兵,不是一个好士兵。

——拿破仑

相关知识

职业生涯规划的落脚点是扬长补短地发展自己。"扬长"即发现、培养、发挥自己的长处，“补短”即认识、发现自己的短处，并有意识地不断缩小自身条件与发展目标的差距。发现自己的长处可以提高自信心，有自信才能大胆参加竞争，接受挑战，实现自己的职业理想；了解自己的短处才能找到应该改进的问题，提高学习的针对性、实效性，补短要重视时机、重视实用。在校时要扬长补短，主动适应即将从事的职业要求；择业时要扬长避短，选择自己能胜任的岗位。

## 三、职业生涯的设计

### （一）自我评估

要通过科学认知的方法和手段，对自己的职业兴趣、价值取向、性格、能力等进行全面认识，清楚自己的优势与特长、劣势与不足。自我分析要客观、冷静，不能以点带面，既要看到自己的优点，又要直面自己的缺点。只有这样，才能避免设计中的盲目性，达到设计高度适宜。

1. 职业兴趣

兴趣是一个人积极探索某种事物的心理倾向。如果对自己的职业有浓厚的兴趣，就会在学习和工作中更积极探索，刻苦钻研，最大限度地发挥自己的聪明才智，使自己的职业生涯得到更快发展。

一个人对工作的兴趣与其成就大小密切相关。研究资料表明，如果一个人对他所从事的工作不感兴趣，他在工作中只能发挥其全部才能的20%～30%。而如果一个人对他的工作有兴趣，他就能发挥其全部才能的80%～90%。因此，在考虑自己未来发展方向时，要尽可能在所学专业对应的职业群中，选择自己感兴趣的职业作为发展方向。科学家依据兴趣与职业的关系，把人的兴趣划分为十类，每类对应着不同的职业群。这种分类，既反映具有某种兴趣的人适合从事哪类职业，也反映出某种职业对从业者个性特点的要求。

“测一测”所列的只是比较典型的一些兴趣类型，有的人的兴趣比较单一，其表示表中某一项就可以涵盖了；而有的人兴趣比较广泛，可能兼有下述的两类或者几类，对职业的适用面就比较宽。

**测一测**

不同的职业兴趣对应的职业类型：

（1）愿与事物打交道。这类人喜欢同事物打交道，而不喜欢与人打交道。相应的职业如制图、勘测工作和技术工作、建筑、机器制造、出纳、会计等。

（2）愿与人接触。这类人喜欢与人交往，对销售、采访、传递信息一类的活动感兴趣。相应的职业如记者、推销员、服务员、教师、行政管理人员、外交联络员等。

（3）愿干有规律的工作。这类人喜欢常规的、有规则的活动，习惯于在预先安排好的程序下工作。相应的职业如邮件分类、图书管理、档案管理、办公室工作、打字、统计等。

（4）喜欢从事社会福利和助人工作。这类人乐意帮助人，他们试图改善他人的状况，帮助他人排忧解难。相应的职业如律师、咨询人员、医生、护士等。

(5)愿做领导和组织工作。这类人喜欢掌管一些事情,希望受到众人尊敬和获得声望,他们在企事业单位中起着重要的作用。相应的职位是各级各类组织的领导管理者,如行政人员、企业管理干部、学校领导和辅导员等。

(6)喜欢研究人和行为。这类人对人的行为举止和心理状态感兴趣,喜欢谈论人的问题。相应的职业大都是研究人、管理人的工作,如心理学、政治学、人类学、人事管理、思想政治教育等研究工作以及教育、行为管理工作。

(7)喜欢从事科学技术事业。这类人对分析的、推理的、测试的活动感兴趣,长于理论分析,喜欢独立地解决问题,也喜欢通过实验做出新发现。相应的职业如生物学、化学、工程学、物理学、地质学等研究工作。

(8)喜欢抽象的和创造性的工作。这类人对需要想象力和创造力的工作感兴趣,大都喜欢独立的工作,对自己的学识和才能颇为自信,乐于面对周围的世界。相应的职业大都是科学研究工作和实验室工作,如社会调查、经济分析、各类科学 研究工作、化验、新产品开发等。

(9)喜欢操作机器的技术工作。这类人对运用一定技术、操作各类机械、制造新产品或完成其他任务感兴趣。他们喜欢使用工具,特别是喜欢大型的、马力强的先进机器,喜欢具体的东西。相应的职业如飞行员、驾驶员、机械制造、建筑、石油、煤炭开采等。

(10)喜欢具体的工作。这类人希望能很快看到自己的劳动成果,喜欢从事制作能看得见、摸得着产品的工作,并从完成的产品中得到满足。相应的职业如室内装饰、园林、美容、理发、手工制作、机械维修、厨师等。

## 案例

古典文学名著《红楼梦》和《三国演义》大家都比较熟悉,现在我们把林黛玉与张飞的位置换一下,让林黛玉带兵上阵持矛打仗,要张飞穿针引线去学刺绣,大家说可不可以?

## 相关知识

2. 职业性格

性格是一个人在对待客观事物和社会行为方式中所表现出来的比较稳定的个性心理特征,即一个人对事物的稳定态度和与其相适应的行为方式,性格分为外向型、内向型、中间型三类。

外向型人的主要特征有活泼性、灵活性、开放性、现实性、适应性、显示性等。这种类型的人多为开朗的乐天派,为人处世灵活多变、热情好客,能较好地适应外界变化,善于与人打交道。然而,他们有时做事马虎、松散、容易急躁。外向型的人适合从事工作内容变化较大的职业。

内向型人的主要特征有安全性、规律性、伦理性、计划性、缜密性、克制性等。这种类型的人多数较严谨、有计划、讲信誉、遵守规则。但他们有时处事犹豫不决,迟迟不见行动。在处理人际关系时,不如外向的人爽快和易于接近。不过,专心致志、持之以恒是内向型人的长处。内向型的人能较好地处理工作内容较相对固定的工作。

中间型既有外向型的一些特征,又有内向型的一些特征,所以中间型的人在职业适应性方面更宽泛。

性格对职业生涯发展有影响,让类似张飞性格的人去做文员,一定会让上司头疼;让林黛玉性格的人去开拓市场,业绩肯定不太理想;同样,不同的职业也要求从业者具有与之相适应的职业性格。职业性格是人们在长期特定职业生活中形成的与职业相联系的比较稳定的心理特征。

**测一测**

(1)变化型。能够在新的或意外的工作情境中感到愉快,喜欢工作内容经常有些变化,在有压力的情况下工作得很出色,追求并且能够适应多样化的工作环境,善于将注意力从一件事转移到另一件事情上去。

(2)重复型。适合并喜欢连续不断地从事同一种工作,喜欢按照一个固定的模式或别人安排好的计划工作,爱好重复的、有规则的、有标准的职业。

(3)服从型。喜欢配合别人或按照别人的指示去办事,愿意让别人对自己的工作负责,不愿意自己担负责任,不愿意自己独立作出决策。

(4)独立型。喜欢计划自己的活动并指导别人的活动,会从独立的、负有责任的工作中获得快感,喜欢对将要发生的事情作出决定。

(5)协作型。会对与人协同工作感到愉快,善于引导别人按客观规律办事,希望自己能得到同事的喜欢。

(6)劝服型。乐于设法使别人同意自己的观点,并能够通过交谈或书面文字达到自己的目的。对别人的反应具有较强的判断能力,并善于影响他人的态度、观点和判断。

(7)机智型。在紧张、危险的情况下能很好地执行任务,在意外的情况下,能够自我控制、镇定自若、工作出色。在出差错时不会惊慌,应变能力强。

(8)自我表现型。喜欢表现自己,通过自己的工作和情感来表达自己的思想。

(9)严谨型。注重细节的精确,愿意在工作过程的各个环节中,按照一套规则、步骤将工作过程做得尽善尽美。工作严格、努力、自觉、认真,保质保量,喜欢看到自己出色完成工作后的效果。

3. 职业能力

能力往往是我们评价一个人的重要标准,从心理学角度看,能力指顺利地完成某种活动所具备的稳定的个性心理特征。能力直接影响人们工作和学习的效率。各行各业为了保证职业活动顺利完成,都要求从业者必须具备该项职业活动所需要的能力,个人能力是否符合职业要求影响着一个人的职业生涯发展。

职业能力是从业者在职业活动中所表现出来的、能动地改造自然和改造社会的实践能力,由专业能力、方法能力以及社会能力构成。

专业能力指从业者对从事职业活动所需要的专业知识、技能的掌握和运用水平,强调应用性、针对性。

方法能力指从业者对从事职业活动所需要的工作方法、学习方法的掌握、选择和运用水平,强调合理性、逻辑性、创新性。

社会能力指从业者在从事职业活动时适应社会和融入社会的水平、程度,强调实用性和积极的人生态度。

## 实践活动

这是一个全班同学参与的拍卖会。每个人都有1000元可以自由支配,你可以先安排一下你打算花在每一个项目上的最高限价。你可以用全部的钱去买下面拍卖品中的一项,也可以把手中的钱同时用在几个项目上。起拍底价为100元,每次叫价增加100元。请问,当你选择一个项目时,你心中真正想要的价值是什么?

## 相关知识

4. 职业价值取向

价值取向是人们谋取一份职业的社会行为目的,决定人的就业方向和职业行为,影响人在职业活动中的态度,是人在从业过程中的驱动力。

不同的人职业价值取向不同。绝大多数人的职业价值取向不是单一的,往往有多种是中和性取向,但不同的人既在取向范围上有区别,也在取向重要性排序上有区别。

自我评估的目的,是认识自己、了解自己。因为只有认识了自己,才能对自己的职业做出正确的选择,才能选定适合自己发展的职业生涯路线,才能对自己的职业生涯目标做出最佳抉择。

## 案例

在某个小村落,下了一场非常大的雨,洪水开始淹没全村,一位神父在教堂里祈祷,眼看洪水已经淹到他跪着的膝盖了。一个救生员驾着舢板来到教堂,跟神父说:“神父,赶快上来吧!不然洪水会把你淹死的!”神父说:“不!我深信上帝会来救我的,你先去救别人好了。”

过了不久,洪水已经淹过神父的胸口了,神父只好勉强站在祭坛上。这时,又有一个警察开着快艇过来,跟神父说:“神父,快上来,不然你真的会被淹死的!”神父说:“不,我要守住我的教堂,我相信上帝一定会来救我的。你还是先去救别人好了。”

又过了一会,洪水已经把整个教堂淹没了,神父只好紧紧抓住教堂顶端的十字架。一架直升机缓缓地飞过来,飞行员丢下了绳梯之后大叫:“神父,快上来,这是最后的机会了,我们可不愿意见到你被洪水淹死!”神父还是意志坚定地说:“不,我要守住我的教堂!上帝一定会来救我的。你还是先去救别人好了。上帝会与我共在的!”

洪水滚滚而来,固执的神父终于被淹死了……神父上了天堂,见到上帝后很生气地质问:“主啊,我终生奉献自己,战战兢兢地侍奉您,为什么你不肯救我!”上帝说:“我怎么不肯救你?第一次,我派了舢板来救你,你不要,我以为你担心舢板危险;第二次,我又派一只快艇去,你还是不要;第三次,我以国宾的礼仪待你,再派一架直升机来救你,结果你还是不愿意接受。所以,我以为你急着想要回到我的身边来,可以好好陪我。”

请问,这个故事说明了什么道理?

## 相关知识

### (二)职业生涯机会的评估

职业生涯机会的评估,主要是评估各种环境因素对自己职业生涯发展的影响、环境对自己提出的要求以及环境对自己有利的条件与不利的条件等。

环境因素评估主要包括:

1. 家庭环境分析

家庭环境好坏对人的心态影响非常大,进而会影响到个人工作和事业的发展。对家庭环境的了解和分析主要包括以下几个方面:家庭关系、父子关系、家庭生活环境、家庭经济状况、学生学业情况、家庭成员健康状况等。

2. 家乡环境分析

与个人职业生涯发展关系最密切最直接的是自己的家乡。我们在这里长大,最熟悉这里,人际关系也集中在这里。利用家乡的优势来发展自己,往往事半功倍。

如果能在家乡就业,不但会得到许多无形的帮助,更能感受到乡情。如果去外地谋发展,也要善于借助家乡的优势,并记得回报自己的父老乡亲。

我们应该着重从两个方面关注家乡经济:一是家乡经济特点,二是本地经济与其他地区经济的比较。这样,既可以捕捉到有利于自身发展的机会,也可以验证个人发展目标是否符合经济社会发展需要。很多职业生涯成功的人士,在关注家乡经济发展的过程中产生灵感,找到了适合自己的成功的个人发展方向。

3. 行业发展动向分析

行业发展动向分析,可以从四个方面关注行业发展:

(1)本行业出现的新技术、新工艺;

(2)本行业产生的新职业、新岗位;

(3)本行业与相关行业之间的动态联系;

(4)国家、地方和外资对本行业及相关行业的投资动向。

## 名人名言

机遇只偏爱那种有准备的头脑。

——巴斯德

## 案例

7岁时,作文里写“我的梦想是当总统”。

在十几岁的时候,曾一度迷失方向,经常酗酒、吸烟、抽大麻,是个瘾君子。还曾在夏威夷海滩和印度尼西亚街头游荡逃学。

成年后,痛改前非考大学,树立目标,发奋努力,以优异成绩毕业于哈佛大学,获得法学博士学位。

大学毕业后,曾有两年时间就职于高薪的华尔街咨询公司,成为一个标准意义上的精英。但他却迅速放弃了这条人生道路,确定了以公职为志向的职业生涯规划,决定到芝加哥贫困的黑人社区从事社区管理工作,年薪只有1.3万美元。他在这个职位上一干就是3年。这段经历是他后来竞选的主要号召力,也是选民信任这位47岁年轻人的主要依据之一。

2007年2月10日正式宣布参加2008年美国大选。2008年11月4日大选日,他以巨大的优势战胜麦凯恩,当选为首位非洲裔美国总统。

请问,他从小就确定的长远目标是什么?为达到长远目标,他实施了哪些阶段目标?

## 相关知识

### (三)职业生涯目标设定

职业生涯目标的设定,是职业生涯规划的核心。一个人事业的成败,很大程度上取决于有无正确适当的目标。没有目标,如同驶入大海的孤舟,四野茫茫,没有方向,不知道自己走向何方。只有树立了目标,才能明确奋斗方向,犹如海洋中的灯塔,引导你避开险礁暗石,走向成功。

职业生涯发展目标,分为长远目标和阶段目标。确定长远目标是职业生涯规划的关键环节,其他环节都围绕长远目标的确定展开。分析发展条件是确定长远目标的准备工作,构建发展台阶、制定发展措施都要为了实现长远目标。长远目标的实现,需要经历一个个阶段目标。阶段目标搭建是否合理,既是长远目标实现的必要前提,也是衡量职业生涯规划设计优秀的重要指标。有效的职业生涯规划,需要将长远目标和阶段目标相结合。

职业生涯发展目标,必须符合职业生涯发展条件。职业生涯发展条件有外部、内部两类。外部条件主要指本人可能有的发展机遇,即家庭状况、家乡经济特点和行业发展动向。内部条件主要指现实的身体素质、个性特点、学习状况、行为习惯等及其变化趋势。

对职业生涯发展目标,应通过预测、衡量、比较,即筛一筛、量一量、比一比之后再做选择。

1. 预测

预测是设想各种方案并进行可行性评估,估计其可能产生的结果,包括成功的结果和失败的风险。也就是先看看这个目标有没有可能实现,不论长远目标,还是阶段目标,在确立之前都要通过筛一筛,把不切实际、不可能达到的目标去掉。

2. 衡量

衡量即考虑事物的轻重得失。衡量职业生涯发展目标的可行性,即在预测结果的基础上,对设定的发展目标进行考量,结合自身实际,综合各种因素,遵循一定的原则,确定最适合自己、最具可行性的目标方案。

职业生涯发展目标的选择,需要从三方面进行衡量。

(1)了解发展目标对从业者职业素养的要求,衡量本人现实条件与之匹配程度。

(2)了解发展目标对从业者可能有的回报,衡量本人价值取向得到满足的程度。

(3)了解发展目标对外部环境的要求,衡量本人可能有的发展机遇与之相符的程度。

3. 比较

比较目标优劣,即“比一比”,是在衡量所得结果的基础上,对各备选方案比较、排序,确定最优方案。其目的是反复斟酌、排序择优,从多个备选方案中挑选出最适合本人发展条件、最有激励作用的方案。

通过预测、衡量、比较三步的决策分析,可能做出的决定有两种:终结性决定和调整性决定。终结性决定,是选出最佳方案;而调整型决定,是对原有备选方案均感不满,决定重新探索发展目标,列出几个新的备选方案再次进行决策分析。

案例

1984 年,在东京国际马拉松邀请赛中,名不见经传的日本选手山田本一出人意外地夺得了世界冠军。当记者问他凭什么取得如此惊人的成绩时,他说了这么一句话:“凭智慧战胜对手。”当时许多人都认为这个矮个子选手是在故弄玄虚。马拉松赛是体力和耐力的运动,只要身体素质好又有耐性就有望夺冠,爆发力和速度都还在其次,说用智慧取胜确实有点勉强。

图 4-17　马拉松选手山田本一

两年后,意大利国际马拉松邀请赛在意大利北部城市米兰举行,山田本一代表日本参加比赛,又获得了世界冠军。记者又请他谈经验。山田本一性情木讷,不善言谈,回答的仍是上次那句话:“凭智慧战胜对手。”这回记者在报纸上没再挖苦他,但对他所谓的智慧迷惑不解。

10 年后,这个谜终于被解开了,他在他的自传中是这么说的:每次比赛之前,我都要乘车把比赛的线路仔细地看一遍,并把沿途比较醒目的标志画下来,比如第一个标志是银行;第二个标志是一棵大树;第三个标志是一座红房子……这样一直画到赛程的终点。比赛开始后,我就以百米的速度奋力地向第一个目标冲去,等到达第一个目标后,我又以同样的速度向第二个目标冲去。40 多公里的赛程,就被我分解成这么几个小目标轻松地跑完了。起初,我并不懂这样的道理,我把我的目标定在 40 多公里外终点线上的那面旗帜上,结果我跑到十几公里时就疲惫不堪了,我被前面那段遥远的路程给吓倒了。

请说一下山田本一成功的秘诀。

相关知识

### (四)阶段目标

1. 阶段目标的特点与要素

(1)阶段目标的特点:一是必须“跳一跳”,为之付出努力,不是轻而易举达到;二是“够得到”,可望又可及,不脱离自身条件,不脱离社会现实;三是“很具体”,能让自己明确,为实现这个目标到底需要从哪几个方面做出哪些具体的努力。

(2)阶段目标“四要素”:一是“什么”,即具体的职位、技术等级;二是“何时”,即什么时间达到；三是“内涵”，即该职位对从业者素质的具体要求，以及职位对从业者可能有的精神、物质方面的回报或其他期望；四是“机遇”，即达到此目标应有的外部环境，以及环境变化后的调节手段或备选方案。按照以上四个要素对阶段目标阐述越具体、详尽，其激励作用越明显。

2. 阶段目标设计

阶段目标设计要领与思路构成职业生涯规划的脉络，是职业生涯规划优劣的重要标志。脉络清晰、分段有据、阶梯合理、内涵明确、表述准确、衔接紧凑、直指长远目标，是设计阶段目标需要注意的。

(1)设定阶段目标的要领。

①在分段数量上职业生涯发展的阶段目标既可分为近期目标与中期目标两大段，也可细分为3~5个阶段，甚至更多。

②在表现形式上，有人用简图，有人用表格，有人用文字叙述，有人兼而用之。

③第三，在分段方法上，既可以按照职务晋升设计自己的阶段目标，也可按职业资格标准的提升安排阶段目标，还可按时间设计自己的阶段目标。

(2)“倒计时”的设计思路。

阶段目标的设计思路有很多种，最常用的是“倒计时”的方式，即根据达到长远目标所需要的台阶，一步步往回倒着设计。“倒计时”的设计应有以下步骤：

①理清长远目标；

②以差距为依据；

③注明每个台阶对从业者的要求；

④理顺各个“台阶“的衔接；

⑤设定达到目标的标准。

构建阶段目标必须在认真分析自身现有条件的基础上，根据已确定的长远目标的要求，对二者间的差距进行分解，然后分步推进。

3. 近期目标

近期目标是职业生涯规划中最重要的阶段目标，是职业生涯发展中第一个指向明确，并以此调整个性、提升素养的目标，具有特殊意义。中职生正处于职业生涯发展的关键时期，这既是确认发展方向的最佳时期，更是夯实职业生涯发展基础的有效时期。

近期目标的制定要领：

(1)脚踏实地，不好高骛远。

(2)内涵充实，能激励斗志。

(3)指向明确，有年级特点。

**名人名言**

要循序渐进！我走过的道路，就是一条循序渐进的道路。

——华罗庚

案例

曾经有一个人给自己立了一个目标，就是在有生之年赚100万元，但是他一无技术，二不勤奋，他幻想通过向上帝祈祷中彩票来发财。于是，他每隔两天都要到教堂去祈祷，而且他的祈祷词几乎每次都是一样的："上帝啊，请念在我多年来敬畏你的份上，让我中一次彩票吧！"但是，每一次上帝都没有满足他的愿望，就在他濒临绝望的时候，上帝出现了，并对他说："老兄，我实在没办法帮你，最起码你要去买一张彩票吧！

这个故事告诉我们一个什么道理？

一是制定目标要切合实际，不切实际的目标只能是空想；二是一个人在确定了目标后，行动便成了关键的环节。没有达成目标的行动，目标就难以实现，也就谈不上事业的成功。这里所指的行动，是指落实目标的具体措施。

相关知识

## (五)具体措施

在确定了职业生涯目标后，行动便成了关键的环节。没有达成目标的行动，目标就难以实现，也就谈不上事业的成功。这里所指的行动，是指落实目标的具体措施，主要包括工作、训练、教育等方面的措施。例如，为达成目标，在工作方面，你计划采取什么措施，提高你的工作效率？在业务素质方面，你计划学习哪些知识，掌握哪些技能，提高你的业务能力？在潜能开发方面，采取什么措施开发你的潜能？这些都要有具体的计划与明确的措施。并且这些计划特别具体，以便于定时检查。

1. 措施的三个要素

实现目标的措施有三个要素：任务(含方法)、标准和时间。措施不但应该有实现目标的具体任务(含方法)，而且要有完成任务的标准。时间包括两个方面：一是目标完成期限，二是落实措施的时间进度。

2. 措施的三个制定要领

职业生涯发展措施的制定要领有三点，措施必须是具体的、可行的、针对性强的。"具体"强调措施的内容实在，清晰明确；"可行"强调措施要符合自身条件和外部环境，有可操作性；"针对性强"则强调措施，不但直接指向目标，而且指向本人与目标的差距。人的精力是有限的，针对性强的措施才能提高实现目标的效益和效率。

3. 制定措施的思路

(1)"近细远粗"的思路。

实现近期或第一阶段的目标的措施要更具体，第二阶段之后的发展措施，则可以"模糊"一些。之所以要"近细"，是因为第一阶段目标是最重要的阶段目标，因而第一阶段的措施也是职业生涯发展措施中最重要的。后几个阶段的发展措施，会因为本人和环境等各项因素的变化而需要改变和调整，而第一阶段目标的措施，则是马上就要执行的措施，应该可操作、有指标、易量化。

(2)针对"三个方面"的思路。

中职生职业生涯规划第一阶段的发展措施，要针对三个方面：一是为近期目标的实现服务；二是为第二个阶段的发展做铺垫；三是为长远目标的实现打基础。

(3)“弥补差距”的思路。

第一阶段措施的制定，不仅以全面提升自身素质为目的，更强调弥补自身条件与目标实现之间的差距。发展目标对从业者的具体要求与从业者自身条件之间的差距，即现有职业能力和与职业要求之间的差距，现有知识、技能水准与职业资格标准之间的差距，现有学历与岗位要求之间的差距，个人职业素养与职业要求之间的差距等，应当成为第一阶段措施制定的主要依据。

*4. 落实近期目标的措施要有计划*

编写计划的作用是落实发展措施、实现发展目标、约束自己行为。

编排执行计划可以采用从年开始，向月周日细化的方法。年计划可概括，月周日计划要详细。内容应按轻重缓急排序，措施的落实最终要落到每天的安排上。因此，日计划和每天的执行是关键。日计划是周计划的再一次细分。今天怎么度过？要做哪几件事？这就是每天的计划和具体安排。当天最重要的事，要在前一天做好计划，这样才能掌握好每一天。

如果每天安排并完成自己的工作，才能一步一个脚印，更快、更好地获得职业生涯的成功。

**名人计划**

“六点优先工作制”，其内容如下：

(1)在前一天晚上写下第二天要做的全部事情，对目标、任务、会议等事件分别按优先级进行排序。

(2)化整为零，把大的、艰难的任务细分为小的、容易的部分。

(3)从优先级最高的事物着手。按事情的重要顺序，分别从“1”到“6”标出六件最重要的事情。

(4)和拖延做斗争，如果事情重要，从现在开始做。每天一开始，请你全力以赴做标号为“1”的事情，直到它被完成或被完全准备好，然后再全力以赴做标号为“2”的事情，以此类推。

俗话说：“计划赶不上变化”。是的，影响职业生涯规划的因素诸多。有的变化因素是可以预测的，而有的变化因素难以预测。在此状况下，要使职业生涯规划行之有效，就需不断地对职业生涯规划进行评估与修订。其修订的内容包括：职业的重新选择；职业生涯路线的选择；人生目标的修正；实施措施与计划的变更等。

规划自己的职业生涯，就是将理想的人生化为现实的人生，使自己的人生有目标、有追求。这样生活才不盲目，生活才有动力；要想取得人生的成功，必须及早进行职业生涯规划。没有蓝图无法建成高楼大厦，没有目标，难以拥有美好人生。

如今，我国实现全面建成小康社会的国家发展阶段目标的过程，正是中职生在校学习迈开职业生涯第一步的过程；实现建成富强民主文明和谐的社会主义现代化国家的过程，正是中职生在职业生涯发展台阶上不断攀升的过程；中国梦是强国梦，就是要实现国家富强；中国梦是复兴梦，就是要实现民族复兴；中国梦是幸福梦，就是要实现人民幸福；在追求国家富强、民族振兴的过程中，个人职业生涯才能得到可持续发展，自己和家人才能越来越幸福。

## 拓展训练

1. 尝试着列一下今天的事情。

| 序号 | 今天事务全记录 | 量化目标 | 完成状况（√×） | 备注 |
| --- | --- | --- | --- | --- |
| 1 | | | | |
| 2 | | | | |
| … | | | | |

完成情况及待办事宜

______________________________

______________________________

______________________________

2. 案例：某同学的一年级近期目标和计划措施。

| | 知识方面 | 能力方面 |
| --- | --- | --- |
| 近期目标 | 1. 保证文化基础课每一门成绩达到80分以上；<br>2. 考取全国英语等级考试一级证书；<br>3. 考取全国计算机等级考试一级证书；<br>4. 准备参加电工从业资格考试 | 1. 提高领导和组织能力；<br>2. 进一步锻炼自己的写作和口头表达能力，增强自信心；<br>3. 积极参加班校集体活动，与同学多交流，并形成良好的交际圈；<br>4. 多从事社会实践，多接触社会，增长经验 |
| 计划措施 | 1. 每天早上七点前到校读英语背单词，晚上练听力半小时；<br>2. 休息日到市图书馆英语角与外教交流；<br>3. 课前预习，课堂认真听讲，当天完成作业；<br>4. 多去图书馆广泛阅读书籍、报纸、杂志，拓宽知识领域，弥补人文素质的不足；<br>5. 参加学校计算机项目兴趣小组讲课，实际操作 | 1. 竞选班干部，校学生会宣传部部长；<br>2. 课堂发言，积极踊跃发表意见，主动与老师沟通；<br>3. 主动与同学交谈，交流思想；<br>4. 每周放学后打球两次，每次一小时；<br>5. 积极参加学校举办的有关比赛；<br>6. 做推销员等社会兼职 |

思考：

（1）目标和计划措施有什么关系？

______________________________

______________________________

______________________________

（2）各目标有何特点？

______________________________

(3)目标和措施的优缺点？

# 第五课　社会推荐与社会培训

案例

王明同学在职业学校学习就读的是机电技术应用专业。2017年8月10日毕业到一个汽车零部件加工企业应聘焊接工作岗位，企业要求应聘本岗位人员必须有焊工证书，由于他在职业学校学习期间没有考取该证书，该企业没有录取他。

相关知识

## 一、职业技能鉴定

职业技能鉴定是一项基于职业技能水平的考核活动，属于标准参照型考试。它是由考试考核机构针对劳动者从事某种职业所应掌握的技术理论知识和实际操作能力，做出客观的测量和评价，是国家职业资格证书制度的重要组成部分。

## 二、职业技能鉴定所(站)

职业技能鉴定所(站)是经劳动保障行政部门批准设立的实施职业技能鉴定的场所，它是职业技能鉴定的基层组织，承担规定范围内的职业技能鉴定活动。具体工作任务包括：

(1)受理职业技能鉴定的申请，对申报人的资格条件进行审查，经鉴定指导中心核准后，签发准考证；

(2)组织申报人员按规定的时间、地点和方式进行考核或考评；

(3)协调鉴定过程中的有关事务；

(4)汇总鉴定成绩，并负责报送鉴定指导中心；

(5)向鉴定指导中心提供鉴定报告，对考评小组的工作提出评价意见；

(6)协助鉴定指导中心办理证书手续，并负责向鉴定合格者发放职业资格证书；

(7)负责鉴定的咨询服务和信息统计等工作。

## 三、国家职业资格目录

人力资源社会保障部印发《关于公布国家职业资格目录的通知》(人社部发〔2017〕68

图 4-18　职业资格证书

号),公布国家职业资格目录。

这些职业资格基本涵盖了经济、教育、卫生、司法、环保、建设、交通等国家重要的行业领域,符合国家职业资格设置的条件和要求。

准入类职业资格关系公共利益或涉及国家安全、公共安全、人身健康、生命财产安全,均有法律法规或国务院决定作为依据;水平评价类职业资格具有较强的专业性和社会通用性,技术技能要求较高,满足行业管理和人才队伍建设的切实需要。

职业资格目录明确了国家职业资格范围、实施机构和设定依据,有利于从源头上解决职业资格过多过滥的问题。

目录之外一律不得许可和认定职业资格,目录之内除准入类职业资格外一律不得与就业创业挂钩。

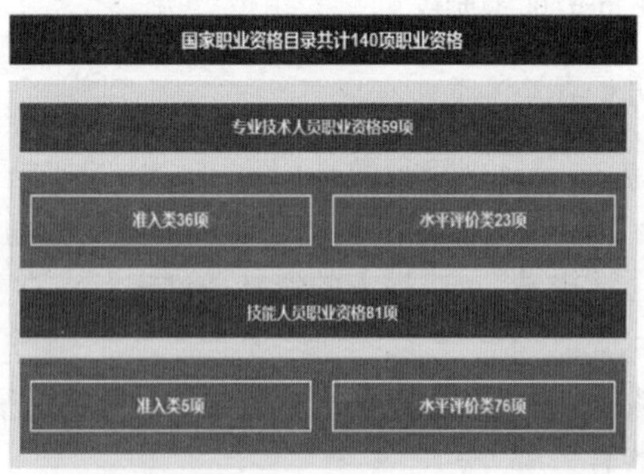


图 4-19　国家职业资格类别

## 四、职业培训中的行业培训

### (一)行业培训的目的

通过培训,使员工的知识得到扩充,技能进一步提高,态度有所转变。由此提高企业效益,获得竞争优势。具体体现在以下几个方面:

1. 提高员工工作能力

员工培训的直接目的就是要提高员工的职业能力,使其更好地胜任现在的日常工作及未来的工作任务。在能力培训方面,传统上的培训重点一般放在基本技能与高级技能两个层次上,但是未来的工作需要员工有更广博的知识,并培训员工学会知识共享,具备创造性地运用知识来调整产品或服务的能力。

2. 行业企业获得竞争优势

一方面,行业企业需要越来越多的复合型经营人才,为进军世界市场打好人才基础;另一方面,员工培训可提高企业新产品研究开发能力,员工培训就是要不断培训与开发高素质的人才,以获得竞争优势,这已是不争的事实。

3. 员工培训是创造智力资本的途径

智力资本包括基本技能(完成本职工作的技术)、高级技能(如怎样运用科技与其他员工共享信息、对客户和生产系统了解)以及自我激发创造力。因此,这要求建立一种新的适合未来发展与竞争的培训观念,提高企业员工的整体素质。

4. 有利于改善行业的工作质量

工作质量包括生产过程质量、产品质量与客户服务质量等。培训能改进员工的工作表现,降低成本;培训可增加员工的安全操作知识。因此,行业企业应加强对员工敬业精神、安全意识和知识的培训。

5. 有利于高效工作绩效系统的构建

科学技术的发展导致员工技能和工作角色发生变化,行业需要对组织结构进行重新设计。今天的员工已不是简单接受工作任务,提供辅助性工作,而是参与提高产品与服务的团队活动。

### (二)行业培训的内容

(1)行业介绍;
(2)产品介绍;
(3)组织机构介绍;
(4)行业(公司)规章制度培训;
(5)福利待遇介绍;
(6)员工职业发展途径介绍;
(7)入职后的工作安排;
(8)解答新员工疑惑;
(9)注意事项。

**名人名言**

伟大的成绩和辛勤劳动是呈正比例的,有一分劳动就有一分收获,日积月累,从少到多,奇迹就可以创造出来。

——鲁迅

相关链接

## 人力资源社会保障部办公厅关于推进公共就业服务专业化的意见(节选)

人社厅发〔2017〕86号

各省、自治区、直辖市及新疆生产建设兵团人力资源社会保障厅(局):

公共就业服务是促进市场供需匹配、实施就业援助的重要载体,是政府促进就业的重要手段。现就推进公共就业服务专业化提出以下意见:

1. 拓展职业指导服务功能

各地要综合运用专业知识和方法,激发劳动者就业创业信心和积极性。充分利用职业素质测评的新工具和新方法,帮助劳动者合理确定职业定位和方向,做好职业生涯规划。

2. 加大对重点群体的精准帮扶

各地要建立健全重点群体信息数据库,定期对辖区内长期失业的就业困难人员、高校毕业生等青年、去产能企业下岗职工、建档立卡贫困人员开展摸底调查,对个人状况、就业需求等情况及时登记和更新,实行实名制动态管理。

3. 完善就业信息服务制度

各地要健全岗位信息采集和核验制度,确保岗位信息真实有效。要注意做好劳动者隐私信息的安全保密工作。建立劳务协作信息互联互通和共享发布机制,推动就业创业信息跨地区共享。

4. 加快信息技术应用

各地要加快公共就业服务信息化建设和应用,充分运用互联网和移动互联等现代信息技术,打造“互联网+公共就业服务”,构建基于实体大厅、网上平台、移动应用、自助终端等渠道的一体化公共就业服务平台。

5. 创新就业服务模式

各地要加强各项服务措施的衔接配合,建立职业指导、职业介绍、职业技能培训、就业见习、创业服务等服务项目有机结合机制。

6. 推进服务便民利民

各地要加强公共就业服务标准化建设,优化服务流程,简化服务环节和手续。强化窗口单位作风建设,全面实行首问负责制、全程代理制、一次性告知制、限时办结制,加强与就业关联业务之间的信息共享和业务协同。

7. 提升服务队伍能力

各地要加快建设结构合理、素质优良的职业指导人员、职业信息分析师、劳动保障协理员等专业化队伍。探索建立公共就业服务人员职业生涯发展和晋升通道,健全激励机制,稳定人员队伍。

拓展训练

1. 焊工、电工岗位是否需要考取职业资格证书?

2. 职业技能资格证书如何获得?

# 第六课　集团化办学助发展

长春长吉图职业教育集团成立于 2010 年 10 月,在理事会的带领下,长春长吉图职业教育集团围绕服务长吉图一体化战略,整合教育资源,实现优势互补,走出了一条符合现代职业教育体系的合作共赢之路,取得了显著的经济效益和社会效益,成为吉林省最活跃的职教集团之一。

案例

2017 年 10 月 11 日,长春长吉图职业教育集团第三届年会暨汽车后市场职业教育论坛在长春职业技术学校举行。来自长吉图区域的企事业单位、行业协会、本科院校、中高职院校、初中学校、培训机构等 200 余家单位齐聚长春,共商集团建设发展大计,大会历时 2 天,取得了圆满成功。

图 4-20　长春长吉图职业教育集团年会

相关知识

## 一、集团化办学的概念

集团化办学是指以行政指令为主,兼顾学校共同意愿,将一所名校和若干所学校组成学校共同体(名校集团),以名校为龙头,在教育理念、学校管理、教育科研、信息技术、教育评价、校产管理等方面统一管理，实现管理、师资、设备等优质教育资源的共享。各名校集团以名校校长为领衔校长，由专家顾问、各校区校长组成的决策机构负责学校共同体的整体规划，并形成相应的执行系统、监督反馈系统。名校和各校之间既有统一的协调和管理，以保证同样的教育品质，各校之间又相对独立，追求各自的办学特色，实现互惠互助，共同成长。

## 二、职业教育集团化办学的特点

职业教育集团化办学的特点主要体现在如下5个方面。

1. 办学主体的多元性

集团化办学可以将多元的主体整合聚集，通过相关权、责、利的协调与均衡，调动多元教育主体参与职业教育的积极性，发挥不同参与主体在职业教育中的资源优势，最大限度地实现“多赢”。

2. 教学资源的共享性

集团化办学可以将不同的参与主体统筹起来，一方面实现资源共享，提高资源利用率；另一方面通过成员间的优势互补和优势聚集，集中力量攻破难题，形成发展职业教育的强大合力，提升职业教育的整体竞争力。

3. 管理的协同性

集团化办学可以明确牵头单位、成员学校、成员企业、行业协会、科研机构以及政府等不同利益相关者在集团运行中的权利和义务，建立多方联动机制，理顺不同主体间的关系，发挥各主体在集团化办学中的管理作用，促进各参与主体之间的有效运作。

4. 模式的多样性

集团化办学模式下各成员之间主要以契约、股份合作、租赁等伙伴关系进行交流合作和共同发展。依据不同地区的社会经济和职业发展状况，结合不同模式的要求和特点，选择相应的集团化办学发展模式，探索多种形式组建职业教育集团，如区域型、行业型、复合型、特色型、涉外型等。

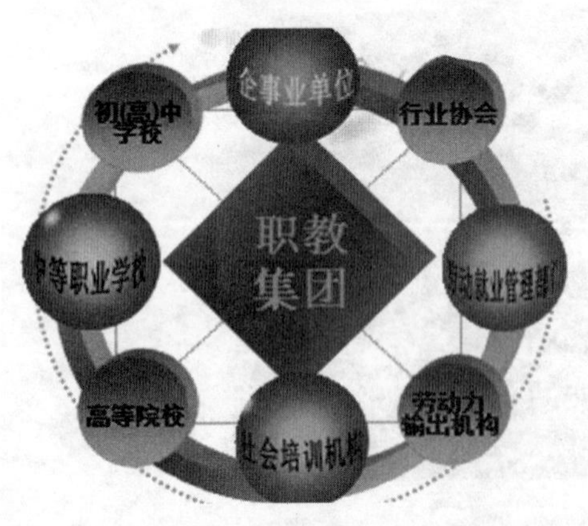

图4-21　集团化办学特点

5. 利益的共赢性

利益是职业教育集团生存发展的根本驱动力。集团化办学既要为职业院校办学提供必要的支持，又要为企业输送人力资源。要利用政策杠杆和市场机制，鼓励集团各成员开展多层次、多样化的合作。通过集团化办学，实现教育资源、经济资源和社会资源的整合，实现资源上的互补和利益上的共赢。

## 三、长春长吉图职业教育集团的成立

为响应国家关于促进长吉图区域发展的战略，长春职业技术学校于2010年10月牵头组建了长春长吉图职业教育集团。该集团实行理事会负责制，凡具有独立法人资格、拥护职教集团章程并愿意履行章程规定义务的单位,均可自愿报名参加。

图4-22　长春长吉图职业教育集团成立

图4-23　长春长吉图职业教育集团聘任仪式

长春长吉图职业教育集团是以长吉图区域经济发展为主导,遵循长吉图区域一体化思路,以职业教育为依托,以初(高)中学校、中等职业学校、高等院校、社会培训机构、县(市)区劳动就业管理部门、劳动力输出机构、行业协会和大中型企事业8类单位为主体,充分整合社会有效资源,以人才培养、专业建设、技术服务为纽带,以自愿平等、互惠互利、共同发展为原则,由学校与企事业单位合作育人的群众性社会组织。长春长吉图职业教育集团诚邀社会各界广泛参与,共谋发展。

长春长吉图职业教育集团以人才培养、专业建设、技术服务为纽带,由最简单的校企合作,发展成为涵盖政府、行业、企业、校际交流与合作的大平台,成为长吉图区域人才培养的摇篮。

图 4-24　长春长吉图职业教育集团第三届年会

相关链接

## 《教育部关于深入推进职业教育集团化办学的意见》(节选)
## (教职成〔2015〕4 号)

为贯彻落实全国职业教育工作会议精神和《国务院关于加快发展现代职业教育的决定》(国发〔2014〕19 号),鼓励多元主体组建职业教育集团,深化职业教育办学体制机制改革,推进现代职业教育体系建设,现就深入推进职业教育集团化办学提出以下意见。

一、充分认识深入推进职业教育集团化办学的重要意义

1. 深刻理解职业教育集团化办学的重要地位。当前,我国正处于全面建成小康社会的决定性阶段和深化改革、加快转变经济发展方式的攻坚时期。落实中央“四个全面”战略布局,职业教育必须加快改革创新,全面提升服务国家战略和人的全面发展的能力。

2. 准确审视职业教育集团化办学面临的形势。近年来,职业教育集团化办学在各地得到快速发展,态势良好,形成了一批有特色、成规模、效果明显、影响广泛的职业教育集团,在资源共享、优势互补、合作育人、合作发展上的优势逐步显现。

3. 明确职业教育集团化办学的指导思想和目标任务。职业教育集团化办学要坚持以服务发展为宗旨、促进就业为导向,以建设现代职业教育体系为引领,以提高技术技能人才培养质量为核心,以深化产教融合、校企合作,创新技术技能人才系统培养机制为重点,充分发挥政府推动和市场引导作用,本着加入自愿、退出自由、育人为本、依法办学的原则,鼓励国内外职业院校、行业、企业、科研院所和其他社会组织等各方面力量加入职业教育集团,探索多种形式的集团化办学模式,创新集团治理结构和运行机制,全面增强职业教育集团化办学的活力和服务能力。

——扩大职业教育集团覆盖面。

——健全职业教育集团运行机制。

——提升职业教育集团服务能力。

——优化职业教育集团发展环境。

二、加快完善职业教育集团化办学的实现形式

4. 积极鼓励多元主体组建职业教育集团。

5. 规范完善职业教育集团治理结构。

6. 建立健全职业教育集团化办学运行机制。

三、全面提升职业教育集团的综合服务能力

7. 提升职业教育集团服务发展方式转变的能力。

8. 提升职业教育集团服务区域协调发展的能力。

9. 提升职业教育集团服务促进就业创业的能力。职业教育集团成员要共享招生、就业信息，坚持校企合作、工学结合，广泛开展委托培养、定向培养、订单培养、现代学徒制等，不断提高学生的就业率、创业能力和就业质量。面向职业教育集团内部企业员工开展岗前培训、岗位培训、继续教育，提升企业员工的技能水平和岗位适应能力。面向未就业初高中毕业生、农村剩余劳动力、退役士兵、失业人员、残疾人等群体，广泛开展职业教育和培训，提高其就业、再就业和创业能力。

10. 提升职业教育集团服务现代职教体系建设的能力。

四、不断强化职业教育集团化办学的保障机制

11. 加强对职业教育集团化办学的领导。

12. 完善职业教育集团化办学支持政策。

13. 加大对职业教育集团化办学的投入。

**拓展训练**

1. 作为一名毕业生，你工作的企业是否是长春长吉图职业教育集团内成员企业？

______________________________

______________________________

______________________________

2. 集团化办学对学生学习与就业有哪些优势？

______________________________

______________________________

______________________________

# 第七课　校企合作　资源共享

2017 年 9 月 24 日，中共中央办公厅、国务院办公厅联合印发《关于深化教育体制机制改革的意见》（以下简称《意见》），《意见》强调，要促进产教融合、校企合作办学模式的快速成

型。健全行业企业参与办学的体制机制和支持政策，支持行业企业参与人才培养全过程，促进职业教育与经济社会需求对接。充分发挥行业主管部门的指导、评价和服务作用，支持行业组织推进校企合作、发布人才需求信息、参与教育教学、开展人才质量评价。明确企事业单位承担学生社会实践和实习实训的职责义务和鼓励政策。强调要健全德技并修、工学结合的育人机制。坚持以就业为导向，着力培养学生的工匠精神、职业道德、职业技能和就业创业能力。坚持学中做、做中学，推动形成具有职业教育特色的人才培养模式。完善专业动态调整机制，完善教学标准，创新教学方式，改善实训条件，加强和改进公共基础课教学，严格教学管理。

图4-25　校企合作签约仪式

案例

李明同学，2015年5月至2017年7月，在某汽车模具制造企业进行数控技术加工专业顶岗实习，2017年7月从我校数控技术应用专业毕业，现就职于该汽车模具制造企业。

2014年7月，初中毕业后的李明，选择就读我校。在校期间，他努力学习，苦练技术，不仅自己取得了可喜的成绩，还给身边的同学树立了学习榜样。

2015年5月，恰逢我校与该汽车模具制造企业开展校企合作现代学徒制办学模式，将企业引入学校；我校以2014级数控加工技术专业为试点专业与企业开展合作，李明同学恰好被选入围。经过约一年半时间的培训，李明同学开阔了眼界，学到了真本领，学会了数控车床、数控铣床、加工中心等机床的操作使用，能够独立完成零件的加工。同时，他注重在零件加工工艺、编程、刀具量具的使用等技术方面的学习，在数控机床的维修和维护上也下苦功夫向师傅学习，最后圆满完成了学习任务。

2017年8月，李明同学由于技术过硬，通过考核被企业正式录用。

相关知识

## 一、校企合作的概念

校企合作，顾名思义，是学校与企业建立的一种合作模式。校企合作是一种注重培养质量,注重在校学习与企业实践,注重学校与企业资源、信息共享的“双赢”模式。校企合作做到了应社会所需、与市场接轨、与企业合作,践行了实践与理论相结合的全新理念,为职业教育的发展带来了一片春天。

## 二、校企合作的优势

(1)校企合作能够适应社会与市场需要。通过校企合作,学校可以针对企业反馈与需要,有针对性地培养人才,结合市场导向,注重学生实践技能,培养出社会需要的人才。

(2)校企合作是一种“双赢”模式。通过校企合作,学校与企业可以实现信息、资源共享,学校利用企业提供设备,企业也不必为培养人才担心场地问题,学生在校所学知识与企业实践有机结合,不但可以完成学校和企业的设备、技术的优势互补,还能够节约教育与企业成本。

## 三、校企合作模式

一般来说,校企合作有如下4种模式。

1.学校引进企业模式

这种模式是将企业的一部分生产线建在校园内,以在校内实行“理论学习”和“顶岗实训”相结合的办学模式。这种模式既可以解决企业场地不足的问题,也可以解决学校实习实训设备不足的问题,真正做到企业与学校资源共享,获得“产学研”相结合的多赢、共享。

2.劳动和教学相结合、工学交替

该模式在实施方式上大致采取了如下两种方式:

(1)工读轮换制。

把同专业同年级的学生分为两部分,一部分在学校上课,另一部分去企业劳动或接受实际培训,按学期或学季轮换。

(2)全日劳动、工余上课制。

学生在企业顶班劳动,利用工余进行学习,通过讲课、讨论等方式把学习和劳动的内容联系起来,学生在学校学习的系统的课程,到企业去训练、提升技能。

3.校企互动式模式

该模式由企业提供实习基地、设备、原料,企业参与学校的教学计划制定,并指派专业人员参与学校的专业教学。

企业优秀管理者或技术人员到学校授课,可以促进校企双方互聘;企业工程师走进学校给学生授课,同时学校教师给企业员工培训,可以提高员工的素质。学生在教学中获得技能训练的过程,既是提高专业技能的过程,也是为企业生产产品、创造价值的过程,这既解决了实训费用紧缺的矛盾,又提升学生的技能,真正实现“在育人中创收、在创收中育人”。

4.“订单”式合作

该模式使得学生入学就有工作,毕业就意味着就业。该模式可以实现招生与招工同步、教学与生产同步、实习与就业联体。此模式下,学生由学校选拔的学生和企业招收的员工组成,教育的实施由企业与学校共同完成,开设为本企业所需的专业技能和实习课程,培训和考试内容源自企业的需要,企业在具体的职业培训中发挥着更为重要的作用。

学校根据企业需要对学生进行短期的技能培训,培训完毕,经公司组织考核合格,就可按合同上岗就业。这种合作针对性强,突出了职业技能培训的灵活性和开放性,培养出来学生适应性强,就业率高,就业稳定性好。但不足之处在于学校很被动,培养多少人,什么时候培养,完全根据企业需要。这是一种初级的合作模式,一般在中专院校运用得比较多。

图 4-26 第三届职教年会校企签约仪式

**名人名言**

良好的开端,等于成功的一半。

——柏拉图

**相关链接**

## 《国务院办公厅关于深化产教融合的若干意见》(节选)

## (国办发〔2017〕95 号)

进入 21 世纪以来,我国教育事业蓬勃发展,为社会主义现代化建设培养输送了大批高素质人才,为加快发展壮大现代产业体系作出了重大贡献。为贯彻落实党的十九大精神,深化产教融合,全面提升人力资源质量,经国务院同意,现提出以下意见。

一、总体要求

(一)指导思想。

全面贯彻党的十九大精神,坚持以习近平新时代中国特色社会主义思想为指导,紧紧围绕统筹推进“五位一体”总体布局和协调推进“四个全面”战略布局,坚持以人民为中心,坚持新发展理念,认真落实党中央、国务院关于教育综合改革的决策部署,深化职业教育、高等教育等改革,发挥企业重要主体作用,促进人才培养供给侧和产业需求侧结构要素全方位融合,培养大批高素质创新人才和技术技能人才,为加快建设实体经济、科技创新、现代金融、人力资源协同发展的产业体系,增强产业核心竞争力,汇聚发展新动能提供有力支撑。

(二)原则和目标。

统筹协调，共同推进。服务需求，优化结构。校企协同，合作育人。

深化产教融合的主要目标是，逐步提高行业企业参与办学程度，健全多元化办学体制，全面推行校企协同育人，用10年左右时间，教育和产业统筹融合、良性互动的发展格局总体形成，需求导向的人才培养模式健全完善，人才教育供给与产业需求重大结构性矛盾基本解决，职业教育、高等教育对经济发展和产业升级的贡献显著增强。

二、构建教育和产业统筹融合发展格局

(三)同步规划产教融合与经济社会发展。

(四)统筹职业教育与区域发展布局。

(五)促进高等教育融入国家创新体系和新型城镇化建设。

(六)推动学科专业建设与产业转型升级相适应。

(七)健全需求导向的人才培养结构调整机制。

三、强化企业重要主体作用

(八)拓宽企业参与途径。

(九)深化“引企入教”改革。

(十)开展生产性实习实训。

(十一)以企业为主体推进协同创新和成果转化。

(十二)强化企业职工在岗教育培训。

(十三)发挥骨干企业引领作用。

四、推进产教融合人才培养改革

(十四)将工匠精神培育融入基础教育。

(十五)推进产教协同育人。

(十六)加强产教融合师资队伍建设。

(十七)完善考试招生配套改革。

(十八)加快学校治理结构改革。

(十九)创新教育培训服务供给。

五、促进产教供需双向对接

(二十)强化行业协调指导。

(二十一)规范发展市场服务组织。

(二十二)打造信息服务平台。

(二十三)健全社会第三方评价。

六、完善政策支持体系

(二十四)实施产教融合发展工程。

(二十五)落实财税用地等政策。

(二十六)强化金融支持。

(二十七)开展产教融合建设试点。

(二十八)加强国际交流合作。

七、组织实施

(二十九)强化工作协调。

(三十)营造良好环境。

**拓展训练**

1. 校企合作、深化产教融合的主要目标是什么?

2. 促进产教供需双向对接,对学生学习、就业有何优势?

# 第八课　社区大学　服务民生

社区大学是非功利性的,强调社区居民对社区教育的参与及其拥有的权利,同时,也为社区居民提供职业性的指导以及与此相关的教育活动。创办社区大学的宗旨是为了提高地区居民的精神与文化素养,满足其自我完善的要求,保障其自主学习能力,提高其幸福感。因此,积极创办和发展社区大学,对建设文明社区、提高国民整体素质以及全面建设小康社会都具有十分重要的意义。

**案例**

美国社区大学(Community College)是美国教育体系的重要组成部分,提供两年制的初级高等教育。社区大学的理念由美国著名教育家、世界顶级学府——芝加哥大学第一任校长威廉·哈珀提出。

美国共有1200余所社区大学,拥有1000余万注册学生。社区大学学生的平均年龄是29岁,40%的学生是21岁以下的年轻人,但60岁以上的老年大学生也十分常见。社区大学60%的学生是边工作边读书,只有很少的社区大学附带学生宿舍。社区大学的资金来源比较多元,38%的资金来自州政府,学费收入占20%左右,来自地方政府的资金接近20%,剩余的由其他形式的资金来源补足。

进入20世纪以来,美国的城市化、工业化进程和经济高速发展对人才的需求促进了社区大学的发展。第二次世界大战结束后,很多退伍兵返回校园读书,也促进了社区大学和成人教育的发展。20世纪60年代,“婴儿潮”一代大量涌入社区大学;20世纪70年代,越战退伍兵成为社区大学的重要生源。20世纪80年代,社区大学加强了和社区以及当地中学的互动。

图 4-27　美国塔科马社区学院

在假期，社区大学专门为中小学生开办一些课程，从音乐、舞蹈、绘画、体育、烹调、写作，到科技、计算机，甚至企业管理，种类繁多。除了学位课程，社区大学还提供大量的成人培训课程。社区大学有接近 50% 的学生并不是为了拿学位，而是希望提高自己的知识水平或获得所需的职业技能。社区大学也常常为社区居民举办知识讲座。

“一考定终生”，上本科、进名校是中国大多数学生与家长的追求，与之不同的是，大多数美国学生首选社区大学接受高等教育，因为它的课程设置灵活。社区大学多是两年制，相当于中国的大专或高职。学生可以选择各种实用的专业，如护士、土木工程，两年结业后可直接工作，也可以读普通的大学课程，并很容易地转入其他学校读本科。

美国许多社区大学都接收在校高中生。优秀的高中生可以同时在高中与社区大学选课，这样既省时间又省钱。这些高中生在上高中的第二、三年中可以完成 60～120 个大学学分，高中结业后可以直接上大学二年级或三年级，节省了 1～2 年的时间；由于美国公立中学都是免费的，高中生修社区大学的课也同样免费，学生还可以省下 1～2 年相当可观的学费。

与私立大学、州立大学相比，社区大学经济实惠，所以特别受美国学生的欢迎。上社区大学，每年学费只是私立大学的十分之一，比州立大学也要便宜近 50%。另一个经济实惠的原因是社区大学注重教学而不注重研究，所以学生在大学一、二年级上社区大学可以得到很好的教育，这种教育并不亚于一般的州立大学。在注重研究的私立大学与州立大学上学，一、二年级的课大多是助教来教授，这些助教大都是本校的兼职研究生，他们的教学经验相对不足，且精力一般不放在教学上。相比之下，社区大学没有研究生，所有的大学一、二年级的课程都是由正式教授教的，教学质量较高。

此外，社区大学是州政府自主的，分布在每个州的各个角落，很多社区大学都可以成为各中小城镇的中心点，并且他们的课程设置与时间安排都与本地的经济需要和发展紧密结合。例如，罗切斯特市拥有全球最大的医疗中心——梅友医疗中心，每年有大批世界各地的病人来此就医，全市有 4 万余人为这个医疗中心工作。正是因为这个特殊的需要，罗切斯特社区学院设置有许多医疗方面的专业，如护士、牙科助理、理疗师、放疗师等，每年能够培养大批医疗科技人员。

## 一、社区大学的概念

社区大学的概念引自美国。在美国,社区大学提供一至二年级教育,学生毕业后可以继续读正规大学。在中国,社区大学一般是负责成人教育和职业教育的机构,相当于专科院校。

社区大学是进行以高等职业教育为主的普通高等教育机构。其根本目的是建立主要面向地区、服务地区的高等教育的新模式,适应地区经济和社会发展对高等教育尤其是高等职业技术教育的需求,推动高等教育深化改革。社区大学实行普职成渗透、职前职后沟通、学历与非学历教育并举的人才培养计划。

因此,社区大学是构建终身教育、学习型社会"大教育"的重要载体。建设好社区大学是构建和谐社会和终身学习体系的迫切需要,有利于落实科教兴农战略,满足企业发展的人才需求、满足农村城市化、城乡一体化后农村剩余劳动力向非农产业转移的要求。发展社区教育,创建社区大学,对于全面提高社区居民科学文化、思想道德、身心素质和精神文明水平,促进社区形成健康向上、文明和谐的氛围,对全面建设和谐社会具有重要意义。

**名人名言**

学而不已,阖棺而止。

——孔子

## 二、我国社区大学发展现状

2001 年,时任教育部长的陈至立在当年教育工作会议上的讲话第一次正式提出"社区学院"的概念,并对设立社区学院的必要性和重要性加以阐述。她指出:"今后高等教育的发展,要向有条件的地级城市延伸,大力发展社区性高等职业教育和社区学院,使高等教育区域性布局更加合理,培养当地留得住、用得上的人才。社区学院教育成本相对较低;学生又可就近学习,花费较少;把地方举办高等教育的积极性和人民群众的求学热情,引导到发展高等职业教育和社区学院上来。在地级城市形成一批社区高等教育机构和职业培训中心,并使其成为文化中心和继续教育中心,为当地培养一大批生产、管理、服务第一线的应用型专门人才。"

从 2001 年设立全国第一批社区教育实验区算起,中国的社区教育已经走过十余个年头。在这十余年中,全国 114 个社区教育实验区尤其是 34 个示范区,在教育理念、管理模式、运行机制、培训方式等方面大胆实践,走出了一条具有中国特色的社区教育之路,受到了社会的广泛认可和欢迎。

社区大学作为我国社区建设中面临的一个崭新课题,其创办和发展具有很多的有利条件:一是在我国大中城市创办和发展社区大学,具有良好的师资与资金投入条件;二是国民经济和社会信息化的迅速发展,使得远程教育可以成为社区大学办学的重要手段之一;三是我国电视大学和高等教育自学考试以及各类业余大学的发展,也为创办和发展社区大学提供了可供借鉴的经验;四是我国民办高校的迅速发展也为创办和发展社区大学提供了多种办学途径；五是我国深化公办高校改革，积极推行聘用制以及教师退休制度，也为解决社区大学师资问题提供了教师资源便利。

积极创办和大力发展社区大学，既是新时代的迫切需要，也是提高全民族素质的迫切需要，更是普及高等教育的迫切需要。社区大学既像正规的大学，又像继续教育学院，也更像终身教育学院，社区大学向所有想上大学的人们敞开大门，保证每一个想上大学与想终身接受教育的人都能够得到终身学习，能够及时学习新的就业与创业技能。

相关链接

图4-28　长沙市岳麓区首个“区校共建”社区学院挂牌成立

2018年1月16日，“湖南师范大学岳麓区西湖街道龙王港社区学院授牌仪式”在龙王港社区隆重举行，岳麓区首个“区校共建”社区学院正式成立。

湖南师范大学岳麓区西湖街道龙王港社区学院由湖南师范大学与岳麓区西湖街道办事处共同创立。社区学院采取“区校共建”模式，依托湖南师范大学优质的教育资源与办学经验，让教育走进社区、以文化滋养人生，为社区居民提供高品质的教育服务，丰富社区居民的文化需求，引导居民对美好生活的热切向往。

## 三、长春职业技术学校构建社区大学，服务民生

近年来，长春职业技术学校积极与驻地长春市经济技术开发区兴隆山镇政府联合筹建“兴隆社区大学”，和驻地政府一起推进全民教育进程。

学校的发展与社会的发展紧密相连。一方面，学校教育为社会培养人才；另一方面，社会为学校教育的发展提供支撑。在这种交叉互动中，学校和社会的关系从萌芽阶段的互相融合，发展到制度化教育与社会的隔离，进而又发展到教育与社会的再次融合。学校与社会的关系，在具体实践层面表现为学校与社区的关系。

在终身教育的大背景之下，学校与社区也从两个独立的系统发展到单向服务，再到互相合作，其关系越来越紧密。社区教育与学校教育两个本来不同的系统，也在终身教育的体系中也找到了各自的位置和合作的基础。如今，学校与社区加强合作，互相服务，共同促进终身教育体系的构建，已成为教育界和社会各界共同努力的方向。通过这种区校共建的模式，

终身教育理念得到实践和发展,受教育者的幸福感也加倍提升。

在社区大学模式的引领下,学校不断创新实践,把幸福职教渗透到学生家长及家庭成员之中,通过学生,让其家庭成员了解学校专业设施,充分共享教学资源,为社会服务,为学生服务。

## 名人名言

人生最美好的主旨和人类生活最幸福的结果,无过于学习。

——巴尔扎克

## 拓展训练

1. 谈一谈你对社区大学的理解。

______________________________________________________________

______________________________________________________________

______________________________________________________________

2. 你是否会参加社区大学的学习？为什么？

______________________________________________________________

______________________________________________________________

______________________________________________________________

# 第五单元

# 创幸福职教品牌 助学生健康成长

# 第一课　知荣辱　讲道德

“不审不聪则缪，不察不明则过”，就是要善于观察，善于听闻，在此基础上明辨是非，规避错误，朝着正确的目标迈进。

现在的学生，正处于世界观、人生观、价值观形成的关键时期，面对纷繁复杂的社会生活环境以及各种困难、挑战和诱惑，常会感到迷茫，产生各种疑问。这时唯有慎思，才能晓得失、知荣辱，才能做到知耻自律，强化规则观念，对个人和社会负责，为国家分忧。

案例

一男青年将一位老人撞倒后扬长而去，一位名叫丁丁(化名)的年轻人将老人扶起，送进了医院，并打电话通知了老人的亲属。谁知老人的亲属竟然一口咬定丁丁就是肇事者。老人迫于家人压力，竟也说是丁丁撞的。

此事引发了媒体广泛关注，对丁丁表达赞扬与支持，对老人及亲属进行批评与谴责，在人们的心目中树立起善与恶的标尺，净化了人们的心灵。

肇事逃逸的年轻人受到震撼，给报社写信承认自己的过失，检讨自己的行为。

面对这个问题，你会以什么标准来判断这些生活中现象?

相关知识

## 一、传统荣辱观的基本内容

图5-1　管仲

1.“礼义廉耻，国之四维”

春秋时期的政治家管仲首先提出“礼义廉耻，国之四维”的观点。管仲把知耻与明理、重义、尚廉并列为四个道德规范，并强调它们是国家发达、长治久安的四大纲纪。廉，就是廉洁；耻，就是知耻心，知道耻辱，做了坏事有羞耻感。管仲还提出了“仓廪实，则知礼节；衣食足，则知荣辱”的著名观点，这反映了管仲在物质生活与精神生活相互关系上的朴素唯物主义思想。管仲的这些思想对后代人具有重要影响。

2.“仁者爱人”“行己有耻”

春秋末期，孔子对做人的荣辱问题论述更全面而深刻。孔子的荣辱观十分鲜明，他的伦理思想的核心是“仁”，即“仁者爱人”。以“仁”为人生价值准则，对当时社会生活中的是非、善恶、美丑现象都表达了明确而深刻的观点。孔子提出，做人要“行己有耻”，即做人要对自己的行为保有羞耻之心。孔子论述了多种可耻的品行。第一,言容行不一为耻;第二,表里不一为耻;第三,无理想追求为耻;第四,诚信恭敬为荣,反之为耻。

3.“仁则荣,不仁则辱”

战国时期的孟子继承并发展了孔子的思想。在荣辱观上,他明确提出“仁则荣,不仁则辱”的观点。孟子认为荣辱观与人性有着密切的关联。在人性论上,孟子提出“人性善说”,认为“人之所以异于禽兽者”,是因为人有仁、义、礼、智四个善端。他提出:“恻隐之心仁也,羞恶之心义也,辞让之心礼也,是非之心智也。”这里说的“羞恶之心”是“义”,“义”是人应该遵守的行为规范,对那些背离规范的行为保有羞耻憎恶便是“羞恶之心”,这样就会防止去做不道德的事。

图5-2　孔子

图5-3　孟子

4.为人有“四耻”

近代戊戌变法的倡导者康有为提出的“四耻”之说也富于启示性:“一耻无志”,做人只志于求富贵,而不致力于实行仁义,是可耻的;“二耻循俗”,做人因循守旧,跟着不良风气走,不能卓然独立,是可耻的;“三耻鄙吝”,即为人性格鄙吝刻薄,为富不仁,是可耻的;“四耻懦弱”,胆小怕事,见义不为,是可耻的。在对荣耻的内涵的认识上,历代思想家阐述的观点,不仅是他们对道德问题的理解思考和个人道德情感的秉意抒发,更折射出我们民族的精神品格。

**案例1**

2014年5月,魏鹏远被有关部门带走调查。据称带走调查时,在其家中发现2亿余现金,重1.15吨!执法人员从北京一家银行的分行调去16台点钞机清点,当场烧坏了4台。

**案例2**

2008年9月,甘肃省岷县14名婴儿同时患上肾结石病症,引起外界关注。截至2008年9月11日甘肃省全省共发现59例肾结石症患儿,部分患儿已发展为肾功能不全,同时已死亡1人,这些婴儿均食用了18元左右价位的三鹿牌奶粉。自甘肃省事发两个月以来,中国多省(自治区、直辖市)已相继发生有类似事件发生。

据调查,三鹿牌婴幼儿配方奶粉受到三聚氰胺污染。三聚氰胺是一种化工原料,可以提高蛋白质检测值,人如果长期摄入会导致人体泌尿系统膀胱、肾产生结石,并可诱发膀胱癌。

结合案例说说,是什么原因导致这种事情发生的?

相关知识

## 二、社会主义荣辱观提出的背景

首先,随着社会的深刻变革和经济的持续快速发展,特别是全球化时代的到来和网络社会的崛起,社会意识形态领域各种思想大量涌现,形成不同思想文化相互交错、相互激荡的复杂局面,对人们的思想观念、道德意识产生了深刻的影响。一方面,热爱祖国、开拓创新、锐意进取、科学文明、团结互助的良好风尚已成为社会精神风貌的主流;另一方面,一些人的价值观念发生混乱,荣辱不辨、善恶不明、美丑不分,甚至颠倒黑白,一些个人主义、功利主义、实用主义道德观念侵蚀人的心灵,金钱、权力、地位成为一些人追逐的目标。在这种情况下,许多优秀的传统价值观念被模糊或消解,社会主义价值观和道德观受到严重冲击。因此,树立社会主义荣辱观,明确正确的社会价值导向,确立正确的社会道德标准,就成为当代中国道德建设的当务之急。

其次,社会主义荣辱观是社会主义市场经济发展的内在要求。我国实行改革开放,发展社会主义市场经济,极大地提高了人民的生活水平,增强了综合国力。但是,市场经济也容易诱发拜金主义、极端利己主义、享乐主义等形形色色的腐朽思想。特别是在我国社会主义市场经济体制尚不健全、制度和法规尚不完备的情况下,一些经济领域中的不道德现象、违法行为时有发生,甚至有蔓延之势。

相关链接

2006 年 3 月 4 日,胡锦涛总书记在参加全国政协十届四次会议民盟、民进界委员联组讨论时提出,要引导广大干部群众,特别是青少年树立以“八荣八耻”为主要内容的社会主义荣辱观。

相关知识

## 三、社会主义荣辱观的内容

1. 以热爱祖国为荣,以危害祖国为耻

有国格才有人格,有民族尊严才有个人自尊。应进一步加强爱国主义、社会主义和民族精神教育。以此,引导广大社会公民和广大青少年牢固树立热爱祖国的观念,增强热爱祖国、热爱人民、热爱家乡的民族意识和真挚感情,把对祖国的爱化作建设中国特色社会主义伟大事业的无穷力量。

2. 以服务人民为荣,以背离人民为耻

为人民服务,是社会主义道德建设的核心所在。我国是社会主义国家,每一位公民既是国家和社会的主人,又是劳动者和服务者。应进一步强化公民的全心全意为人民服务的意识，引导社会公民和广大青少年热爱劳动，热爱劳动人民，牢固树立服务为民的观念，把对人民群众的深厚感情，融化到所从事的工作中。

3. 以崇尚科学为荣，以愚昧无知为耻

科学的进步是社会进步的巨大源泉，一个崇尚科学的民族，必然是一个不断进步的、充满生机和活力的民族。应进一步加强科学精神和创新意识的培养，尊重科学、乐于探究，养成终身学习、勤思好问的良好习惯，形成讲科学、爱科学、学科学、用科学的良好社会风尚。

4. 以辛勤劳动为荣，以好逸恶劳为耻

劳动既是公民生存的手段，也是公民对社会、对国家应尽的义务。每一个公民应发扬爱岗敬业、勤奋工作的精神，扎实工作，兢兢业业地在本职工作岗位上创造一流的工作业绩，为祖国建设多做贡献。

5. 以团结互助为荣，以损人利己为耻

团结互助是社会主义社会人与人之间关系的基本特征。团结互助要求我们加强集体主义和团队精神，与人相处时对意见不同的人要心平气和，求同存异；困难面前要同舟共济，共渡难关；荣誉面前，要相互谦让，他人为先；出现问题要勇于内省，敢于承担。同时，引导社会公民和青少年热爱集体，关心他人，乐于助人，急他人所需，帮他人所难，发扬团结互助精神，促进社会安定和谐发展。

6. 以诚实守信为荣，以见利忘义为耻

在人类道德规范体系中，诚信是最重要的基本理念之一。诚信是人的立身之本，也是国家的发展之道。构建和谐社会需要诚信。只有人人讲诚信，取信于人，才能形成和谐的人际关系，为构建和谐社会奠定坚实的基础。引导广大公民和青少年说真话、做实事，待人真诚，交友守信，淡泊名利，不弄虚作假。

7. 以遵纪守法为荣，以违法乱纪为耻

遵纪守法是公民应尽的社会责任和道德义务。遵纪守法，就要树立宪法意识和法制观念，严格遵守国家法律，在全社会营造依法执政、依法治国和依法办事的良好氛围。引导广大公民和青少年学生学法、知法、守法，视遵纪守法为荣，在各种场合遵守国家法律、社会纪律和公共秩序等。

8. 以艰苦奋斗为荣，以骄奢淫逸为耻

公民要发扬勤俭节约的民族精神，把艰苦奋斗精神体现在工作和生活中，更好地引导广大青少年不畏艰辛，勤奋节俭，为构建节约型社会做出努力。

中等职业学校的学生，要不断增强遵规守纪的自觉性，知荣辱，讲道德，守规矩，不逾矩，从而做到自尊自律。只有通过在日常生活学习中不断观察，学会思考，善于分析，才能厘善恶、分美丑、辨是非，进而在人生的道路上不断前进。

**名人名言**

我们一旦把耻辱放在脑后，所作所为，就没有一件事情是对的。又要这么做，又要那么做，结果总是一无是处。

——莎士比亚

## 四、知荣辱,共创和谐校园

**案例**

餐厅里,同学们有秩序地排队打饭。这时,一个男生气喘吁吁地跑过来,挤到售饭窗口。队伍一下子骚乱起来,后面的往前挤,队伍乱了套。

请你评论一下这位男生的行为。

中国有句老话:“没有规矩不成方圆。”其实,“没有规矩不成方圆”是人们在生活中归纳出来的一个十分实用的道理。作为一名学生,在校学习期间要做到有规矩,懂规矩,守规矩,以正确的荣辱观规范自己的行为,养成良好的行为习惯。

**相关链接**

我们时常能够看到一些同学拿着可口的小吃漫步在校园的小路上,享受一番美味之后,随手将垃圾往草地里一扔,便潇洒地扬长而去。在学校的食堂里,你会发现总有几个同学就餐之后,用纸巾一抹嘴巴,起身就走了,无视墙上的“请大家保持餐桌卫生,给我们一个干净的用餐环境”的标语,依然我行我素。这些都只是发生在我们身边的一些小事,可是这里的一举一动却成了校园生活中不和谐的音符,它们都真真切切反映着一个学生的荣辱观,体现着一个学生的道德修养。

**相关知识**

“荣辱”很好地为我们提高修养指明了方向。它就像一面修身的明镜,从镜中能映照出什么是荣,什么是辱,什么是正,什么是邪,什么是美,什么是丑,映射出我们的品格和情操。荣辱离我们并不遥远。

**相关链接**

就餐之后自觉收拾餐具,是用一颗热忱的心去服务他人,这就是荣;亲手为学校栽下一棵绿苗,是在用一颗诚挚的心去抒写对学校的热爱之情,这也是荣。

我们应以学习用品摆放整齐为荣;上课坐姿端正为荣;自习课认真学习并保证教室安静为荣;在走廊自觉右行,没有拥挤和喧哗,教室里没有敲击和震动,课间没有追赶和打闹为荣。当有人折枝摘花时要制止,当有人随意扔纸屑果皮时进行劝说,当有人口出脏言时要予以批评。

这些虽是点点滴滴,却事关重大,切不能“事不关己,高高挂起”,要坚持把践行社会主义荣辱观渗透到平时的学习和生活之中。

校园的和谐就源于我们对“荣辱”的践行,而这些事情往往也就是我们的举手之劳。只要大家努力,从小事做起,从身边做起,生活会因我们的行动而变得美丽,校园也会因我们的行动而变得和谐。

用荣誉激励自己开拓进取,用荣辱警示自己勇往直前。以遵章守纪为荣,以违规乱纪为辱；以团结互助为荣，以损人利己为辱；以热爱班级为荣，以损害集体为辱；以尊敬师长为荣，以顶撞长辈为辱；以关心同学为荣，以损害同学为辱；以守时守信为荣，以出尔反尔为辱；以勤劳节俭为荣，以铺张浪费为辱；以重视学习为荣，以胸无大志为辱。

中华民族是一个有着强烈荣辱感的民族，顾炎武言“天下兴亡，匹夫有责”，周总理言“中华之崛起而读书”。一个铿锵有力，一个催人奋进。青少年是21世纪的主人，新时代倡导新风尚，知荣明辱，树立正确的人生观，不断完善自我。构建社会主义和谐校园是一个永恒的主题，也是一项复杂的系统工程，青少年应使年轻的心为梦想而跳动，紧跟时代的节拍，走出迷茫，向着人生的目标，风雨兼程！

案例

陕西青年杨怀保带着患病的父母和年幼的弟弟上大学，用单薄的肩头挑起家庭的重担；河南小伙魏青刚为了挽救陌生的生命，在滔天巨浪中三进三出。他们用自己的善行义举，把道德的美好、人性的光辉演绎得淋漓尽致。良好道德可以引导人们去恶向善，促进人格完善、人生幸福、家庭和谐、社会和谐。

请问，什么是道德？请列举道德的事例。

## 五、有道德始于知荣辱

在中国古代，“道”和“德”本是两个概念。所谓“道”，原指自然界和人类社会运行的最高原则，引申为人们应该遵循的社会准则和规范；所谓“德”，意为人们对道的认识，也就是把道“内省于己，外施于人”。将这两个概念合而为一，始于春秋，老子、庄子、荀子都使用过“道德”一词。从这个词的渊源可以看出，道德作用的发挥，有赖于人自身对道德规范的认识、认可和敬畏。为什么会敬畏呢？这就涉及荣辱观。荣辱观为道德评价树起一根标杆，以遵循道德规范为荣、以违背道德规范为耻，才能使道德规范在现实生活中发挥作用。

每个人都生活在一定的社会环境中。在这个特定的环境中，每个人必然要与他人、社会、自然界之间发生这样那样的联系。这些联系是错综复杂的，往往会产生各种矛盾，以及对待这些矛盾的不同态度和行为，而约束、调整这些关系就要运用一定的规范，这种规范就是道德。

社会生活离不开道德。道德是人类特有的，用来调整人与人、人与社会及人与自然之间关系的行为规范，以善恶、荣辱、正义与非正义为判断标准，以社会舆论、内心信念、传统习惯等作指导，因时代的不同产生变化。它渗透于各种社会关系中，既是人们的行为应当遵循的原则和标准，又是对人们思想和行为进行评价的标准。

相关链接

几名中外名人的道德形象　　表5-1

| 姓　名 | 道德形象 | 姓　名 | 道德形象 |
| --- | --- | --- | --- |
| 鲁迅 | 孺子牛 | 居里夫人 | 春蚕 |
| 雷锋 | 永不生锈的螺丝钉 | 牛顿 | 善于提问的小孩子 |

名人名言

有了很好的道德，国家才能长治久安。

——孙中山

## 六、做人以“德”为先

1. 我国公民基本道德规范

《公民道德建设实施纲要》把公民基本道德规范集中概括为20个字：爱国守法、明礼诚信、团结友善、勤俭自强、敬业奉献。这一基本道德规范，既是对中国优良传统道德的继承与弘扬，又体现了新时代条件下对道德建设的新要求。

爱国守法，强调公民应培养高尚的爱国主义精神，自觉地学法、懂法、用法、守法和护法。明礼诚信，强调公民应文明礼貌、诚实守信、诚恳待人。团结友善，强调公民之间应和睦友好、互相帮助、与人为善。勤俭自强，强调公民应努力工作、勤俭节约、积极进取。敬业奉献，强调公民应忠于职守、克己为公、服务社会。

我国公民的基本道德规范，概括了社会道德生活的所有领域，适用于不同社会群体。每个公民都应该自觉遵守基本道德规范，并以此作为自己的基本行为准则。同时，社会各界都应该大力倡导，使公民的基本道德规范成为社会生活遵循的基本准则。

2. 和谐社会里的社会公德

相关链接

为弘扬社会公德，倡导文明新风，2005年12月，中央电视台联合央视国际和新浪网发起了“最缺乏公德的行为”调查活动。下列行为排在前列：

(1)向窗外扔污物。

(2)上公共汽车不排队，一拥而上。

(3)在旅游景点、名胜古迹上乱写乱刻。

(4)宠物随地大小便，主人不清理。

(5)行人翻栏杆、随意穿行马路。

(6)下雨天开车溅湿行人。

(7)公共汽车上，年轻人不主动给老弱病残孕让座。

(8)传播垃圾电子邮件、手机短信。

(9)看电影、演出时，大声说话、喧哗、到处走动。

(10)在街上乱吐口香糖。

请结合上面调查结果，谈谈加强社会公德建设的重要性。

相关知识

社会公德简称“公德”，是公民在社会交往与社会生活中应共同遵守的行为准则，它涵盖了人与人、人与社会、人与自然的关系。在我国现代社会中，社会公德的主要内容是：文明礼貌、助人为乐、爱护公物、保护环境、遵纪守法。

文明礼貌是人类社会文明程度的重要标志，既表现了对他人的尊重，也体现了个人的自尊与修养。助人为乐，是中华民族的传统美德，当别人身处困境时，给予热情而真诚的关怀和帮助，并能以此为乐，这是社会进步和公德意识的体现。爱护公物是社会公德极其重要的内容，尤其在公共场合，要保护国家及公共财产不受侵犯。保护环境，要求每个公民都应当讲究公共卫生、保护公共生活环境。遵纪守法，要求每个公民自觉遵守法律法规、纪律，这是社会公德最基本的要求。

3. 幸福生活的家庭美德

**案例1**

谢廷信照顾瘫痪的岳父、病弱的岳母和痴呆的妻弟，33 年如一日，用一颗赤子之心演绎了一段家庭美德佳话。

**案例2**

肇庆市封开县村干部倾情照顾瘫痪丈夫 13 年不离不弃。她就是拐杖，她用肩膀支着他的腋窝，她的左手环着他的腰，她的右手轻推他的大腿迈步……13 年来，只要她在身边，他每迈开一步，都有她这样日复一日的坚定支撑。49 岁的陈红萍和她瘫痪的丈夫，如此行走了 13 年。她从丈夫瘫痪的那一刻起，就支撑起丈夫比自己还要重近 50 斤的身体。也从那一刻起，一家人生活重担全落在了陈红萍的肩膀上，在撑起这样一个世界的同时，还要兼顾村里的妇联、计生工作。陈红萍就这样和丈夫行走了 13 年。

**案例3**

六尺巷，位于安徽省桐城市的西南一隅，全长 100 米、宽 2 米，建成于清朝康熙年间，巷道两端立石牌坊，牌坊上刻着“礼让”二字。“千里家书只为墙，让他三尺又何妨。长城万里今犹存，不见当年秦始皇。”这首“让墙诗”就出自六尺巷一段历史典故。史料记载：张文瑞公居宅旁有隙地，与吴氏邻，吴氏越用之。家人驰书于都，公批书于后寄归。家人得书，遂撤让三尺，故六尺巷遂以为名焉。

以上案例体现出哪些家庭美德？说一说家庭美德还包含什么内容？

**相关知识**

建设一个和谐美好的家庭，是每个人的愿望。和谐美好的家庭，是我们的港湾、驿站，给我们身心的愉悦和情感的慰藉，为我们发展事业提供坚实的支撑。

家庭是社会的细胞，幸福生活离不开家庭美德。家庭成员间既有血缘上的联系，又有道义上的关系，还有法律规定的权利与义务关系。子孝双亲慰，家和万事兴。尊老爱幼，互尽义务，是家庭幸福的前提。“老吾老以及人之老，幼吾幼以及人之幼”，和谐社会要在全社会弘扬尊老爱幼的美德。

和谐社会倡导的家庭美德是公民基本道德规范在家庭生活中的具体表现，其基本规范是:尊老爱幼、男女平等、夫妻和睦、勤俭持家、邻里团结。

**相关链接**

家庭美德涵盖了夫妻、长幼、邻里之间的关系,是每个公民在家庭生活中应当遵循的行为准则。自古以来,中国人特别重视家庭亲情以及家庭美德。"父慈子孝、兄友弟恭、夫妻和睦、姑慈妇听、长惠幼顺",这些都是传统的家庭伦理要求。今天,家庭美德在继承传统的基础上,被赋予了新时代内容。

**相关知识**

尊老爱幼,既是中华民族的优秀道德传统,也是社会主义家庭美德的首要规范。男女平等是家庭民主、夫妻和睦的前提,也是社会进步,道德进步的体现。夫妻和睦要求夫妻之间互相理解、互相尊重、互相忠诚、互相帮助。勤劳与节俭,是持家最基本的行为要求,也是应有的道德品质。邻里之间是否团结、和气,既影响着家庭生活的质量,也影响社区的和谐与安宁。

作为学生,要孝敬父母,关爱家庭,与邻里和睦相处,学会沟通与协调,正确处理家庭关系和邻里关系,促进家庭和睦与社区安宁。

## 七、有德幸福常伴 道德成就人生

**案例1**

舞蹈《千手观音》是中国国宝级人类文化遗产。2005 春节联欢晚会上此舞蹈感动了全中国。《千手观音》的主题为"慈与爱,美与善",是由21个聋哑演员表演的舞蹈,她(他)们通过舞蹈动作向观众展示形象、情感,更结合特制的服装、舞美、音乐合成一体表达出观音的至真、至善、至美。其与普通的舞蹈演员表演不同之处在于,由于聋哑演员听不到音乐,舞蹈配备了手语老师的专门手语指挥,通过舞姿节奏、韵律展示发自内心的情感,弘扬残疾人的自强不息的精神。

图5-4 舞蹈《千手观音》

**案例2**

一个保温水杯,对城市孩子来说也许根本不算什么,但对于偏远乡村的孩子来说,上学能喝到热水却可能是一件困难的事情。

三块钱,对你我来说或许只能买一瓶饮料,而对于山区的孩子来说,则意味着一顿香喷喷的营养午餐。

……

"微公益",就是从微不足道的公益事情着手,积少成多,帮助需要帮助的人和事。他不要你有亿万的身价,也不需要你有强大的社会影响力,只要你尽己所能,奉献出一点爱心,就能汇集成一股强大的社会力量。

“免费午餐”是“微公益”活动的经典案例。最低只需在“微公益”的网站上支付3元钱,你就可以为贫困山区的孩子提供一顿营养可口的午餐。如今在网上,各种志愿服务和形式不断创新,“免费午餐”“爱心天使西部助学会”“大爱清尘”“扬帆计划”“衣+衣=爱”等“微公益”活动,得到越来越多的人积极响应。

结合两个案例说说,为什么说加强个人品德修养是人生的必修课?

**相关知识**

社会公德、职业道德、家庭美德的实现最终都要归结到个人品德。个人品德建设是道德建设的基础,加强个人品德建设,有助于提升家庭美德、职业道德和社会公德,有助于为全社会道德建设奠定基石。加强个人品德修养,形成良好的道德品质,有利于保持身心健康,塑造完美的人格。

**相关链接**

“富润屋,德润身”。道德高尚的人,襟怀坦荡,心底无私,有利于保持身心健康。道德修养有利于启迪智慧、开发智力、正确运用知识。道德修养的目的就是要按照一定的做人标准严格要求自己,磨炼自己的意志,改造自己的思想,扬善去恶,从而培养和完善自己的人格。

加强个人品德修养是人生的必修课。加强个人品德修养,明辨是非、善恶、荣辱,避免走弯路、入歧途,从而沿着正确的人生道路发展。加强个人品德修养,有利于树立积极的人生态度,扎扎实实做好本职工作,促进事业的成功。

学生只有积极参加道德实践,切实加强道德修养,不断提高道德水平,塑造完整人格,才能成为德才兼备的人才,担当得起时代赋予我们的责任和使命。

## 八、引领人生发展,促进社会和谐

### 1. 良好道德促进人生发展

**案例**

丛飞、袁隆平、王顺友、许振超、郭明义、孔祥瑞……这一位位“全国道德模范”像前进路上的明灯,引领我们在道德之路上前行。

为切实发挥道德模范在公民道德建设中的示范引导作用,从2007年以来,中央文明办、全国总工会、共青团中央、全国妇联组织开展了全国道德模范评选表彰活动,表彰活动分为“助人为乐”“见义勇为”“诚实守信”“敬业奉献”“孝老爱亲”5个类型。

每一位道德模范的背后都有一个不同寻常的故事,有的催人泪下、有的轰轰烈烈、有的平平淡淡、有的……但每一个故事都折射出时代的光芒,书写着时代的感动。他们是我们道德路上的前行者。

搜集并说说“全国道德模范”的事迹,并说明它们是如何成为我们道德之路上的前行者的。

**相关知识**

良好的道德有助于提高人的精神境界，促进人的自我完善，推动人的全面发展。人的全面发展，需要具备多种良好品质，而思想道德素质是最重要的素质。良好的道德是人全面发展必不可少的组成部分。

良好的道德是实现人生幸福和事业成功的重要支柱。道德为人格发展提供了真、善、美的标准，使人确立努力的方向和坚持内心的信念。人们在良好道德的指引下能够选择正确的行为，感到更多的满足和愉快，从而避免因不当选择而产生的不安和愧疚；在学习和工作中能够充分调动自身的积极性和创造性，焕发出巨大的精神力量，把自己的潜在能力最大限度地发挥出来；始终保持自尊、自信、乐观的人生态度，以昂扬的进取精神去克服困难，争取胜利。

**相关链接**

一个篱笆三个桩，一个好汉三个帮。品德好的人，经常关心和帮助他人，就会受到人们的欢迎，得到他人的同情、帮助和支持。相反，品德不好的人，往往会被人们所厌弃，说话没人听，做事没人帮，成为孤家寡人，什么事都难以做成。

良好的道德有助于建立和谐的人际关系，创造自身和事业发展的有利外部环境。

**名人名言**

在这个世界上，唯有两样东西深深地震动着我们的心灵：一是我们头上灿烂的星空，一是我们内心崇高的道德。

——康德

2. 高尚道德推进社会和谐

**案例**

图 5-5　雷锋同志

雷锋同志是中国家喻户晓的全心全意为人民服务的楷模，共产主义战士。作为一名普通的中国人民解放军战士，在他短暂的一生中却助人无数。伟大领袖毛主席于 1963 年 3 月 5 日亲笔为他题词“向雷锋同志学习”，并把 3 月 5 日定为学雷锋纪念日；一部可歌可泣的《雷锋日记》令读者无不为之动容。“雷锋精神”激励着一代又一代人学习。

雷锋同志在日记中写道：“人的生命是有限的，可是，为人民服务是无限的，我要把有限的生命，投入到无限的‘为人民服务’之中去。”

雷锋精神，是以雷锋的名字命名、以雷锋的精神为基本内涵、在实践中不断丰富和发展着的革命精神，其实质和核心是全心全意为人民服务，为人民的事业无私奉献。雷锋精神已经成为我们这个时代精神文明的同义语、先进文化的象征。

雷锋精神是中华民族传统美德的集中反映，是社会主义道德的本质要求，是中国共产党人先进性和社会主义核心价值体系的生动展现。几十年来，雷锋精神是滋养一代又一代人的道德源泉，是催生一批又一批道德模范的力量所在。雷锋精神始终在提升社会道德水平和文明程度中发挥着重要作用，雷锋精神所代表的崇高境界，始终引领着社会道德风尚和时代精神。

无论社会怎样改变，雷锋精神所具有的助人为乐、爱岗敬业、勤俭节约的美德，都是我们国家所需要和社会大力倡导的。在改革开放新的历史条件下，雷锋精神是鼓舞人们与时俱进、开拓创新的精神动力。

### 相关链接

道德是社会意识形态的重要组成部分，道德总是在一定经济基础上产生并为其服务的。我国实行的是以公有制为主体、多种所有制经济共同发展的社会主义基本经济制度。与之相适应，集体主义成为社会的道德原则，极大地激发了人们奋发向上的工作热情，极大地推动了我国经济社会的健康发展。

道德能够影响其他意识形态的存在和发展，高尚道德有利于促进社会文化的发展和繁荣。

### 案例1

某县推行道德评议工作，要求村村设立道德评议机构，完善评议制度，建立家庭和个人评议档案。一村民在建房过程中，地基高出了村子规定，村评议协会及时上门评议，该村民心服口服，主动降低地基高度，并表示以后严格遵守乡规民约。实行道德评议之后，背地里说三道四、搬弄是非的少了，开诚布公、公开评论的多了，有问题摆上桌面说，极大地改善了农村生产、生活秩序。

### 案例2

某市举办社区邻里节，开展了邻里共学、邻里共乐、邻里相识、邻里相知、邻里结对、邻里互助等活动。邻里节成为政府与社区、社区与居民、家庭与家庭之间沟通的桥梁，有效地促进了社区的和谐、城市的文明。

结合上述事例，说明高尚道德为什么能够推进社会和谐。

### 相关知识

高尚道德能够调整人际关系，维护社会秩序，保持社会稳定，推进社会和谐。道德通过教育、示范、激励和社会舆论评价等形式，为人们提供“应当”和“不应当”的模式与标准，规范人际交往行为，协调人际关系，化解矛盾，增进团结；道德还可以在全社会形成共同的思想观念、行为准则和评价标准，作为人们行为的准则，使全体社会成员同心同德，维护社会的安定、团结、稳定与和谐。

### 名人名言

道德能帮助人类社会升到更高的水平。

——列宁

### 拓展训练

1. 人分“四品”：德才兼备是精品；有德无才是次品；有才无德是危险品；无才无德是废品，你选哪一品？

2. 周总理的七条修身要则：①加紧学习；②努力工作；③习作合一；④要与自己和他人的一切不正确的思想意识作原则上坚决的斗争；⑤适当地发扬自己的长处，具体地纠正自己的短处；⑥永远不与群众隔离，向群众学习；⑦健全自己身体，保持合理的规律生活。这是自我修养的物质基础。

(1) 说一说同伴在个人品德方面有哪些让你赞赏的亮点。

(2) 找一找自己在个人品德修养方面还有哪些不足？

(3) 拟写一份《个人品德修养计划》。

# 第二课　有信任　树信心

快乐、幸福总是与信任、信心如影随形，信任、信心是收获人生幸福和成功的先决条件。拿破仑曾说过：“有方向感的信心，可令我们每一个意念都充满力量。当你有强大的自信心去推动你成功的车轮，你就可平步青云，无止境地攀上成功之岭。”

信心是一个人成功的保证，但信心并不是与生俱来的，它需要经过后天的培养才能不断增强。信心是人类共同的财产,是我们每个人心中最好的帮手,有人把信心称之为“穷人的面包”。

长春职业技术学校注重对学生信心的培养,为了使学生能够在社会生活中“挺起胸、昂起头”,我校举全校之力,打造中等职业教育示范学校,创幸福职业教育品牌。学校以立德树人为根本,创设幸福职教的育人氛围,以“家长学生满意的职业教育”为宗旨,打造区域教育引领、创幸福职教品牌,为学生创设了一流的教学设备设施和教学环境,着重培养学生的实践操作能力,让学生在校期间树立自信,健康快乐幸福地成长。

**案例**

某班学生,入校时学习基础差,不遵守班级纪律,甚至和科任老师顶撞。其他同学怕他,不敢惹他。经过一段时间的观察后发现,看似倔强的他,其实内心很脆弱,非常需要得到别人的认可和尊重。每次他犯错误,在处理过程中,为避免伤害他的自尊心,老师都会心平气和地对他进行说服教育,耐心地去引导他,他有点滴进步老师就大力表扬。在班会上,老师也鼓励他积极发言,让他感觉到老师很在意他,班集体离不开他,让他找回自尊,树立自信。现在他从一个问题学生转变为积极上进的学生,不但学习成绩提高很快,班级活动他也积极参加,并协助班长组织各项活动。对于这类“问题学生”,老师要常常用语言开导、鼓励、教育他们,不断与他们谈心,这样既掌握了他们的心理活动,又消除了他们的精神压力,还取得了他们的信任。

一个人能被他人信任也是一种幸福。他人在绝望时能想起你,相信你会给予拯救更是一种幸福。这种被信任,是你时时刻刻累积并存放在别人心灵上的一笔财富。

**相关知识**

在人们的传统观念中,职业技术学校的学生是在中国现有教育体制当中所谓的“千军万马过独木桥”掉队的学生。然而从人类个性特点出发,我们每一个人都是一个独立的个体,在这个世界上没有第二个你自己,这就决定了我们是独一无二的,因此从这个意义上来说,这就是我们的与众不同。

那么,从教育本身出发,我们就需要研究探索如何对人进行培养和教育,就是要寻求在不同的个体上的闪光点,挖掘每一个人自身的潜能。

在科技飞速发展的今天,我们的生活每一天都在发生改变,不学习就要被社会所淘汰。高素质、高技能的技术工人是各个企业最需要的,而中等职业学校正是培养技术工人的摇篮。

## 一、中等职业学校学生现状

1. 中等职业学校学生的特点

(1)学生来源。

中等职业学校的学生主要来源于初中毕业生,他们不愿意去高中或升学无望才进入中等职业学校。他们不是所谓的“好学生”,表现总是差强人意,在纪律上自由散漫,违反校规校纪,学习上缺乏主动性,时常会有厌学情绪,学习基础和学习能力也不是很强。

(2)学习习惯。

个别学生就读中等职业学校,不是为了学习,也不知道该怎么学习,甚至没有学习目标。表现在学习态度方面,就是学习目标不够明确、学习也不够认真,只求能够过得去,甚至是得过且过。

中等职业学校的教学条件多数还是以课堂理论授课为主多媒体教学为辅,在这种情形下课本的使用仍然必不可少。学生不愿上课更不愿听课,图文并茂的多媒体似乎也不能充分调动起学生们学习的兴趣。

(3)家庭环境。

中等职业学校中,来自特殊家庭的学生逐年上升,学生嫉妒心强、孤僻、自卑,逆反心理严重,性格暴躁,听不进老师的劝导,往往会成为学校管理中的难题。

多年的教育实践使我们逐渐认识到:一个孩子的成长和发展要受到他所处环境中各种因素的影响,其中学校对学生的影响是他们成长和发展的主要和决定因素,这是因为学校可以有意识地对各种影响个人身心发展的因素进行选择和组织,充分而系统地发挥主导作用。但是,对于学生身心的健康发展单纯依靠学校是不够的,还需要家庭、社会的密切配合。

(4)学习方法。

学习知识不光需要聪明的头脑。大多数孩子应该都是相当聪明,但是为什么聪明却成绩不好,主要是由于初中阶段就没有养成良好的学习习惯,没有掌握基本的学习方法,因为不会学因而学不好,由学不好到不愿意学,自己也不努力,甚至发展到厌学、逃学和退学。

(5)自制能力。

据调查表明,将近80%的中等职业学校学生学习时自控能力很差,学习心理不够稳定,容易受到社会、学校和家庭各种因素的影响,这些因素主要包括网络及电视等休闲娱乐资源、同学朋友的相互影响以及自身心情等。例如,在布置作业的时候,老师经常会让学生预习下节课要学习的内容,但很少有学生能自觉地真正去完成,课余的时间学生宁愿选择发呆、玩手机也不会去看书,偶尔拿起课本看书的也是一边玩手机一边看,这样看书的效果可想而知。学生很少能做到专心致志,这便导致学习效率低下,学习成绩不理想。

(6)学习状态。

如今学生对手机可称为“情有独钟”,对网络可谓是一“网”情深,而对散发着浓郁墨香的纸质书籍表现出不喜欢,甚至厌倦。很多学生喜欢追求标新立异,学习似乎变得空泛而缺少内容。

大多数中等职业学校学生是读不进书又不得不读书,在家中瞒着父母,在学校应付老师,对学习有着一种“剪不断、理还乱”的心理压力。对考试或某些学科、课程的学习存在比较严重的恐惧心理,不愿意考试,有明显的厌学情绪和行为。

(7)学习行为。

随着社会的迅速发展和人民生活水平提高,以及国家对中等职业教育出台的新政策,现在的学生上学已经没有生活压力,对于家庭而言学费也不是负担。农村户口免学费,特困学生有补助,学生没有学习压力,学习对他们来讲甚至可有可无。在一些学生看来,未来就业获得的收入和自己现在读书似乎没有什么联系,因此,不努力的中等职业学校学生占了很大一部分。

2. 长春职业技术学校的学生特点

(1)生源质量。

长春职业技术学校隶属长春市教育局,是吉林省中等职业教育龙头学校,国家首批示范校,国家级重点中职学校。因此,会吸引部分相对优秀的学生前来就学,特别中高职衔接学生分数都较高。

(2)学生的家庭状况。

家庭是社会的细胞,家长的教育方式和家庭成员之间感情融洽与否是影响学生心理健康发展的重要因素。我校学生大部分来自农村乡镇家庭,单亲家庭子女较多,独生子女比例不高,父母文化程度普遍不高,父母平时学习意愿的不多,很少与学校和班主任联系。

(3)学习目标及自信心。

我校的学生大多数在初中不愿意学习,受到老师批评指责较多,他们的需求和烦恼不能得到老师、同学的充分关注,少有机会以成功者的形象去体验人生的成就感和自豪感。通过调查发现,对于自己目前的学习生活,近一半学生对自己感到不满意、失望、甚至麻木。学生一方面对现状不满,对前途担忧,另一方面又缺乏改变现状的动力。更多的学生是生活在一种得过且过的盲目中,没有理想,没有憧憬,更没有为之心动、值得付出的目标。

(4)学习态度与认知。

学习态度是指学生对学习及其学习情境所表现出来的一种比较稳定的心理倾向,它通常可以从学生对待学习的精神集中情况、情绪状态和意志力状态等方面来说明和体现。课堂教学中每个学生的学习状态和学习方式都会影响课堂教学效果和效率。大多数学生认为"基础太差,有的课听不懂老师讲的内容",是造成在课上玩手机和专业课打瞌睡的主要原因,只有少部分学生课堂教学中,与教师之间的互动情况良好。

(5)学习习惯。

中等职业学校的学生正值青春发育的高峰期,其心理发展处在由不成熟走向成熟的关键阶段,可塑性强,感情丰富,但易冲动。由于这些学生没有实现上高中进而考大学的梦想,普遍存在失落茫然、空虚悲观等负面情绪,缺乏学习信心和热情,容易自我认知偏差,自我监督、自我控制、自主学习能力较低。

(6)学习心理。

有些学生学习基础较差,由于各种原因,经过多次努力却总是失败,加之长时间受到社会的偏见、家长的漠视、教师的批评、同学的歧视,他们在学习中无法满足自己成功的愿望,生活中又少获得关怀,品尝到的只是失败感、不自由感和乏味感,逐渐形成学习无价值、自己是学不好的"差生"等观念。如此的恶性循环,使他们很快就产生了厌学心理。而另一部分学生因为是独生子女、父母的宠儿、家庭中的宝贝,很多生活中的困难都是父母帮助完成或直接代劳,因此,很多学生在学习上缺乏一种韧性,缺乏坚持,意志薄弱,害怕去学、去动脑,久而久之便产生厌学情绪。

**相关链接**

个人的情感状态会影响信任经验,并影响对被信任者可信任性的判断。认知性及情感性的元素同时存在于人际信任之中，如果只有情感而没有理性认知，信任就成了盲目的信心，反过来说，如果只有理性认知而没有情感性元素，则信任只是冷血的预测，因此，信任通常是情感及理性思考的混合体。

在心理学中，信任是社会影响概念中不可或缺的一部分：因为影响或说服一个信任你的人是容易的。因此，这个概念已被广泛应用于预测组织的行为。然而，再次感受到诚实、能力和价值的相似性是必要的。若因为明显违反了其中的三个因素而丧失了信任，将很难修复信任。因此，建设信任与破坏信任有一个明确的对称性。

### 案例

一艘货轮在烟波浩渺的大西洋上行使。

一个在船尾搞勤杂的黑人小孩不慎掉进了波涛滚滚的大西洋。

孩子大喊救命，无奈风大浪急，船上的人谁也没有听见，他眼睁睁地看着货轮拖着浪花越走越远……

求生的本能使孩子在冰冷的海水里拼命地游，他用尽全身的力气挥动着瘦小的双臂，努力使头伸出水面，睁大眼睛盯着轮船远去的方向。

船越走越远，船身越来越小，到后来，什么都看不见了，只剩下一望无际的汪洋。

孩子的力气也快用完了，实在游不动了，他觉得自己要沉下去了。

“放弃吧，”他对自己说。

这时候，他想起老船长那张慈祥的脸和友善的眼神。

不，船长知道我掉进海里后，一定会来救我的！想到这里，孩子鼓足勇气用生命的最后力量又朝前游去……

船长终于发现那黑人孩子失踪了，当他断定孩子是掉进海里后，下令返航，回去找。

这时，有人规劝：“这么长时间了，就是没有被淹死，也让鲨鱼吃了……”

船长犹豫了一下，还是决定回去找。

又有人说：“为一个黑奴孩子，值得吗？”

船长大喝一声：“住嘴！”

终于，在那孩子就要沉下去的最后一刻，船长赶到了，救起了孩子。

当孩子苏醒起来之后，跪在地上感谢船长的救命之恩时，船长扶起孩子问：“孩子，你怎么能坚持这么长时间？”

孩子回答：“我知道您会来救我的，一定会的！”

“你怎么知道我一定会来救你的？”

“因为我知道你是那样的人！”

听到这里，白发苍苍的船长“扑通”一声跪在黑人的孩子面前，泪流满面：“孩子，不是我救了你，而是你救了我啊！我为我在那一刻的犹豫而耻辱……”

这就是信任的力量，信任是一种尊重更是一种力量，一个人要想获得进步，信任是他内心成长的沃土，在特定的阶段，特定的时期，有了这样一种力量，就会产生无穷的动力，帮助我们一往无前。

相关知识

信任,从汉语层面上有三种解释:

(1)相信并加以任用。《史记·蒙恬列传》:“始皇甚尊宠蒙氏,信任贤之。”《南史·荀伯玉传》:“高帝重伯玉尽心,愈见信任,使掌军国密事。”

(2)相信。曹禺《日出》第四幕曰:“潘月亭仿佛觉出来里面很蹊跷,他不信任地望着李石清,急忙拿起信。”艾青《大西洋》诗云:“我们信任他们,象信任自己的良心。”

(3)任随,听凭。唐高骈《风筝》诗曰:“夜静弦声响碧空,宫商信任往来风。”宋欧阳修《定风波》词云:“尊前信任醉醺醺。不是狂心贪燕乐,自觉,年来白髮满头新。”

信任是一种关系,一种相信的情感表达,有着极大的价值,也是一种重要的资产。人际信任的经验是由个人价值观、态度、心情及情绪、个人魅力交互作用的结果,是一组心理活动的产物。信任包括五个维度:正直、能力、责任、沟通、约束。

相关知识

## 二、让信任成为专业发展的沃土

对于职业学校学生动手能力的培养,专业技能的训练是非常重要的内容。学校为了给学生创造好的实习实训条件,变消耗性实习为生产性实习。例如,学校与一汽建立生产性实习,将产品直接应用于生产,学校实训中心建设以及举办大型活动,摄影、摄像、后期制作都由数媒专业学生完成;参观、学习、培训、比赛、观摩等活动,由酒店专业学生来完成接待。为了能充分发挥以学生为主体,以教师为主导的教学模式,学校为老师和学生创造多种途径,帮助学生专业成长,树立信心,给学生以充分的信任。

图5-6 数媒学生在练习摄影

图5-7 多功能校门

学校对学生的信任主要体现在以下两个方面:

1. 注重学生的动手实践能力

实施“专业联动,分流培养”的人才培养模式,着重培养学生的实践能力,建立真实的生产性实习实训环境,全面实行“理实一体”的教学方法。学校秉承“学生能做的事,不让老师做;老师能做的事,不让社会做”的教学原则,把专业建在产业链上,把“工匠精神”刻在学生心中。

实施学校环境发展,创建平安校园。多专业

师生联动,自主设计、建造体现多功能齐全、具有特色与艺术美感的学校大门。驻足凝聚了广大教职员工汗水和智慧的实践成果,回顾无数奋战的日日夜夜,“学校大家庭”的每一个成员都会油然而生一种幸福感和自豪感。校门的实际施工是焊接技术应用专业、汽车车身修复专业、电气运行与控制专业和数字媒体技术应用专业4个专业师生7个多月协同奋战的成果,从最初的设计到实施是学校的团队自主研究设计施工,每一个奋战的日日夜夜,学生们与老师们朝夕相伴,老师们严谨认真的工作态度影响并感染着同学们。伫立在新落成的校门前,自信、自豪感便油然而生。

电梯实训中心是校校联合、校企合作、专业联动、师生共建最好的见证电梯实训中心设备总投入400余万元,包括旧梯、新梯、大赛指定电梯、自动扶梯等共18部电梯,涵盖日立、奥的斯、三菱等10余种品牌。电梯实训中心的建设为学生核心技能的培养、专业技能的训练以及职业技能再提升提供了必要保障,为学生高质量就业提供了有力支撑。

图5-8　学生在电梯实训中心门前合影

15焊接班和16焊接班两个班的学生在老师的带领下很快建设完成了一个豪华的钣金、轨道实训中心。作为吉林省内最大、设备最多、品牌最全的实训中心,这座师生共建成果,得到了相关部门领导及同仁的一致好评,以及前来考察的家长和学生的高度认可。

优美的学习环境是我们每个学生所向往的。学校领导非常重视班级文化建设,给每个班级制作了几块展板,剩下的地方要求每班学生自己设计。学生利用业余时间装扮自己班级墙面。众人拾柴火焰高,学生通过与他人合作,仅用几天时间就将班级教室布置好了。

2. 创设平台鼓励学生参加竞赛

多年来,学校承办国家、省、市各级各类大赛30余次,获奖师生达400余人次。一批又一批的学生在全国中等职业学校学生职业技能大赛中屡创佳绩,我校也成为吉林省参赛项目最多、获奖层次最高的中等职业学校。

在2016年全国职业技能大赛汽车空调项目上,我校学生刘振杰获得金牌,实现了吉林省汽车项目金牌“零的突破”。这项纪录的产生,也使我校被誉为吉林省金牌状元学校。

信任是动力之源,任何崇高的事业都是在信任的呵护下成长起来的。有了信任,我们对前途就会充满必胜的信念,就会燃起生命的激情,创造精彩的人生。

每个人的成长过程不可能一帆风顺,总会遇到困难和挫折,为人师者,就是要及时发现

图 5-9　优美整洁的班级环境

并纠正他们存在的一些错误认识，在学生将要放弃希望的时候给予真诚的帮助和谆谆教诲，发现学生身上的优点并因材施教，相信学生一定会体会老师的良苦用心，振奋精神，尽快提高学习成绩，升华自己的品格。

图 5-10　学生刘振杰参加汽车空调技能大赛

证　书

长春职业技术学校 荣获 2017 年吉林省职业院校技能大赛—中职组 机器人技术应用 项目团体比赛 铜 奖。

吉林省教育厅
二〇一七年六月

图 5-11　我校学生参加机器人技术应用技能竞赛获奖

## 名人名言

人与人之间最高的信任，无过于言听计从的信任。

——培根

## 案例

苏联著名教育家马卡连柯在担任校长期间，曾经运用自己对学生信任的方法唤醒了一

图 5-12 我校学生参加通用机电设备安装与维护技能大赛获奖

位差生的自尊的故事：

有一天，他派曾是一名小偷的学生去几十里外取一笔数额不小的钱。这位学生不敢相信这种信任，认为校长在捉弄他。他问马卡连柯："如果我取了钱不回来怎么办？"马卡连柯真诚而平静地回答："少说废话！既然委托你，你就去。"当这位学生取回钱后请校长清点时，马卡连柯说："你数过就行了。"然后随便地把钱放进了抽屉。面对校长如此的信任，这位学生事后激动地说："一路上我都在想，要是有人袭击我，哪怕有十几个人或更多，我都会扑上去，用牙咬他们，撕他们，除非他们把我杀死。"校长用信任架起了他与学生间的心灵桥梁，让学生感到了做人的快乐和尊严。

这个案例告诉了我们，我们相信了学生，他们就会尽其所能地不辜负我们的信任。即使某个学生有不诚信的行为，我们的信任也会帮他们对抗说谎的冲动。

### 案例

2001 年 5 月 20 日，美国一位名叫乔治·赫伯特的推销员，成功地把一把斧子推销给了小布什总统。布鲁金斯学会得知这一消息，把一只刻有"最伟大推销员"的金靴子赠予了他。这是自 1975 年以来，该学会的一名学员成功地把一台微型录音机卖给了尼克松后，又一学员跨过如此高的门槛。

布鲁金斯学会创建于 1927 年，以培养世界上最杰出的推销员著称于世。它有一个传统，在每期学员毕业时，都设计一道最能体现推销员能力的实习题，让学生去完成。克林顿当政期间，他们出了这么一个题目：请把一条三角裤推销给现任总统。八年间，有无数个学员为此绞尽脑汁，最后都无功而返。克林顿卸任后，布鲁金斯学会把题目换成：请将一把斧子推销给小布什总统。

鉴于前八年的失败与教训，许多学员知难而退。个别学员甚至认为，这道毕业实习题会和克林顿当政时一样毫无结果，因为现在的总统什么都不缺，即使缺什么，也用不着他们亲自购买；再退一步说，即使他们亲自购买，也不一定正赶上你去推销的时候。然而，乔治·赫伯特却做到了，并且没有花多少工夫。一位记者在采访他的时候，他是这样说的：我认为，把一把斧子推销给小布什总统是完全可能的，因为小布什总统在得克萨斯州有一座农场，那里长着许多树。于是我给他写了一封信，说，有一次，我有幸参观您的农场，发现那里长着许多矢菊树，有些已经死掉，木质已变得松软。我想，您一定需要一把小斧头，但是从您现在的体质来看，这种小斧头显然太轻，因此您仍然需要一把不甚锋利的老斧头。现在我这儿正好有一把这样的斧头，它是我祖父留给我的，很适合砍伐枯树。倘您若有兴趣的话，请按这封信所留的信箱，给予回复……最后他就给我汇来了 15 美元。乔治·赫伯特成功后，布鲁金斯学会在表彰他的时候说：金靴子奖已设置了 26 年。26 年间，布鲁金斯学会培养了数以万计的推销员，造就了数以百计的百万富翁，这只金靴子之所以没有授予他们，是因为我们一直想寻找这么一个人——这个人从不因有人说某一目标不能实现而放弃，从不因某件事情难以办到而失去自信。

学生讨论：乔治·赫伯特取得成功的原因是什么？在我们的身边还有没有这样的事例？

相关知识

### 三、让自信伴我们健康成长

自信又称自信心，是人们相信自己有能力实现自己愿望的心理，是人们对自己力量的充分肯定。

有信心的人，可以化渺小为伟大，化平庸为神奇。信心可以改变恶劣的现状，使我们充满激情去笑对困难，过关斩将，实现理想。即使在最困难的时候，仍能保持乐观奋进的拼搏精神。可以说，人的一生取得的任何一次成功，都是伴随着自信而取得的。

图 5-13　校园志愿换水小分队

不能不提的就是我校校园志愿换水小分队。不知何时起，在 1 号楼、2 号楼、14 号楼经常看到他们的身影，他们用自己的汗水和努力演绎的是“00 后”孩子们的大度与奉献，他们渴望自己得到认可，作为他们的老师，我们只有感谢，感谢他们在自己教师生涯中出现。

学生的自信、专注、认真在课堂得到最好的诠释。

学生见证了校园日新月异的发展与变化，见证了教学设施设备的变化，老师们则见证了学生自信心的变化，挑战自我的变化，这或许就是幸福职教带给我们每个人的变化吧！

图 5-14　学生认真听课

“在学校生活的每一天，我们已经爱上它，于岁月，我们一起走过春夏秋冬；于人生，我们经历了伤悲冷暖。”这是我们的班主任老师在新年到来之际对学生说的一段话，字里行间洋溢着浓浓的师生情……

只要把我们的潜能发挥出来，别人能做到的事，我们自己也一定能做到，相信自己，只要坚持不懈地积极进取，就一定会获得成功。

图 5-15　学生脸上洋溢着幸福的笑容

图 5-16　学生在实训中提升自信心

案例

没有自信心，实属不可取！

有一年学校开展艺术节活动，每个班必须为艺术节展示一个节目，16 级轨道检修高职二班班主任推选的本班的一名男同学，但这名学生性格内向、生性懦弱、极其不自信。班主任经过谆谆教导，利用业余时间每天教他练习舞蹈，帮助他克服心理障碍，最后这位男同学终于能够自信地站在舞台上用优美的舞姿完成整个舞蹈，赢得在场老师和同学们的阵阵掌声。

图 5-17　学生在舞台上展现自己

从这一刻起，那个常常躲在别人后面的男生，有了细微的变化，班级召开观摩主题班会，他做起了策划，担任了主持人……

范德比尔特曾说过："一个充满自信的人，事业总是一帆风顺的；而没有自信的人，可能永远不会踏进事业的门槛"，这就说明自信是成才的重要条件。

唤醒学生的自信,就是唤醒学生生命中最美好的那部分人性;培养学生的自信,就是培养学生对人生理想的追求;呵护学生的自信,就是呵护学生的意志和毅力;激励学生的自信,就是激励学生焕发生命的活力和潜能。

## 名人名言

一个人是否有成就只有看他是否具有自尊心和自信心两个条件。

—— 苏格拉底

## 相关链接

1. 树立自信的方法

(1)记住一些诸如“有志者事竟成”的格言;

(2)树立“试一试”的自我意识;

(3)遇到困难,绝不轻易放弃;

(4)相信自己有无限潜力;

(5)主动与人说话,克服自我封闭;

(6)做好准备,讨论时积极发言;……

2. 树立自信的途径

(1)课堂上主动参与讨论;

(2)课后积极思考适时与老师和同学交流;

(3)积极参加集体活动,学会自我“推销”;

(4)发展业余爱好,注意自信养成;……

自信是每位成功者应具备的品质。一个人受人尊重的基础是有一定的才干、良好的品格。如果没有自信,即使条件再优越,也难以成就大的事业。

有一句格言说得好:“低估自己不是美德,而是一种陋习。”天生我材必有用,人的潜能是无限的。拥有自信,我们才有赢得成功的希望,生活才会幸福。

我们把学生能够完成的工作交给他,同学们会为了完成老师交办的工作去尽量想办法,积极思考,这就是我们教育的出发点。“学生能做的事,不让老师去做”这里面饱含着教育的思想和对学生最深沉的教育情怀。通过老师的教诲,学生得到了锻炼,实践能力大大增强,树立了自信心,感受着校园生活学习给自己带来的改变。十年树木百年树人,若干年以后我们相见,会看到在信任的沃土中结出的希望之果。

## 拓展训练

1. 请熟读并记下下面的名言,写出自己的感受。

①青春是一个普通的名称,它是幸福美好的,但它也是充满着艰苦的磨炼。

——高尔基

②青春多么美丽!发光发热充满了彩色与梦幻,青春是书的第一章,是永无终结的故事。

——朗费多

2. 你最想对老师说的一句话是？

3. 通过这节课的学习，大家知道如何培养自信了吗？请结合以下提示任选几点完成一篇感悟。

A. 善于发现自己的长处。　　B. 给自己一个微笑。
C. 学会积极的自我暗示。　　D. 学会自我激励。
E. 感受别人的欣赏。　　F. 成功的体验
G. 充实自我，提高自身素质。

# 第三课　建团队　求合作

案例

图5-18　我校会电专业学生技能大赛获奖

2016年5月，2016年全国职业院校技能大赛沙盘模拟企业经营赛项在天津市举行，全国共64个代表队齐聚天津红星职业中专学校。我校会计专业的4名同学代表吉林省参加了此次竞赛，在710分钟的激烈角逐中，每一个参赛队作为一个经营团队，分别接手一个制造型企业，在仿真的竞争市场环境下，分别扮演总经理、财务总监、运营总监、营销总监4个岗位的从业人员，从市场调研、产品研发、财务管理、企业运营、市场营销各个环节模拟经营，连续从事6个会计年度的模拟企业经营活动。最后，以模拟企业盈利情况作为评分标准。

经过激烈竞争，我校团队最后取得小组的第五名，国赛二等奖第一名。通过这次比赛，使参赛学生深刻意识到一个组织是否成熟，明显的标志就是看它有没有能力

运用组织的智慧。沟通、协作和群体意识在未来企业竞争中的作用越来越被有远见的组织所关注。我校学生在这一点上占据了很大的优势，优秀成绩的取得在很大程度上归功于他们的群体努力和团结协作。在巨大的竞争和时间压力下，要想取胜就必须快速建设能力超群的高效团队，形成团队个体之间的优势互补，运用团队智慧，对环境变化做出准确判断和正确的决策。

**相关知识**

## 一、什么是团队合作

1994 年，斯蒂芬·罗宾斯首次提出了“团队”的概念：为了实现某一目标而由相互协作的个体所组成的正式群体。在随后的十年里，关于“团队合作”的理念风靡全球。

1. 团队的概念

团队，又称为工作团队，是指在一定的场所，由若干成员组成的一支为了完成共同的目标或任务而相互协作的行动小组。小组成员具备相辅相成的技术或技能，有共同的目标，有共同的评估和做事的方法，他们共同承担并分享最终的结果和责任。

团队涉及三个要素：共同的目标、团队的成员、一起努力协作行动，三者缺一不可。

**案例**

很久以前，有个国王，他有 10 个儿子，这 10 个儿子平时因争权夺利，相互间钩心斗角，扰得整个皇宫不得安宁。一天，老国王得了重病，他自己也知道快要不行了。于是，他把 10 个儿子都叫到身旁，拿出 10 支箭来，让 10 个儿子每人折 1 支，10 个儿子轻轻一折，就将箭折断了。然后老国王又拿出 10 支箭，并把这 10 支箭紧紧地捆扎在一起，让 10 个儿子折，可 10 个儿子用尽力气，谁也折不断。这时 10 个儿子都明白了老国王这样做的目的。这个故事告诉了我们一个道理——集体力量大。

**名人名言**

人们在一起可以做出单独一个人所不能做出的事业；智慧 + 双手 + 力量结合在一起，几乎是万能的。

——韦伯斯特

2. 合作的概念

合作是个人与个人、群体与群体之间为达到共同目的，彼此相互配合的一种联合行动。

成功的合作需要具备的基本条件主要有：

(1) 一致的目标。任何合作都要有共同的目标，至少是短期的共同目标。

(2) 统一的认识和规范。合作者应对共同目标、实现途径和具体步骤等有基本一致的认识，在联合行动中合作者必须遵守共同认可的社会规范和群体规范。

(3) 相互信赖的合作气氛。创造相互理解、彼此信赖、互相支持的良好气氛是形成有效合作的重要条件。

(4)具有使合作赖以生存和发展的一定物质基础。必要的物质条件是合作能顺利进行的前提,空间上的最佳配合距离,时间上的准时、有序,都是物质条件的组成部分。

3. 团队合作的内涵

团队合作是指一群有能力、有信念的人,在特定的团队中,为了一个共同的目标相互支持、相互合作奋斗的过程。团队合作能够有效调动起所有成员的才智和资源,对于周围一些不和谐的因素都能够自动回避,并且在这个过程中,那些真诚信用、大公无私的奉献者还会获得一些合理的回报。

案例

学校为了让学生德智体美全面发展,丰富学生的课余生活,安排在每周三下午进行第二课堂活动。有的班级选择跑步运动,锻炼身体;有的班级选择打篮球,或者进行一场篮球比赛。班主任也尽职尽责带领学生参加班级活动,有同学把家中的音响拿来,一边放着歌曲,一边围着操场跑步。歌声嘹亮,笑声朗朗。这样的活动增强了班级的凝聚力和团队合作精神,也丰富了同学们的业余生活,学生们在紧张繁忙的学习生活中,既学到了课外知识,又增添了无限乐趣,并在学校开心快乐成长,幸福生活。

图 5-19 学生形式多样的第二课堂活动

俗话说,人多力量大,这就是团队合作的力量,这种力量不仅帮助个人实现了自身理想,个人也能够在这个过程中得到一种集体荣誉感,会自愿地为这个集体做出一些力所能及的贡献,使自身的奉献精神和协作精神得到有机统一。在团队内,所有成员的价值观和理想都是一样的,这促使他们焕发出相同的状态和士气,而这种状态和士气是凝聚和推动整个团队发展的精神力量,即团队合作精神。

案例

生活在海边的人常常会看到这样一种有趣的现象:几只螃蟹从海里游到岸边,其中一只也许是想到岸上体验一下水族以外世界的生活滋味,只见它努力地往堤岸上爬,可无论它怎样执着、坚毅,却始终爬不到岸上去。这并不是因为这只螃蟹不会选择路线,也不是因为它动作笨拙,而是它的同伴们不容许它爬上去。每当一只企图爬离水面的螃蟹就要爬上堤岸的时候,别的螃蟹就会争相拖住它的后腿,把它重新拖回到海里。人们也偶尔会看到一些爬上岸的海螃蟹,但不用说,它们一定是单独行动才上来的。

在南美洲的草原上,有一种动物却演绎出迥然不同的故事:酷热的天气下,山坡上的草丛突然起火,无数蚂蚁被熊熊大火逼得节节后退,火的包围圈越来越小,渐渐地蚂蚁似乎无路可走。然而,就在这时出人意料的事发生了:蚂蚁们迅速聚拢起来,紧紧地抱成一团,很快就滚成一个黑乎乎的大蚁球,蚁球滚动着冲向火海。尽管蚁球很快就被烧成了火球,在噼噼啪啪的响声中,一些居于火球外围的蚂蚁被烧死了,但更多的蚂蚁却绝处逢生。

这两则关于动物之间团队合作的故事相映成趣,说明了什么道理呢?

掣肘,易事难为;携手,难事可成。螃蟹的"拖后腿",多么像人类中某些人的做法。由于嫉妒心、"红眼病"和一己之私作祟,他们惧怕竞争,甚至憎恨竞争,一旦看到别人比自己强,就拆台阶、下绊子,千方百计竭尽倾轧之能事。其宗旨不外乎一条:我不行,你也别行;我得不到,你也别想得到。于是,有多少发明创造的才智,就这样在无声中被内耗掉;有多少贤能,就这样被埋没在默默无闻之境;有多少"千里马",就这样病死于马槽枥之间。蚂蚁的"抱成团"却与此大相径庭,这一抱,是命运的抗争,力量的凝聚,是以团结协作的手段,为共渡难关,获求新生所做出的必要努力。无此一抱,蚂蚁们必将葬身于火海;精诚团结使它们的群体得以延续。

螃蟹的"拖后腿",足以令某些人顾镜自照而汗颜;蚂蚁的"抱成团"是一种智慧,一种大爱,也是一种大勇!蚂蚁懂得舍"小我"而为"大我",能够以牺牲自己的生命为代价保护集体的利益,使蚁群能够继续生息繁衍。人们如果能常将螃蟹的"拖后腿"与蚂蚁的"抱成团"所造成的后果对照起来仔细思考,想过以后该怎样见贤思齐,择善而从,就不言自明了。

相关知识

## 二、团队合作就在身边

### (一)培养团队合作的必要性

1. 新的时代要求培养团队合作

随着知识经济时代的到来,科学技术迅猛发展,各种知识、技术不断更新,呈现出多种文化、信息、学科知识相互交叉的局面。新的时代对人才提出更高要求——要与国际形势接轨,要在竞争激烈的现代社会步向领先。高素质的现代化人才是必备的人力资源,团队合作精神越来越受到重视。当今社会是合作的社会,是交流的社会,在很多情况下,单靠个人的能力很难应对各种错综复杂的问题,需要多方合作,才能实现共赢,否则,就处于被动状态。因此,在竞争中培养学生的团队合作精神很重要。

2. 现代教育要求培养团队合作

一个学校、一个班级,乃至一个宿舍的学生都应该具备团队合作的意识,更应该尊重这种团队精神。陶行知先生曾说:"教师的职务是'千教万教,教人求真';学生的职务是'千学万学,学做真人'。"因此,在轰轰烈烈的课程改革中,除了强调学生个体独立自主的学习之外,也需要教育学生现代人所具备的基本素质——团队合作精神。社会越来越注重个人能否与他人协作共事,能否有效地表达自己的见解,以及能否概括与吸收他人的意见等。

3. 就业形势要求培养团队合作

近年来，越来越多的用人单位在招聘时将团队合作能力列为首要考核内容。团队合作能力已经成为中职学生就业、再就业和职场升迁所必备的能力。学校就是社会的缩影，在学校里开展团队合作教育，培养学生的合作意识，就是要使学生具备良好的综合素质，以适应社会飞速的发展和就业岗位需求的多样化。这也是学生创造幸福人生的重要途径之一。

我校为了使学生感知幸福，在实践活动中，注重为学生创造合作平台，通过各类文体活动和社会实践活动促进学生团队合作精神的培养。学校在指导学生开展合唱比赛、多人球类比赛、拔河比赛等群体类项目的同时，进一步发挥拓展训练的作用，以提升学生的团队合作能力和集体荣誉感。

案例

为了更好地宣传贯彻党的十九大精神，营造浓厚氛围，加强理想信念教育，培育和践行社会主义核心价值观，在纪念“一二·九”学生运动82周年之际，我校于12月8日下午在学校一号楼阶梯教室举行了“纪念一二·九”大合唱决赛活动，每个班级为了争取能进入决赛，都紧锣密鼓、一丝不苟地排练歌曲，为的就是在比赛中拔得头筹，不是为了奖品，而是为了那一份荣誉。有的班级学生的集体荣誉感很强，为了能进入决赛，学生主动把自己的吃饭时间减半，在阶梯教室排练一站就是1～2个小时，但没有一句报怨。汗水淋透了衣服，但学生却一直脸挂笑容，相互鼓励，这应该就是团结合作的力量吧！

**（二）团队合作精神的主要内容**

所谓团队精神是指团队成员对团队感到满意与认同，自觉地以团队的利益和目标为重，在各自的工作中尽职尽责，自愿并主动与其他成员积极协作、共同努力奋斗的意愿和作风。团队精神是凝聚团队、推动团队发展的精神力量，是所有团队成员的理想、价值观、道德标准、行为标准、工作态度的整合及其在组织纪律、作风等方面的具体表现，其精神内涵就是“学会做人、学会做事”，这也与学校的教育理念不谋而合。具体看来，团队合作精神主要包括以下内容：

1. 团队精神的核心——协同合作

团队精神强调的不仅仅是一般意义上的合作与齐心协力，其核心在于发挥团队的优势，利用成员个性和能力差异，在团结协作中实现优势互补，发挥积极协同效应，带来“1+1>2”的绩效，其工作绩效明显优于两个人单独行动时绩效的总和。

2. 团队精神的动力——共同目标

有效的团队必须具有一个大家共同追求的、有意义的目标。共同的目标是团队存在的先决条件，也是团队精神得以实现的动力。有了共同的目标，每个成员才会为共同目标的实现而奉献自己的才华。

3. 团队精神的功能——实现创新和增强凝聚力

团队精神的树立，使团队中的每个成员在精神上融合为一体，让每个个体都以共同的价值观为准则来自觉地监督和调解团队中的日常活动，从本质上营造了民主、自由、开放的氛围，使主体性与个体性得以充分的发挥与展现，从而增强了团队的内聚力、向心力和能动性，为齐心协力实现团队目标创造了有利的前提条件。

案例

由长春市教育局主办，长春现代商务职业技术学校承办，北京博导科技有限公司协办的长春市中等职业学校“博导电商杯”电子商务运营技能大赛于2017年12月19日举行。我校两个参赛队共计8名学生参加此次比赛。其中，百事队荣获团体一等奖，美少女队获得团体三等奖。

近年来，学校高度重视专业实践技能的培养，不断深化教学改革，提升人才培养水平，取得了明显成效。这次比赛既达到了锻炼队伍的目的，也充分展现了我校学生扎实的实践技能和良好的精神风貌。

图5-20　学生团队参加电子商务运营技能大赛获奖

## （三）培养团队合作精神的意义

（1）团队合作可以营造一种工作氛围，使每个队员获得一种归属感，有助于提高团队成员的积极性和效率。这种归属感使得每个成员感到在为团队努力的同时，也是在实现自己的目标。

（2）团队合作有利于激发团队成员的学习动力，有助于提高团队的整体能力。大部分人都有不服输的心理，这种心理因素能够不知不觉地增强了成员的上进心，使成员都不自觉地要求自己要进步，力争在团队中做到最好，从而赢得其他员工的尊敬。

案例

2016年10月，我校数控专业计划组建一支队伍参加长春市技能大赛。通过层层选拔，最终确定3名同学作为团队成员。学生从只能做单工序的零件到面对复杂工序的零件，从普通的划线钳工到装配钳工，历时2个多月，每天在完成课堂任务之后，在老师的带领下继续学习多方面的专业知识。同学们每天都起早贪黑，非常辛苦，但是他们非常有干劲儿，只有在吃饭时间才会离开岗位，甚至有时候是在岗位上吃口便饭。终于，他们所付出的辛苦最终得到了回报。3名同学组成的团队最终完成比赛，获得长春市中等职业学校数控综合应用技术比赛二等奖、吉林省“CAXA”杯数控综合加工技术比赛二等奖。

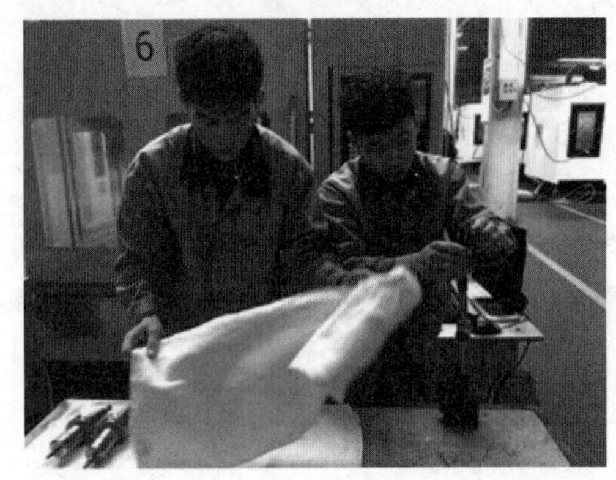

图 5-21 数控专业学生参加技能大赛

(3)团队合作可以实现“人多好办事”,完成个人无法独立完成的大项目。毕竟一个人的力量有限,团队合作就可以把团队的整体目标分割成许多小目标,然后再分配给团队的成员去一起完成,从而缩短完成整体目标的时间并提高效率。

(4)团队合作可以约束规范和控制成员的行为。在团队内部,当一个人与其他人不同时,团队内部所形成的那种观念力量、氛围会对这个人施加一种有形和无形的压力,会致使他在心理上产生一种压抑和紧迫感。在这种压力下,成员在不知不觉中随同大众,在意识判断和行为上与团队中大多数人相一致,从而达到去约束规范和控制个体的行为的目的。规范和控制个体的行为有助于团体行动的标准化,有利于提高团队的办事效率。

案例

华为技术有限公司是一家总部位于中国广东深圳市的生产销售电信设备的员工持股的民营科技公司,1988 年成立于中国深圳,是电信网络解决方案供应商。华为的主要营业范围是交换、传输、无线和数据通信类电信产品,在电信领域为世界各地的客户提供网络设备、服务和解决方案。华为从一个注册资产 21000 元,员工 14 人的小型民间企业发展到现在员工 24000 余人,其中外籍员工 3400 余人,销售额近 500 亿元人民币的跨国公司,被业界奉为“神话”。

华为通过一种精神把这样的一个巨大公司团结起来,而且使企业充满活力。华为这种团队精神就是“狼性”。华为非常崇尚“狼”,认为狼是企业学习的榜样,要向狼学习“狼性”,狼性永远不会过时。华为总裁任正非在他的一次题为《华为的红旗到底能打多久》的讲话中提到:“发展中的企业犹如一只饥饿的野狼。狼有最显著的三大特性,一是敏锐的嗅觉,二是勇往直前的进攻精神,三是群体奋斗的意识。”

1. 敏锐的嗅觉

在华为表现的是对市场的快速反馈和对危机的特别警觉。任正非推行“不管过程,只重结果”的管理授权。为了实现企业对市场的快速扩张,公司团队不断发动了一轮又一轮的凶猛进攻,攻城略地,甚至不断占有和蚕食竞争对手的领地。任正非认为企业越是高速成长、越是发展顺利,就越容易忽视隐含在背后的管理问题。任正非在平时总是大力强调这种忧患意识,着意培养下属的危机感。

2. 勇往直前的进攻精神

任正非尊崇商场就是战场，指挥员下达命令进攻，其下属就要立刻冲锋陷阵，勇往直前，无论如何也要拿下阵地，这种狼性文化，使华为从管理层到各个团队成员保持对市场发展和客户需要的高度敏感性，保持对市场变化的快速反应和极强的行动能力，保持强大而坚定的信念并且在运转过程中表现出高效率的团队协同作战精神。

3. 群体奋斗的意识

在华为体现为“忠诚，勇敢，团结，服从”。其中最为重要的是团结合作的精神。有这样的一段描述将华为的“狼性文化”所包含的对高度协作的不断追求做出了明确的阐述：“他们的营销能力很难超越。人们刚开始会觉得华为人的素质比较高，但对手们换了一批素质同样很高的人，发现还是很难战胜。最后大家明白过来，与他们过招的，远不止是前沿阵地上的几个冲锋队员，这些人的背后是一个强大的后援团队，他们有的负责技术方案设计，有的负责外围关系拓展，有的甚至已经打入了竞争对手内部。一旦前方需要，马上就会有人来增援。”

华为的企业文化还有一个特点就是“做实”。企业文化在华为不单单是口号，而且是实际的行动。华为为了保证一线人员永远保持活力，对销售一线人员的激励也是“大手笔”。在华为，一个优秀的销售人员不单单可以得到华为的物质激励，还可以得到精神激励。当然二者在华为是有机结合的，激励也是华为“做实”作风的体现。物质和精神上的激励保证了华为的营销团队永远活力充沛，在战场上也充满战斗力。

华为正是通过“狼性”这些特点来保持团队的高效性。“狼性”使得华为人积极发现和捕捉着市场机会，“狼性”也培养出华为人不懈进取的精神和坚定的意志，提高了华为人战斗力和团队协作能力，使华为人为了共同的目标而共同努力，去完成每一次的进攻。正是华为的这种独具特色的文化塑造了华为的核心竞争力，华为也是通过这种“狼性”文化打造出了高绩效的团队。

因此，团队合作在实现既定目标上具有很多优势，这也是团队合作重要之所在。我们要学会与他人合作，学会做一只合群的“大雁”，这样才使得我们的团队能飞得更高、更快、更远。

**案例**

有一滴小水珠，从来没有离开过大海的怀抱，它对外面的世界非常好奇，一次偶然的机会，它被抛到了高处。刚被抛到高处时，它还有些害怕，但渐渐地，它就被眼前的情景吸引住了：炫目的阳光、亮丽的彩虹、湛蓝的大海，它陶醉了，没想到空中的景色这么美！小水珠在微风的吹拂下飘呀飘呀，忘却了一切。这时，传来了海妈妈焦急的声音：“小水珠，快回来，太阳会把你晒干的！”小水珠满不在乎地回答：“妈妈，我再玩会儿，这儿太美了……”可还没有等他说完，一束强烈的阳光照过来，小水珠瞬间消失得无影无踪。

小水珠的力量单薄，无法抵御强烈的太阳光很容易被蒸发掉，但回到大海就不一样了，那里有无数的小水珠，它们紧紧团结在一起共同抵御太阳光，所以没有那么容易被蒸发掉。

团队就像汪洋大海，个人就是其中的一朵浪花，有了大海的宽阔，才有浪花的多姿多彩，也正是因为有了壮美的千万朵浪花，才为大海增添了无穷的魅力。一个人只强调自我，便很难产生合作精神。每个人要认识到自己的力量是有限的,一个人的本领无论有多大,离开了团队,就像离开大海的一滴水,不久就会消亡。

名人名言

一滴水只有放进大海里才永远不会干涸,一个人只有当他把自己和集体事业融合在一起的时候才能最有力量。

——雷锋

相关知识

## 三、重视团队合作,促进个人发展

### (一)个人发展与团队合作的关系

团队是为实现一个共同的目标,由两个或两个以上的人组成集体。所有团队成员是一个共同体,他们有共同理想目标,愿意共同承担责任,共享荣辱,在团队发展过程中,经过长期的学习、磨合、调整和创新,形成主动、高效、合作且有创意的团体,解决问题,达到共同的目标。

1. 个人与团队是树木与森林的关系

团队是由个人构成的,没有个人就没有团队,如同没有森林作为后盾,单个树木也很难成活。

2. 个人与团队是鱼和水的关系

个人永远也不能离开自己的团队,即便是在团队里居于高位,也要明白是团队带给个人的光环,个人与团队是如同鱼水关系,不能分离。

案例

2004 年,拥有 NBA 历史上最豪华阵容的湖人队在总决赛中的对手是 14 年来第一次闯入总决赛的东部球队活塞队。赛前,很少有人会相信活塞队能够坚持到第七场。从球队的人员结构来看,科比、奥尼尔、马龙、佩顿,湖人队是一个由巨星组成的“超级团队”,每一个位置上成员几乎都是全联盟最优秀的,再加上由传奇教练迈克尔·杰克逊对其整合,在许多人眼中,这是 20 年来 NBA 历史上最强大的一支球队,要在总决赛中将其战胜只存在理论上的可能性,更何况对手是一支缺乏大牌明星的平民球队。

然而,最终的结果却出乎所有人的意料,湖人几乎没有做多少抵抗便以 1∶4 败下阵来。湖人队的“OK 组合”过分强调自己在团队中的作用以寻求机会来证明自己,寻求他人的尊重和强者自居的心理满足,从而争风吃醋,在比赛中单打独斗,全然没有配合,如同一盘散沙,不但丧失了激励作用,还使其战斗力大打折扣。

### (二)培养团队合作的有效途径

1. 学校维度

(1)营造合作氛围,转变教学模式。

在教学活动中,教师应努力营造客观公正、公平的活动氛围,积极改变原有的教学观念,和学生保持紧密的联系。学校也应不断创新教育理念,以养成教育为根本,发挥学生的主体作用,建立新型的合作型师生关系,使学生在合作中学习。

(2)调整课程设置,增加合作课程。

学校应结合自身的专业特点和优势项目设置具有“合作精神”的课程,通过对“团队合作”意识的关注,让学生认识到“团队合作”的重要性,使学生学会合作互勉,建立起和谐的人际关系,提高学生对合作价值的认识,帮助学生建立起更全面、更完善、更能适应社会环境变动的合作意识。

(3)打造合作平台,注重实践培养。

在实践活动中,坚持将校内教育与校外教育相结合,通过组织各类文体活动和社会实践活动培养学生的团队合作精神。一方面,学校教师指导学生开展团体知识竞赛、合唱比赛等群体项目,提高学生的团队合作和集体荣誉感,另一方面,组织学生参加社会实践活动,让学生在社会实践中体会社会的竞争与合作,提前适应社会的工作状态。

(4)加强思想教育,利用德育课堂。

团队合作精神是一种协同工作精神,它建立在正确的世界观、人生观、价值观之上,因此,利用德育课堂加强思想教育是非常必要的。在德育课的教学过程中,教师应注重培训学生的集体意识,而是坚持把理论知识与生活实际相联系。

2. 学生维度

(1)充分认识自我和他人。

真正的团队合作,必须以“别人心甘情愿与我合作,我也心甘情愿与他们合作”为基础。要认识到自己的不足,认识到团队其他成员的优点。只有看到其他人的优点,理解别人存在的必要性时,才会心甘情愿地与别人合作。

(2)充分的信任和尊重。

信任和尊重是一种互动关系。信任和尊重他人是一个人的美德,没有信任,就无法合作,这种信任关系要靠团队成员共同创造。

(3)责任感与奉献精神。

团队合作精神落实到个人的行动上,最明显的表征就是责任感与奉献精神。每一个团队成员都应当在自己的岗位上“尽心尽力”,必须将自己融入团队,并且以团队的利益作为自己行为的导向。

(4)协调合作能力。

协调合作能力是个体立身处世的重要能力。只有学会协调与合作,才能在复杂多变的社会中获取更多的支持,才能在团队中不遭排斥,从而建功立业。团队意识不是要求个体在团队中趋于平庸,而应在协调合作中寻求卓越,从而增强团队的战斗力和生命力。

(5)人际沟通能力。

一般而言,人际沟通是指人们之间的信息交流过程,也就是人们在共同活动中彼此交流各种观念、思想和感情的过程。这种交流主要通过言语、表情、手势、体态等来进行。人际沟通具有传递信息、交流思想、增进情感等功能,这些功能是团队建设所不可缺少的。

**案例**

一日，嘴对鼻子说："尔有何能，而位居吾上？"鼻子说："吾能别香臭，然后子方可食，故吾位居汝上"。鼻子对眼睛说："子有何能 而在我上也？"眼睛说；"吾能观美丑，望东西，其功不小，宜居汝上也"。鼻子又说：若然，则眉有何能，亦居我上？"眉毛说："我也不愿与诸君相争，我若居眼鼻之下，不知你一个面皮，安放哪里？

团队建设与其相似，有团队精神，才能产生创新的力量、发展的力量。如果总是搞个人主义，处处抬高个人、贬低他人，钩心斗角，争占上风，就会造成角色易位。所以，要培养团队精神，千万不能去做"五官论战"之类的蠢事。团队精神，是在原则的基础上产生的。

总之，幸福职教的提出，是为了培养出更多更优秀的人才。学校会站在学生的立场上思考，创新自身的教育理念和培养模式，帮助学生建立集体意识和集体荣誉感。如此反复，学生的团队合作意识和团队协作能力一定会得到提升。

**拓展训练**

1. 请熟读以下名言并写下自己的感受。

①真诚的友谊好像健康，失去时才知道它的可贵。

——哥德尔

②成功 = 艰苦的努力 + 正确的方法 + 少谈空话

——爱因斯坦

2. "小蚂蚁，搬虫虫，一个搬，搬不动，两个搬，掀条缝，三个搬，动一动，四个五个六七个，大家一起搬进洞。"从这个小故事里我们能得到什么启发呢？

______________________________

______________________________

______________________________

3. 这一周你做了哪些与人合作的事情，请记录下来。

______________________________

______________________________

______________________________

# 第四课　创品牌　助成长

## 一、新时代打造幸福职教品牌

### (一)探索幸福职教的基本策略

1. 文化驱动，形成幸福理念

校园文化是学校发展的灵魂，是凝聚人心、展示学校形象、提高学校文明程度的重要体现,彰显了学校的活力与生命。校园文化对学生的人生观、价值观产生着潜移默化的深远影响,而这种影响往往是任何课程所无法比拟的。优秀、健康、向上、丰富的校园文化不仅能陶冶学生的情操,规范学生的行为,对学生的品性形成具有渗透性、持久性和选择性,还能提高学生的人文道德素养,拓宽学生的视野,激发学生对学校的认同和归属感,让学生感觉到作为学校的一员是幸福的。

教育理念是教育实践的先导,教育实践推动教育理念的提升。自有教育以来,人们就探索着教育的完美。我们的幸福职教,就是一种以幸福为目的的教育,就是要通过幸福的职业教育途径,创造丰富的幸福资源,帮助学生实现对幸福的追求。这是我们审视现实社会中教育现状、教育本质和教育发展所做出的理智而又理想的选择。为了建设幸福职教,学校始终坚持涵养文化,努力打造适合学生的幸福教育。学校以"立德树人"为根本,创设幸福职教的育人氛围,以"家长学生满意的职业教育"为宗旨,以"规格人格、至精至善"为校训,把"学己所想、用己所长、做己所望"作为学生幸福的落脚点。学校坚持"实际实用、绿色环保"的原则,树立"全面推行'引领式'教育"的指导思想,进行"整体规划、分项实施、逐步完善"的学校文化建设,营造出"整体美、人文美、个性美"的文化环境,建设特色鲜明的学校文化。为了诠释这个教育理念,我们通过一次次改建、一次次活动,让每个人都体会到学校的核心文化,使学生在校内学习的是幸福的,在校外工作时是会追求幸福的;让学生现在是幸福的,在未来是懂得追求幸福的。

图 5-22　"立德树人"文化石

**名人名言**

生活和幸福原来就是一个东西。一切的追求,至少一切健全的追求都是对于幸福的追求。

——费尔巴哈

通过文化驱动,使学校文化唤醒、熏陶、教育、激励全校师生,使学校文化的环境与内涵得到全面优化和提升,引领中等职业学校文化的发展,外树形象、内修文化,为提升技能人才培养的质量、打造大国工匠和实现立德树人根本任务奠定坚实的基础。可以说,我们用实际行动证明了:幸福需要教育,教育需要幸福;幸福知识、幸福技能是可以传授的;幸福品质、幸福人格是能够养成的;幸福职教就是要培养出能够创造幸福、享用幸福的人。

2. 优势拓展,培养幸福人才

幸福,是一份责任。幸福职教的责任,就是为学生的幸福人生奠基。因此,学校注重打造优势项目,为社会培养高技能的幸福人才。学校坚持"学生能做的事,不让老师做,老师能做的事,不让社会做"的实践性教学理念,为学生真实生产性实训创造条件,全面实行"理实一体"教学,充分发挥学校的优势,突出引领式教育的作用与影响,进一步挖掘具有好品德、高技能的人才,为社会培养和输送更多的适应市场需要的高素质人才。为此,学校一方面重视专业课发展,建立了省内一流的汽车实训中心、轨道实训中心、工业机器人体验中心、电梯实训中心、数字媒体设计大师启蒙训练中心等16个实训中心,让学生在先进的设备设施环境中实践,提高专业技能;另一方面还注重对学生情感态度价值观、审美观的塑造,建立了形象设计体验中心、礼仪培训中心等选修课实训室。

案例

礼者,所以正身也;师者,所以正礼也。

体态美,是一种无声的语言交流,反映一个人的内在素养,是一个人最好的装饰品。

礼仪培训中心由仪态实训区和仪容仪表模拟区两部分构成。以文化传播和形体训练为载体,结合社交礼仪、商务礼仪等特色课程,通过"严、细、练、变"的培训体验,在短期内提升学生的形象气质,培养学生养成良好的礼仪习惯,使学生的仪态举止更优雅。达到"今天就改变,和昨天说再见"的良好效果,为今后在职场中树立完美的个人形象、彰显良好的职业形象奠定基础。

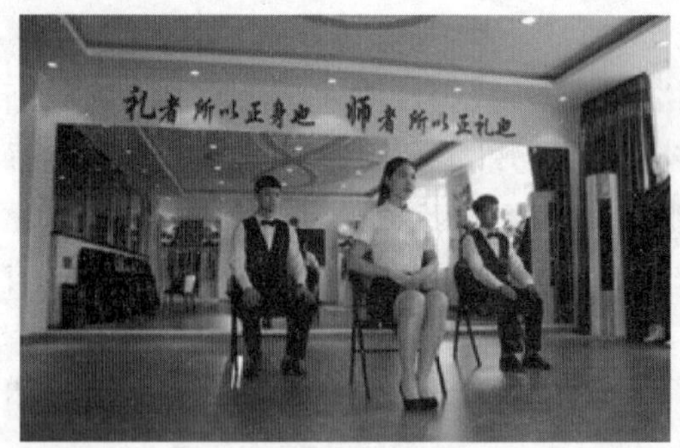

图5-23 学生在礼仪培训中心

3. 人文关怀,打造幸福个体

人文关怀,是教育应有之义。学校始终坚持以人为本,从学生的多方面、多层次的需求着手,物质与精神并重,从而促进学生的自由全面发展。

学生的出身以及家庭经济状况各有不同,但学生在学校里体验学习快乐、享受教育幸福的权利应该是平等的。学校不看学生的出身,不搞特权化,给予每个学生公平享受教育的快乐与幸福的权利。在规范化的管理中,学校更注重人文关怀,关注学生的学习和生活中的身、心健康情况。教师和学生互相尊重,是师生,是朋友,更是家人。

对于所有的学生,学校都尽可能地提高他们在学校生活的幸福度,为他们创造轻松的学习成长环境,让他们体会到自由、平等、幸福,让他们的个性得以充分发展。为此,除了提供良好的教学环境和生活环境,建设自主高效的课堂之外,学校还在很多细小的方面给予学生无微不至的关怀,减轻他们的学习压力和生活负担。例如,学校向所有班级免费发放饮用矿泉水,向全体学生发放各种不同类型的作业本,在所有班级设置手机充电柜……学校通过一个个暖心举动向学生证明,我们就是相亲相爱的一家人,我们因学生的健康成长而喜悦,学生也因学校的高速发展而骄傲。总之,通过人文关怀,充分发挥每一个人的主观能动性,学校的运行井然有序、生机盎然，培育出一个又一个幸福的个体，形成学校文化的整体风貌，产生显著的育人效益。

图 5-24　校园里彰显个性、幸福成长的学生

## （二）丰富幸福职教的内涵文化

1. 我们的教育理念

学校强大的办学实力就是幸福职教理念践行的保障。生活追求幸福，生活为了幸福，这是一个人人皆知的人生公理；为了成就幸福的追求而生活，为了收获幸福的人生而生活，更是一个无须论证的人生命题。为此，教育作为以发展人、完善人为终极使命和根本追求的事业，就更要关注学生的幸福。可以说，离开了对幸福的关注、关怀和关切，一切教育活动都将成为学生生活的障碍。

实际上，教育就是为了学生的幸福生活而产生、存在和发展的，教育事业就是学生通向幸福生活的加速器，就是帮助学生与幸福相遇的一道彩虹桥。幸福职教，以“立德树人”为根本，创设幸福职教的育人氛围，以开展“家长学生满意的职业教育”为宗旨，使教育的过程真正成为实现学生幸福生活的过程，让每个学生变成幸福的人，幸福地度过一生。所以学校要求所有教师都要帮助学生打开“幸福之门”，即为学生指明通向幸福的道路，激起学生对幸福的向往，进而引导学生在对其生活方式进行选择、优化和体悟的过程中生成幸福感。

办幸福职教、塑幸福心灵、享幸福人生。以学生的发展和幸福为出发点，尊重学生的个性差异，使一切有利于人的发展的愿望得到尊重、行动得到支持、才能得到发挥、成果得到肯定。只有这样，我们才是真正做到了把职业教育作为一项事业、一份理想去追求，让学校生活给学生留下一生最为美好的记忆，让学校教育成就学生的梦想，让学校成为学生一生最眷恋的场所。

2. 我们的校训

校训是一个学校的灵魂。校训体现了一所学校的办学传统，是学校历史和文化的积淀，代表着校园文化和教育理念，是学校人文精神的高度凝练。同时，校训作为一个标尺，是学校为了树立良好校风而制定的，也是要求全体师生共同遵守的行为准则和规范。

学校注重养成教育，尊重个性、尊重天性、尊重本性，培养学生养成政治规矩、生活规矩、职业规矩，培养学生的社会及家庭责任感，树立健康人格。从“规矩、人格、技能、学历”育人理念到“规格人格、至精至善”校训的凝练，使学校育人之灵魂得以升华。

图5-25　校训“规格人格、至精至善”

“规格人格、至精至善”，彰显了学校办学之本质，在于打造学生的规格至精、人格至善，在于示人精华与精细的极致以教之，在于培养学生那种永不止息、创新超越的进取心态。这也是学校道德教育的基础，对学生的全面发展和幸福感的提升具有重要影响。

## 二、新作为促进学生健康成长

### （一）环境熏陶，使学生身心健康发展

1. *教学环境——建设自主互动的幸福课堂*

幸福，是一种行动。打造自主互动、其乐融融的幸福课堂，是促进学生幸福成长的首要因素。每节课，都是一个师生共同参与的互动过程，教师和学生只有在教育活动中共同体验、共同创造，才能共同享受教育的幸福，才能共同受益于幸福的教育。

（1）构建和谐融洽的师生关系

良好的关系是最好的教育。课堂教学效果如何，学生在课堂的幸福体验如何，核心是师生关系。因为师生关系影响学生的学习动机，影响学生参与课堂教学的愿望，影响学生学习时的心境、情绪。为此，学校努力构建和谐融洽的师生关系，教师对学生始终保持尊重、民主、平等、宽容的态度，使学生在与老师平等融洽的关系中，获得成就感，享有人格的尊严，感受心灵成长的愉悦与幸福。这样，必然会在课堂迸发学习的潜能，体会学习的乐趣，享受幸福课堂的滋味。

（2）促进学生的自主互动参与

学生是课堂活动的主人，要想使学生在课堂上感受到快乐幸福，就要转变传统的教学方式，把课堂还给学生，以学生的幸福为目的，改革教育方式，优化课堂环节，使课堂教育不仅关注“术”的传授，更能站在关注“人”的高度上，在“道”上作研究，克服课堂上的无效或低效现象，减轻教师与学生的负担，使学生感受课堂学习的幸福，提高学生创造幸福的能力，在提升教师职业幸福感的同时，给学生一个幸福的人生。

（3）建设温馨和谐的班级环境

要想使学生真正享受到幸福教育，还要打造一个幸福的班级环境。在学校干净整洁的大环境下，我们在班级内开展温馨教室、和谐班级的评比，班级学生根据自己的专业，自己动手设计自己喜欢的教室，打造独特的班级文化。学生教室设置了“优作园地”“我们的故事”“成长的足迹”“专业特色”“企业文化”等板块，对学生的优秀作文、成长记录、美术作品、实习作品等在这里展示，从而形成了每个班级、每个专业不同的人文氛围和专业文化。此外，

每个教室内都设有书架，给学生提供精神食粮；设有学生评比成长栏，培养学生自我管理的习惯；班级文化墙上设有专业介绍、社会主义核心价值观、传统文化学栏目，营造良好的文化氛围；班级荣誉角里汇集了这个大家庭的所有荣誉，那是师生们共同的骄傲。这一切都能让学生在温馨中享受快乐，在秩序中领悟幸福。

图 5-26　温馨和谐的班级环境

(4)打造安全先进的实训环境

学校不惜重金打造省内一流的工业机器人实训中心、楼宇智能实训中心、电梯实训中心、物流实训中心等 16 个实训中心，建设了 50 余个与教学配套的实训室，目的不仅仅是提高学生的实践技能水平，更重要的是从职业态度、职业意识、职业习惯养成等方面培养学生的职业品质。学校的实训环境贴近生产、管理、技术和服务的第一线，体现真实的职业环境和行业发展的前沿性、先进性。例如，学校新建的工业机器人体验中心，由国产的华中数控焊接机器人和机械拆装机器人、瑞士 ABB 编程机器人、德国 KUKA 四门两盖机器人生产线四部分组成。通过工业机器人体验中心课程，使学生亲身体验工业机器人的焊接、装配、打磨、点胶、搬运、压铸及堆垛等作业，也使学生对机器人智能在生产实践中的应用有感性的认识，培养学生职业兴趣，为学生职业生涯规划打下良好基础。

图 5-27　学生在机器人实训中心上课

案例

根据区域经济发展需求，学校新设机器人、电梯维保等专业，为了专业建设需要，在总结以往的经验和教训的基础上，分别在焊接、钣金、电梯和数字媒体技术应用专业老师的带领下，采用轻钢材料在汽车实训中心楼上和 2 号教学楼后侧分别建设了 1600 平方米机电实训中心和700平方米电梯实训中心；改建学校大门附近600平方米，实现人车分流，并将学校监控中心、消防报警系统建在门卫室；接建机械加工实训中心400平方米，安装天车一部；新建钣金实训中心2000平方米，可容纳5个班同时教学。在建设过程中，焊接专业师生负责整体框架焊接搭建，钣金专业师生负责轻钢材料的除锈和喷漆工作，电梯专业师生负责电梯的安装与调试，数字媒体技术应用师生负责建筑内外的文化设计、制作和安装。通过真实生产环境下的实训，学生们的责任感增强了，真正体会到每一个动作都要对这一项工作的质量、安全、效果负责；学生们的团队协作精神提高了，真正认识到每一项工作都是由团队共同完成的，每一个同学在工作中的每一个手势、每一个眼神，其他同学们都能够理解，做到密切配合。学生们对自己的建设成果非常有成就感。

图5-28　宏伟大气的多功能校门

2. 生活环境——建设幸福温暖的书香校园

来到长春职业技术学校的大门前，你就能感受到全国名校的气魄。走进大门，你就能感觉到精美雅致的校园环境，温馨和谐的校园文化，促学净思的校园氛围。

学校围绕幸福职教的理念，以“引领式”思维来绿化、美化校园，打造校园环境文化，营造浓郁的特色读书氛围，以优美的校园环境让学生从心底产生幸福之感。校园内建有“立德树人”“匠之韵”“匠之摇篮”“中国梦”等文化石广场、社会主义核心价值观雕塑、灯箱、宣传画廊和汽车、焊接、机加、轨道交通4个文化广场。学校深知优质的育人环境能够潜移默化地促进学生身心健康发展，从2016年开始启动校园的美化改建工作，由学校相关专业学生亲自参与，陆续建成了校园文化广场、篮球场、排球场。由数媒师生共同设计制作完成走廊文化，让每面墙壁都会说话，每个楼、每个楼层、每个楼梯都有不同的主题，把国学文化、社会主义核心价值观、师生作品、师生活动等走廊文化展示出来，使学生在有限的空间里能够接受文化熏陶。

图5-29　独特的校园文化景观

为了使学生增长知识、开阔视野、积淀素养，学校一方面大力倡导读书，努力涵养阅读习惯，营造书香文化，使温暖可以互相传递，让文化润泽学生心灵，另一方面加强环境建设，营造阅读氛围。为了满足大家的阅读需求,让广大师生能够随时随地接触到书籍,学校不仅精心完善了图书馆、阅览室,还打造了读书亭、读书角。无论是下课还是午休,学生们都可到这里坐坐,随手拿本自己喜欢的书阅读。一时间,校园中的书亭、读书角成了我校一道亮丽的风景。

图 5-30　课余在校园书亭阅读的学生

**名人名言**

对于学生真正有价值的东西,是他周围的生活环境。一切他真正学到的东西,从某种意义上来说,是靠他自己智力的积极活动,不是作为被动地听讲而学到的。

——斯蒂芬利考克

### (二)活动育人,使学生感受幸福教育

学生是学校的主体,学校的发展、教师工作的效果最终体现在学生身上。学校一直把学生全面健康成长放在首位,为学生营造了丰富多彩的课内外生活,利用各种节日、纪念日组织学生开展各种活动,给学生一个幸福成长的环境,让他们有机会、有信心发展自我、超越自我。

**名人名言**

为了使孩子成为有教养的人,第一要有欢乐、幸福及对世界的乐观感受。

——苏霍姆林斯基

1. 技能竞赛

自 2008 年以来,从国家到省市,每年都要举办中等职业学校学生技能竞赛,这是职业教育改革与发展的一项重大举措。技能竞赛是培养学生职业技能,提高学生就业竞争力的重要手段,也是对职业教育的教育教学质量和办学水平的检验。学校特别珍惜和重视这种技能竞赛的机会,以竞赛为契机,全面增强学生素质。

通过各级的学生技能竞赛,学生可以将平时所学的专业知识学以致用,做到学有所长。虽然学校的学生水平参差不齐,但是他们年龄小,可塑性比较强。教师在平时的教学中也会注重对学生竞赛能力的培养,充分利用学生争强好胜的心理特征,把职业技能竞赛的理念引入平时的教学中。通过参加竞赛活动,能够很好地提高学生的学习兴趣,让学生们在竞赛项目中增强信心,同时锻炼他们面对挑战、承受竞赛压力的心理承受能力。适当参与竞赛项目

还能够使学生更加明确自己的学习目标和学习任务，将精力最大限度地集中到学习上。让学生知道，任何事情都可以通过自己的努力完成，从而增强学生自主学习的能力，提高学习效率，让学生享受到成功的喜悦。

近几年，我校学生参加职业技能竞赛的种类繁多，获奖无数。涉及的竞赛类型有机电维修、空调维修、车身修复、汽车营销、沙盘模拟企业经营、税务技能、通用机电设备等几十种。其中，2017年吴海珊同学参加机电维修项目荣获国家二等奖，2015年刘振杰同学参加个人空调维修项目荣获国家一等奖，2014年王琳尧同学参加个人农机维修项目荣获国家二等奖，等等。这些学生在面临技能竞赛这种“精英式”选拔的机制下，仍然能够过关斩将取得良好的成绩，离不开他们平时的刻苦努力，同时也离不开学校和教师的精心培养。在比赛中他们学会了团队协作和尊重他人，学会了资源共享和甄别，积累了宝贵的经验财富。这样日结月累，学生的综合素质在无形之中就得到了全面提升。

图5-31　我校师生在技能竞赛上斩获奖项

2. *文体活动*

文体活动是展现学校风貌、增强学生体质、活跃学生业余文化生活、提升班级凝聚力的有效途径。因此，每年学校都会举行多种多样的文体活动，有计划地安排学生走出教室，到操场上、到阳光下参加一些缓解身心疲劳的文体活动。各种活动丰富多样，学生们都积极参与。各类活动不仅使所有学生都得到锻炼，还为有特长的学生提供了展示自我的舞台。

学校在筹划活动的过程中，充分考虑学生的兴趣和参与度，尽量选择学生们喜闻乐见、具有竞技与协作性质的活动。比如，文艺类的有演讲、合唱、读书、征文、书法、绘画、手抄报和乐器类的各种比赛，体育类的有篮球、羽毛球、足球、广播体操、跳绳、空竹和滑板等比赛项目，尽量满足不同学生对文化生活的需求。其中，在演讲比赛中，来自16级汽车运用与维修高职三班的宋家齐同学荣获本校第一名，并且代表学校参加了长春市青少年学生“学宪法讲宪法”演讲比赛，获得特等奖的优秀成绩。而手抄报活动，在长春市青少年学生手抄报评选互动中也荣获一等奖。

丰富多彩的文体活动增强了学生们的集体主义精神和团结协作精神，培养了一支支默契的团队，并且打造了团队的凝聚力和向心力。学生在文体活动中表现出来的集体主义、团结互助、奋勇争先、精益求精、公开公平公正等精神，正是学校在建设幸福职教的过程中所要提倡和发扬的。

图5-32　参加长春市教育局组织的合唱、演讲比赛

3. 特色活动

为了促进校园文化建设，丰富学生们的校园课余生活，增强学生们的团队协作能力，提高学生对传统文化的认识，学校还开展了多次特色活动。其中以舞龙舞狮和手游竞技大赛最受学生们的欢迎。

图5-33　学生舞狮

“龙”是中国华夏民族世世代代所崇拜的图腾。世界上凡是有华人居住的地方都把“龙”作为吉祥之物，在节庆、贺喜、祝福、驱邪、祭神、庙会等期间，都有舞龙的习俗。狮子在中国民间被视为“祥瑞之兽”，人们希望以狮子“百兽之王”威武、勇猛的形象，来驱魔避邪、祈求和平安康。因此，舞龙舞狮是对中华传统民族习俗的发扬与继承。学校开展舞龙舞狮活动，在增强学生体质的同时，也加深了他们对中国传统文化习俗的认识。并且，在我校举行大型活动时，舞龙舞狮可以为活动增光添彩，使活动的气氛更上一层楼。参加活动的一个学生说，通过舞龙舞狮活动这个平台，不仅加深了同学之间的友谊，还教会了他人生哲理——团队的力量远大于个人的力量。团队不仅强调个人的工作成果，更强调团队的整体业绩。团队所依赖的不仅是集体讨论和决策，它同时也强调成员的共同贡献。

在第十届中国青少年科技创新奖颁奖大会上，中共中央政治委员、国务院副总理刘延东指出，我国正处于迈向世界科技强国的伟大历史征程，青少年作为科技创新的有生力量，既面临广阔前景，更肩负光荣使命。随着智能手机的快速发展，全社会已经融入智能手机的大潮中。作为青少年应该找准自己的兴趣，对新兴科技熟悉掌握、细心研究，借助智能手机，增强自己的动手能力、团队协作能力。

图5-34　学生舞龙

因此，学校举办了“王者荣耀”校园手游竞技大赛，通过学生们所喜闻乐见的形式来增强他们的团

队协作能力与动手能力,把游戏转化为提升自我能力的途径。这种形式既创新又有广泛的基础,既响应了国家对科技人才培养的号召,又符合学生的兴趣点。学生们纷纷表示,组建战队参加比赛对他们来说是一件新奇而幸福的事情。

图 5-35 学生正在参加手游竞技大赛

4. 顶岗实习

顶岗实习,是职业学校的又一大办学特色。学生在毕业前就到企业顶岗实习,比其他求职者抢先一步占领就业资源。如果学生符合企业的用人要求,毕业后将顺理成章地转为正式员工,正所谓"近水楼台先得月",大大提升了职业学校的就业率。

我校学生顶岗实习严格按照教学计划进行,采用实习就业一体化的培养模式,通过用人单位招聘实习生的形式,实现用人单位和学生的双向选择。学生在岗位实习的同时,可以深入了解企业的综合情况,实习结束前决定是否接受录用;企业通过对实习学生的培养,考察其是否符合企业的岗位要求,决定毕业时是否留用。学校实习就业科负责实习过程管理,仅 2017 年一年的时间,一共安置 1163 名学生到校外实习基地顶岗实习,教育教学效果显著。

案例

我校的高星级饭店运营与管理专业,多年来,一直注重培养具有与本专业领域相适应的文化素质、良好的职业道德和创新精神,掌握现代酒店经营管理的基本知识和服务技能,具备从事酒店领域工作的基本能力,能较快适应高星级饭店需要的运营与管理人才。因此学校一直与钓鱼台国宾馆、珠海石景山庄、南湖宾馆、长春海航名门饭店、香格里拉饭店等高星级饭店保持合作关系。近年来,我校加快校企合作建设步伐,先后与南湖宾馆、洲际酒店集团旗下九家企业签订就业协议,定向培养专业人才。校外的实训基地主要进行专业认知、参观实习、临时援助、顶岗实习等教学活动。我校与实习基地签订学生顶岗实习协议,共同制订学生顶岗实习考核,通过校企合作来达到培养学生职业能力的目标。在实习基地管理方面主要采取就业科员实习管理、专业教师实习指导并进的方式,按照学校《校外顶岗实习管理办法》《学生顶岗实习手册》保障学生的顶岗实习教学质量。学生完全按照企业规范的工作标准完成各项目实训,实现学生专业能力与工作岗位能力的"零距离对接",提高就业竞争力。

对于顶岗实习,针对就业情况,其实还有很大的改进空间。比如加强就业指导,让学生

图 5-36　我校学生在钓鱼台国宾馆和人民大会堂顶岗实习

对自己有全方位的认识，才能进一步提高就业率；比如转变学生对于就业的一些观点看法，改变"一步到位"的传统思想，树立先就业再择业的全新就业理念，加强职业道德的培养。学校是集教书、育人于一体的，对于职业道德的培养，比专业技能提高更加重要，培养学生热爱劳动、热爱专业、热爱本职工作、尽职尽责的良好品质，使学生真正成为有理想、有道德、有文化、有纪律的受企业欢迎的新型劳动者。

幸福职教，坚持立德树人，遵循教育教学规律，注重学生全面发展与个性需求相统一，把全面发展、健康快乐、幸福成长作为教育的着眼点和落脚点。学校在推进教育教学质量提升中，全面实施专业人才培养方案，突出教师、学生在教育教学过程中的核心作用，最大限度地调动教育教学管理者、教师、学生的积极性和能动性，在幸福职教的建设进程中，不断探究教育教学改革新思路，取得良好成效。

图 5-37　"匠之摇篮"文化石

通过深掘资源，初步形成了独具特色的学校文化，营造了浓郁的幸福教育文化氛围；通过课程改革，初步构建了幸福课堂操作方法，改善了人际关系，促进了教师专业成长；通过有温度的"书香校园"建设，提升了学校的办学品位；初步总结出了打造幸福职教的基本策略，促进了学校教育教学工作全方位的发展。

学校能够立足于服务吉林省地方经济发展，激发广大师生的潜能，增强广大师生的使命感和创造性。创建以"质量＋素质教育"为核心的幸福职教品牌，保证各专业发展有目标、前进有步骤、推进有措施。

在建设幸福职教的过程中，我们发现，学校的主体——学生，每天都在发生变化，干净整洁的校园面貌悄然形成，团结协作、文明礼让的精神蔚然成风。我们不仅改变了师生原有的生活状态和学习状态，更改变了学校的精神面貌。学校不仅生源愈发充足，对外影响更是越来越大，外来参观学习交流的单位越来越多，社会认可度逐年提升。我们已把幸福的种子种在了每一个长职人的心中，这粒种子必将在这里生根发芽并满树繁花。我们能从师生友爱乐观的精神面貌、积极向上的工作态度中看出属于长职人的“温度”，我们能从家长满意的微笑和感谢中读出属于职业教育的“幸福”。

案例

我的学校——长春职业技术学校是吉林省办学规模最大的综合性公办职业技术学校。学校环境优雅，景色宜人，自然人文，相得益彰。校园内楼亭林立，绿树成荫。汽车、机加、焊接文化广场三座，文化景观石众多，被誉为“园林式学校”，是读书治学的理想之所。

图 5-38　学生刘宇哲

就是这样一所“园林式学校”，读书的理想之所，秉承着打造规矩、铸造人格的教学理念，在我们成长的路上，让我们遇见“幸福长职”的好老师。

我们有一个认真负责的班主任，从来到长职的第一天，从报到军训就一直陪伴着我们，无微不至地照顾我们，每天关心着我们的衣食住行。他嘱咐我们天冷了多加衣服，饿了不要吃外卖，每天晚上要按时回到寝室，每周回家路上要注意安全。他三年如一日地每天早上来到班级例行检查，关注学习、卫生、日常。他总是以德服人，教我们如何做人，锻炼我们如何做事，让我们学会独当一面，让我们尽自己所能完善自我。他总是很耐心地给我们讲道理，很负责地督促我们的学习，很认真地观察我们每个人的情绪波动。他就像父亲一样，每天陪伴我们的成长，把我们当成自己的孩子。如果没有他的帮助和督促，也就没有我们如今的成熟、懂事。

我的语文成绩之所以能不断地提高，也要得益于陪伴我三年共同成长的语文老师，一个文艺双全的才女。无论是诗歌、朗诵、研读、书法，语文老师都很擅长。我特别喜欢和出口成章的她聊天，每次都可以学到不少知识。她不仅在课堂上锻炼我们的阅读能力、语言表达能力、书写能力，还在日常的生活中帮我们指点迷津。演讲比赛前的文章修改，朗读大赛前的声调指导，生活迷惑时的悉心帮助，我都记在心间。她还常常给我们布置课堂演讲，这种教学方法同学们都非常喜欢。我们在准备的过程中，需要查阅资料，制作课件，在她的循循善诱中我们的能力逐渐得到提升。

我的数学老师是一个非常可爱的人，有一张严肃脸，却有一颗豆腐心。她笑起来其实特别好看，身上却有一种特别的“阳刚之气”。在课堂上，她总是严肃认真地教我们那些烦琐的数学公式，带我们做那些枯燥无味的数学题。但是正是因为她的严格要求，我们也一直在向优秀进军。她总是为我们的数学成绩担忧，又总是在思考如何对付我们这帮调皮鬼，还总是得花好长时间去批改我们每个人的作业题。

三年时间，一直默默付出的英语老师，一如既往的温柔，嗓音很细地带领我们一起读单词、读课文，还很有耐心地一遍又一遍讲解我们不懂的问题。她的性格特别像个孩子，俏皮可爱、温柔善良，总是被我们班的捣蛋鬼气得哭笑不得，然后又无奈地笑着对我们说，

你们什么时候才能长大啊！她就是这样一个好脾气的老师，让我们的课堂变得更加幸福。

同时，我们还有一群可爱的科任老师。尽管只能一周见到他们一次，但是我们却格外珍惜每一堂课，珍惜每个不同个性的老师给我们带来的不同乐趣。感谢每一位老师背后默默的付出，也想在这里真诚地对他们说一句："老师，您辛苦了！"

我庆幸我来到了长春职业技术学校，因为来到了"幸福长职"，我遇到了一个伟大无私的教师团队；因为来到了"幸福长职"，我拥有了三年美好的幸福时光；因为来到了"幸福长职"，我留下了一段难忘而又宝贵的回忆。

感恩之心，感谢有你，"幸福长职"的好老师们，有了你们的默默付出，才有我们无忧无虑的幸福成长。

15 轨道本科班 刘宇哲

这是学生从心底发出的声音。看到你们在课堂上的神采飞扬，精益求精，渴求知识的目光，自信乐观的神情，作为长春职业技术学校的教师，我们是幸福的。

"幸福都是奋斗出来的"这是习总书记发出的鼓舞人心的声音，人世间的一切幸福都要靠辛勤的劳动来创造，中国共产党人的初心和使命是激励中国共产党人不断前进的根本动力。在教育教学实践中，我们继续守望教育理想，让我们的执教生涯更加精彩！

图 5-39 吉林省人大常委会副主任、民建吉林省委主委车秀兰，教育部职业教育与成人教育司副巡视员谢俐和中国职业技术教育学会常务副会长兼秘书长刘占山等领导到校视察

"长风破浪会有时，直挂云帆济沧海"，我们将进一步创新理念，解放思想，为办好让家长、学生满意的职业教育做出新贡献！

## 拓展训练

1. 熟读并记住下面的名言。

①最伟大的胜利，就是战胜自己。

——高尔基

②人类要在竞争中求生存，便要奋斗。

——孙中山

2. 我国著名经济学家吴敬琏在回到母校演讲时，回忆起 70 年前的求学岁月，语重心长地感叹："在那个时代，母校的环境很好，她培育了我最基本的东西，那就是好奇心、求知欲和发展个性才能的动力。"吴敬琏深情告诉现场学生，他很羡慕他们能够在好得多的环境学习。如今多样化的社会对学生的素养提出了更高的要求。他希望当代学生能够"珍惜美好年代，

发展个性，为大时代承担责任”。

同学们，学校为了大家的健康、幸福成长，从各个方面给大家提供优越的环境和条件，可谓是面面俱到，用心良苦。大家应该珍惜现在美好的学习环境，请各位结合自身情况制订一份学习计划，让我们从现在起为自己的理想而努力吧！

______________________________________________

______________________________________________

______________________________________________

# 参考文献

[1] 王艳玲. 中国传统文化[M]. 北京:高等教育出版社,2014.

[2] 赵欣. 职业生涯规划与就业指导[M]. 长春:东北师范大学出版社,2008.

[3] 邓泽民,陈庆合. 职业教育课程设计[M]. 北京:中国铁道出版社,2011.

[4] 赵志群. 职业教育工学结合一体化课程开发指南[M]. 北京:清华大学出版社,2010.

[5] 于立辉,刘天飞,黄生龙. 国家中等职业教育改革发展示范学校重点支持专业建设实施手册[M]. 北京:北京理工大学出版社,2011.

[6] 王霁. 中华经典诵读[M]. 北京:高等教育出版社,2017.

[7] 车希海. 现代职业教育教学实用手册[M]. 济南:山东科学技术出版社,2008.

[8] 靳雁涛. 解读树立"八荣八耻"社会主义荣辱观的现实意义[M]. 大连:大连教育学报,2006.

[9] 詹万生,宁武杰. 中国传统文化中的荣辱观[J]. 河南. 河南大学学报(哲学社会科学版),2006,33(4):12-13.

[10] 张伟. 职业道德与法律[M]. 北京. 高等教育出版社,2009.

[11] 蒋乃平. 职业生涯规划[M]. 北京. 高等教育出版社,2009.

[12] 李微娜,何晓羽,徐立丹,等. 教育的人性化与教育生活的幸福[C]. 中国教育学会教育学分会教育基本理论专业委员会学术年会,2007.

[13] 孙春晨. 中国人幸福观的演变[J]. 政工研究动态. 2008(23):16-17.

[14] 周济. 国务院关于职业教育改革与发展情况的报告——2009 年 4 月 22 日在第十一届全国人民代表大会常务委员会第八次会议上[J]. 中华人民共和国全国人民代表大会常务委员会公报,2009(4):456-461.

[15] 张瑞,张元. 增强中职生职业幸福感:机遇、挑战与对策——基于《2012 中国中等职业学校学生发展与就业报告》的思考[J]. 中国职业技术教育, 2013(18):68-71.

[16] 李建永. 须从规矩出方圆[N]. 人民日报,2016-01-20(24).

[17] 张霞. 先做人后成才——浅谈加强学生养成教育的重要性[J]. 教育前沿,2014(5):182.

[18] 沈越,张可君. 经济政治与社会[M]. 北京:北京师范大学出版社,2014:42.

[19] 张伟. 职业道德与法律[M]. 北京:高等教育出版社,2013:149-154.

[20] 陈霞. 培养学生团队合作精神的浅见[J]. 时代教育,2011(1):163.

[21] 王勤. 浅谈学生团队合作精神的培养[J]. 成才之路,2011(7).

[22] 徐一流. 有效开展青少年文体活动的策略——以我校开展青少年文体活动为例[J]. 青少年体育. 2014(1):127-128.